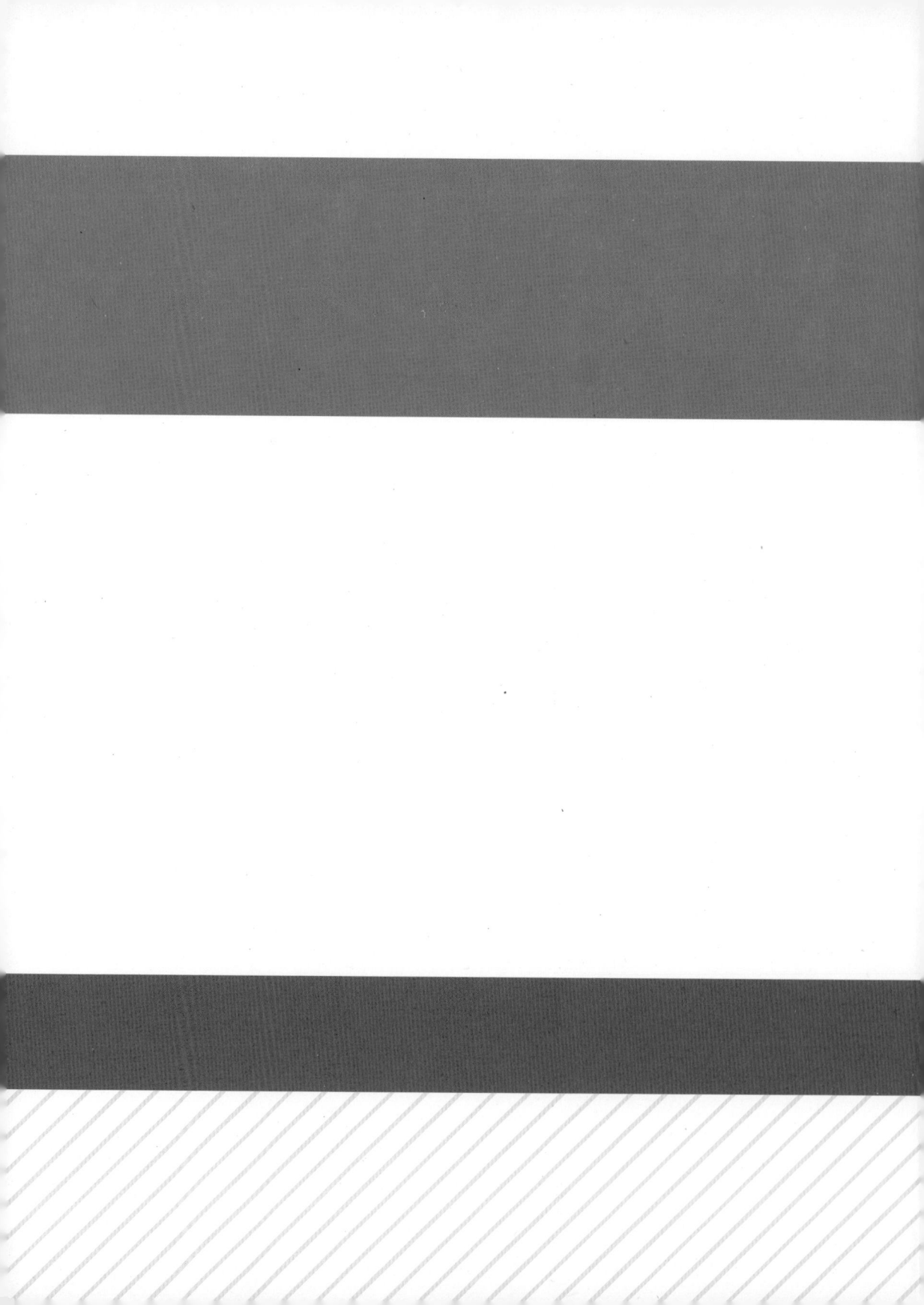

A Preliminary Study on the Transformation of Consumption-led Economy

消费主导

经济转型初探

匡贤明 著

ZHEJIANG UNIVERSITY PRESS
浙江大学出版社

前　言

　　我国正处于经济社会全方面深化改革和发展阶段,与百年前相比,这一变革来自经济社会发展后带来的内部自身巨变。无论是经济结构还是社会结构,都与过去迥异。躬逢中国转型改革的历史时期,参与改革政策研究,是一大幸事。

　　2008年以来,在中国(海南)改革发展研究院院长迟福林教授的引领下,我开始着重就经济增长中的动力机制进行研究,尤其侧重于从消费主导角度探索中国经济发展新阶段的新动力结构及其转变。这个命题也是迟院长最早在一次公开学术报告中提出的。客观地说,消费主导经济转型的命题提出之时,不少专家明确表示反对。但我们从基本的常识出发,始终认为这是决定中国经济转型升级的关键所在,是中国新增长动力的关键所在。为了说清这个问题,6年来,我持续在这个问题上跟踪研究,阅读了大量文献,构建了相关分析模型并作了运算,也陆续形成了一些阶段性的成果,包括我的博士论文《中国消费主导经济转型的结构视角研究》以及国家社科基金项目《中国扩大消费促进经济增长传导机制与战略重点研究》(13XGL001)结项报告。

　　增长中的投资和消费,是一个历久弥新的话题。不同的学者有不同的分析框架。在不断深入研究的过程中,我始终认为,"简单的才是有效的"。市场经济中,自变量是消费,投资是因变量。尽管这个因变量的表现形式在不同国家、不同发展阶段会有所不同,但消费引领投资的逻辑关系是相当明确的。作为一个拥有13亿多人口的大国,要实现经济的平稳增长,投资很关键,但投资和消费的动态平衡更关键。改革开放以来经济增长背后的源动力在于消费需求—投资扩张之间的正循环;而数轮宏观经济的波动背后反映的都是投资消费的失衡。所不同的是,由于社会生产能力的不同,投资消费失衡过去更多地体现为投资约束,油电煤运紧平衡;现在则更多地表现为投资过剩,消费不足。恰恰在这个情况下,中国具有庞大的消费潜力,能否释放这些消费潜力,以消费的主动来破解投资的被动,就成为整个经济协调平稳发展的关键。这就需要加快推进消费主导的经济转型进程,对包括宏观经济政策体系在内的整个经济架构做出调整和优化。

中共十八届五中全会提出的供给侧结构性改革,抓住了供给侧存在的突出矛盾,明确提出了去产能、去库存、去杠杆、降成本、补短板的基本思路。这些改革如果能够实现突破,将为投资消费的动态平衡奠定坚实基础,也将为消费主导经济转型拓宽空间。客观地说,作为一个拥有13亿多人口的大国,经济转型本身就是一个巨大的课题。即便是从消费主导角度来切入研究,力图建立一个初步的框架,也面临一系列的问题。本书在这方面做了一些积累,但还远远不够,突出表现在整个理论体系的逻辑性还需要进一步提升。但这需要更多的学者参与进来。为此,笔者把过去6年来的思考,整理成书,求教于大家。书中的数据都是依据写作时的公开数据,没有做动态更新,以如实反映当时对这一问题的思考。

本书的研究与写作,得到了师长、前辈、同事和朋友的大力支持与帮助,对此深表感谢。迟福林院长提出了这个基本命题,并且鼓励我坚持这个方向的研究,支持我申报国家社科基金课题,支持我把这个命题作为博士论文进行系统探索;没有迟院长的支持,这个成果很难形成。我的同事何冬妮、蔡文龙、黄丽丽等,在文献综述、模型构建、计量测算、数据整理等方面做了大量贡献;与方栓喜等同事的交流,开拓了我的思路。在此一并表示感谢!当然,书中出现的任何错误均由我个人负责。我的父母对我的研究给予了无私的支持,妻子和儿子为我的工作和研究牺牲了很多,在此一并表示感谢。

　　路漫漫其修远兮。中国的转型改革进程没有止境。在这个进程中，增长动力的问题、投资消费的问题、生产目的的问题，还会以这样那样的形式表现出来，有时甚至会成为一个突出的矛盾。我将以"板凳要坐十年冷"的精神，继续对这个问题进行跟踪研究，以期对我国的改革政策决策和理论研究做出绵薄贡献。

匡贤明

2016 年 2 月 14 日

序

　　在内外发展环境变化的大趋势下,我国传统的比较优势逐步衰退,投资出口主导的增长方式难以为继,迫切需要形成新的战略基点。从现实情况看,13亿多人的消费大市场成为我国新的战略优势,有效释放这一巨大的潜在消费需求,对我国走向经济新常态有着重要的意义。这些年来,尤其是中共十八大以来,消费释放的相关体制变革和政策调整加快推进,消费规模保持较快增长速度,消费结构呈现快速升级的态势,13亿多人的内需大市场正在逐步形成,并带来了我国经济结构中的一些重大变化。比如,居民消费率持续10余年的下跌趋势得到扭转,并呈现回升态势;消费对经济增长的贡献逐步上升;与消费直接相关的服务业增加值占GDP比重在2012年首次超过第二产业增加值比重,在2014年达到48.2%,成为新的增长引擎。国家统计局发言人明确提出:虽然现在还不能说我国经济已经从工业主导型转向服务业主导型、由投资主导型转向消费主导型,但这个过程正在加快之中,这种变化正在悄然发生。

　　然而,与经济实践中这一新趋势相比,尽管理论界在消费—增长研究上积累了丰富的成果,但对转型时期消费主导经济转型的理论研究还相对滞后,在重大问题上还有较大分歧,比如在消费能否拉动经济增长、消费如何拉动经济增长等方面。尤其是在消费结构升级如何释放增长动力方面,还缺乏相应的研究。这使得我国主动推进消费主导的经济转型还缺乏行动自信,相关措施的系统性还不强。因此,着眼于未来5~10年我国经济转型的实质性突破,从结构角度研究我国消费主导经济转型,不仅是一个理论命题,更是我国经济生活实践迫切需要解决的重大现实问题。

本书在综述国内外相关研究文献的基础上,提出消费拉动经济增长的三条途径,从消费—人力资本—增长角度构建 CD-CG 模型,分析消费—增长的一般效应;从消费结构升级视角分析消费—增长的结构效应,探索我国转型期经济增长动力的转变机制。

在对我国城乡居民消费结构变化进行历史回顾与实证分析的基础上,本书提出我国消费主导经济转型的基本目标,从投资消费动态平衡、产业动态平衡、政府市场动态平衡三个角度分析我国消费需求释放需要解决的重点问题,并提出相关的转型思路:(1)分析消费结构变化与投资消费动态平衡。通过剖析我国消费投资失衡的现状,分析其根源,提出消费结构变化下实现投资消费动态平衡的目标与改革建议。(2)分析消费结构变化与产业动态平衡。通过剖析消费结构变化与供给结构变化的内在联系,分析我国服务业发展趋势,提出适应消费结构变化的服务业主导转型改革建议。(3)分析消费结构变化与政府市场动态平衡。通过剖析释放消费需求与推进政府自身改革的内在联系,分析市场在促进消费需求释放中的决定性作用,并提出若干建议。

Preface

With the changes of international and domestic development environment, China is gradually losing its traditional comparative advantages. It's hard to sustain economic growth by investment and export, and it's in urgent need to form a new strategic support. In view of the real conditions, a large market with over 1.3 billion people becomes China's new strategic advantage. To release the potential consumers' demand effectively is of great significance to China's economic new normal. In these years, especially since the eighteenth CPC National Congress, institutional reform and policy adjustment have been sped up to unleash the consumption potential, which leads to the relatively rapid growth and structural upgrade of consumption. The domestic market with over 1.3 billion consumers is in the formulation, which has brought big changes to the country's consumption structure. For instance, the decade-long decline of household consumption rate and final consumption rate have been controlled and have started to rebound; Consumption's contribution to economic growth has been increasing steadily; And the third industries directly related to consumption surpassed the second industries for the first time in 2012, becoming the new engine for economic growth. The spokesman of the National Bureau of Statistic pointed out that although we could not say that

China's economic structure has been transformed from the one driven by industry and investment to the one driven by services and consumption, the process of which is speeding up and changes are taking place.

However, compared with this new trend in the economic performance, despite of the abundant research on consumption and growth, our theoretical research on consumption-driven growth in the period of economic transformation still lags behind and disagreements still exist on major issues. For example, it is still unknown whether or not consumption can drive economic growth and if so, how does it work? In particularly, there is a lack of research on how economic structural upgrade unleashes consumption potential. As a result, we still lack confidence in actively advancing the consumption-led economic consumption and the systematic measures in pushing forward this process. Against this backdrop, conducting research on consumption-led growth from structural perspective is not only a theoretical proposition, but also a realistic economic problem that urgently needs to be tackled so as to make practical progress in economic transformation in the coming 5 to 10 years.

Based on the review of relevant domestic and foreign research literature, this book explores three ways in which consumption could stimulate economic growth and analyses the general effect of consumption-growth with the CD-CG model (Cobb-Douglas production function with Consumption-Growth). It also explores transitional mechanism for economic drivers in the period of economic transformation by looking into the structural effects of consumption-growth from the perspective of consumption structural upgrading.

On the basis of historical overview and empirical analysis of urban and rural consumption structural changes, this book puts forward the goals of China's economic transformation. From three aspects of investment-consumption dynamic balance, industry dynamic balance, and government-market dynamic balance, the book makes an analysis to the important problem in unleashing consumption potential. Finally, relative ideas for transformation as the follows are put forward. Firstly, the analysis of consumption structural changes and investment-consumption dynamic balance. By analyzing the status quo of investment and consumption imbalance, the book explores the root causes of this imbalance and then proposes goals and reform recommendations for achieving investment and consumption balance with the structural changes of consumption. Secondly, the analysis of consumption structural changes and industry dynamic balance. By analyzing the internal connection between structural changes of consumption and that of supply and demand, the book explores development trends of the service sectors and proposes reform recommendations for service-sector-led economic transformation that is in line with the changes of consumption structure. Thirdly, the analysis of consumption structural changes and government-market dynamic balance. Through analyzing the internal connection between the release of consumption potential and self-reform of the government, the book discusses the decisive role of market in unleashing consumption potential and puts forward several suggestions.

目　录

1 绪 论

1.1 研究背景

从结构角度研究我国消费主导的经济转型,不仅是一个理论命题,更是我国经济生活实践中迫切需要解决的重大现实问题。"十二五"规划提出建立扩大消费的长效机制,使我国国内市场总体规模位居世界前列;包括李克强总理在内的中央领导同志也多次强调"扩大内需是最大的结构性调整"。本书从结构角度切入研究我国转型时期消费主导的经济转型,主要有如下几个方面的考虑。

1.1.1 外部发展环境的重大变化

我国的外部发展环境发生了深刻而复杂的变化,外部市场,尤其是欧美市场的萎缩已成为中长期趋势。2008 年的国际金融危机打破了"发达国家负债消费—新兴经济体出口拉动—资源输出国提供资源"的世界经济平衡格局,建立在南北差距基础上的国际经济格局难以持续,世界经济进入了 10 年左右的全面调整期。国际金融危机已经过去了 7 年多,但国际经济尚未稳定,主要发达国家经济复苏缓慢,新兴经济体增长乏力。过去 10 余年我国经济快速增长所高度依赖的外部市场不确定性加大。通过出口消化不断扩张的产能面临着越来越大的阻力。只有推进消费主导的转型与改革,尽快释放国内巨大的消费潜力,形成经济增长新常态,才能"以不变应万变",从而有效应对外部风险和不确定性。为此,本书通过论证我国推进消费主导经济转型的历史必然及基本趋势,力图探讨"把握扩大内需这一战略基点,着力破解制约扩大内需的体制机制障碍,建立扩大内需的长效机制,走向全面、协调、可持续发展"所需要的微观机制。

1.1.2 转变经济发展方式的现实需求

中共十七大提出了转变经济发展方式的战略目标,明确了三大基本任务。概括起来分别是:从投资出口主导向消费主导转变;从工业主导向服务业主导转变;从物质投入向创新驱动转变。从这几年的实践看,经济发展方式转变取得了一定进展,但还面临诸多严峻挑战,产业协同推进、创新驱动的转型尚未取得实质性突破。究其根源,不在于政策调整的力度不够,而在于支撑传统增长方式的体制机制还未打破,投资主导、政府主导、地方政府竞争交织相融,"三位一体"特征相当明显。未来5～6年是我国经济增长方式转变的关键时期,也是"最后窗口期"。抓住经济发展方式转变的"牛鼻子",重在改变投资主导经济增长方式,破题消费主导经济转型,由此才能从根本上走出"产能过剩—投资收益下降—居民收入增长缓慢—消费需求释放受阻—产能进一步过剩"的恶性循环,步入良性循环。

1.1.3 形成我国发展的战略基点

扩大消费需求,走向消费主导既是世界经济再平衡对我国的迫切需求,更是我国谋求和平发展的战略支点。小国可以依赖国际市场,但13亿多人口大国的战略基点应当且只能是国内市场特别是消费市场的不断扩大。我国投资主导与出口主导的增长方式及与此相适应的体制机制,在过去30余年抓住全球化机遇实现快速增长的同时,客观上也形成了消费抑制的格局,导致经济增长过度依赖投资,过度依赖国际市场。在国际经济形势日趋复杂的背景下,我国急需释放规模不断扩大和结构不断升级的国内消费需求,加快从生产大国走向消费大国,形成新的战略基点。

巨大的潜在消费需求,也是我国参与构建新阶段国际新秩序的战略基点。习近平总书记在 2015 年博鳌亚洲论坛主旨演讲中提出,"未来 5年,中国将进口超过 10 万亿美元的商品,对外投资超过 5000 亿美元,出境游人数超过 5 亿人次"。当前建立新的国际秩序,不能忽视我国巨大的市场因素。未来 5～10 年,"中国消费"可以为世界经济复苏与再平衡做出重要贡献。因此,释放这一消费需求,既是我国经济可持续发展的重要保障和现实条件,也是世界经济的全面调整和再平衡对我国提出的迫切需求。

1.2 研究问题与概念界定

1.2.1 研究问题

立足于"牢牢把握扩大内需这个战略基点"这一出发点,笔者从结构角度围绕消费主导经济转型基本层面的问题展开分析。

问题一:消费能否拉动经济增长?消费主导是不是一个伪命题?这是一个需要在理论上进行回答的根本性问题。其核心是消费释放与消费需求扩容能否成为经济增长的内生动力?消费潜力释放对经济增长有多大影响?能否支撑经济中速增长的新常态?

问题二:消费主导是不是经济发展方式转变的核心?经济发展方式转变是一项系统工程,涉及经济社会全方位的变革。消费主导经济转型是不是其"牛鼻子"?是不是推进其他转型的重要前提条件?消费主导是如何带动经济发展方式转变的?

问题三:如何有效推进消费主导经济转型?为什么过去比较长的一段时间内经济转型的实际进展不大?有效推进消费主导经济转型涉及哪

几个基本层面的问题？如何有效实现投资消费动态平衡、产业动态平衡、政府市场动态平衡？

本书将围绕消费主导的经济转型，从结构角度分析我国走向消费主导新格局的历史必然与基本趋势；剖析扩大内需，尤其是扩大消费、形成消费主导基本格局面临的体制机制障碍及消除这些障碍需要深化的改革方面，并提出相应的转型思路。

1.2.2　概念界定

（1）消费。"消费"的本质是消耗、耗费。在《汉语大词典》中，消费的词条表述是"为了生活而消耗物质财富"；《辞海》对消费词条的解释是"人们消耗物质资料以满足物质和精神需要的过程"。周梅华（2003）[①]引用伦敦皇家社会研究委员会和联合国国际科学学会的研究指出，消费是人类改变自然物质和能量的活动，使物质和能量在得到最大化利用的同时给生态系统造成的负面影响最小化。

本书认为，消费的本质是满足人的多样需求，消费的过程是满足人的物质和精神需求而使用、利用和变更各种物质资料及劳务的过程。这有两个层面的内涵。

第一个层面是具体消费行为，即市场经济中微观主体的消费。这个消费包括两个主体的消费：一是生产消费，指企业主体生产过程中的生产资料和生活劳动的使用和消耗；二是个人消费，指人们把生产出来的物质资料和精神产品用于满足个人生活需要的行为，它是劳动者恢复体力和精力，实现劳动力简单再生产和扩大再生产的必要条件。由于生产消费本质上仍然服务于个人消费，其最终仍然可以归结为个人消费。这个层面上的消费，就是马克思（1844）所说的是"原来意义上的消费"，是人的"感性的表现，是人的实现或人的现实"。[②] 从这个层面考察单个家庭和

---

① 周梅华.可持续消费理论研究[M].北京：中国矿业大学出版社，2003：36.
② 马克思恩格斯全集（第42卷）[M].北京：人民出版社，1979：121.

消费者的消费活动、消费支出的增减、消费结构的变化,侧重于对消费者的行为和消费心理的深入研究。

第二个层面是抽象消费行为。与动物不同的是,人的消费不再是单纯的物质消耗,而是更多地反映着复杂的社会关系。生产、分配、交换、消费四个环节形成了经济循环的全过程。其中,作为要素的资本形成了供给的必要条件,作为要素的消费形成了需求的必要条件。抽象意义的消费,超越了具体的衣食住行等微观行为,成为经济循环与经济发展的基本要素。从这个层面研究消费,实际上是研究"人的经济行为",研究社会关系。

(2)消费主导。本书研究的"消费主导",是指中长期经济增长主要由国内消费需求拉动,而不是由投资拉动或者外部市场需求拉动。消费主导不等于消费主义,更不等于否定投资、排斥投资,而是意味着经济增长动力机制发生了变化,消费成为经济增长的内生动力,在经济增长中发挥决定性的作用。

(3)消费主导经济转型。本书研究的"消费主导经济转型",其特定含义就是经济增长从投资出口主导转向消费主导。从我国经济生活实际看,从投资出口主导转向消费主导,本质是经济增长动力的转变,同时涉及整个体制机制的重大调整。研究我国特定阶段的消费主导经济转型,实质上是研究制度变迁与制度转轨。

1.3 研究目的与研究价值

基于现有研究成果,本书力图集中研究以上提出的三个问题,以期对理论与实践有所贡献。

1.3.1 研究目的

目的一:从我国发展的外部环境变化以及我国发展阶段与社会需求

结构的变化出发,根据加快转变经济发展方式和保持经济稳定持续较快增长的客观要求,分析我国从投资主导转向消费主导的现实需求和基本趋势。

目的二:把消费作为内生变量引入经济增长模型,从结构视角分析消费—增长机制,探索构建符合我国现阶段基本国情的经济增长理论框架。

目的三:全面、客观和深入分析我国形成投资主导和消费长期低迷的认识、观念、政策、体制、机制和制度根源,提出我国通过消费主导转型与改革加快转变经济发展方式、保持经济稳定持续较快增长的改革任务与改革路径。

1.3.2 研究价值

(1)理论价值。研究消费主导的转型与改革,挖掘梳理关于经济增长的理论和观点,深入分析扩大消费、形成消费主导的基本格局对保持经济持续较快增长的作用及其机理,有利于完善经济增长理论,探索符合我国基本国情的经济增长理论框架。我国面临着双重任务,既要加快转变经济发展方式,又要有效应对经济下行压力,保持经济平稳持续较快增长。能否通过消费主导的转型与改革同时实现这两个目标,是一个迫切需要从理论上得到回答的新命题。

当前,对消费能否拉动经济增长还有不少质疑。有学者认为,现阶段我国高投资、低消费具有合理性;由于我国人均资本存量还很低,投资收益还比较高,加上我国还有较高的储蓄,未来 20 年还将保持高投资的态势。更有学者认为,对高投资持负面态度是"恐投症",不利于经济增长;我国走向消费主导会带来过度消费,对世界其他国家是一种不公平。这些理论分歧上的鸿沟,使得我国对推进消费主导经济转型的政策在相当长时期内还有一定的犹豫。因此,迫切需要从结构角度对消费主导经济转型的内涵、定义、相应的改革做出系统研究,为我国经济增长方式转型提供强有力的理论支持,增强消费主导经济转型的自觉自信,明确转型的战略路径。

（2）实践价值。从结构角度研究消费主导的转型与改革，有利于形成普遍共识和广泛合力，加快形成消费主导的、推动我国经济在未来 10～20 年持续稳定较快增长的强大内生动力。早在 1958 年，毛泽东同志就提出，外贸只能起辅助作用，经济增长主要还是要靠国内市场。1975 年 9 月，邓小平同志指出，我国国内市场很大，首先要通过很大努力来满足国内需求。1998 年，中央明确了"扩大国内需求"的基本着力点，并且强调，"扩大国内需求、开拓国内市场，是我国经济发展的基本立足点和长期战略方针"。中共十七大报告中明确提出要促进经济增长由主要依靠投资、出口拉动向依靠消费、投资、出口协调拉动转变，要求尽快扩大内需特别是消费需求。

世界经济发展的历史表明，小国经济发展可以依靠国际市场，但大国的经济发展只有而且只能依靠国内消费需求。美国在独立后通过西部开发、交通改善，依靠居民消费和国内市场的不断扩大促进经济增长。日本 20 世纪中后期的高速增长也是国内"消费革命"的结果。费景汉和拉尼斯等经济学家在 20 世纪 60 年代就指出，对于二元经济的大国，外贸不可能成为增长的主要发动机。

然而，虽然扩大内需已经从原则提升到政策，从政策提升到战略方针、战略基点，但经济生活中的进展却并不乐观。过去 30 余年中，每当我国出现经济增长下行压力时，首先选择的重要举措就是扩大投资、增加出口，释放消费往往处于次要位置。一些地方政府长期把主要精力用于抓投资，"项目市长、项目书记"现象相当普遍。有的地方甚至提出"不抓项目就是不抓经济，不会抓项目就是不会抓经济，抓不成项目就是工作不力"等极端口号。之所以多年来不断重复着这种政策选择，学术界对消费在经济增长中的决定性作用及机理研究不足，是重要根源之一。加强这方面的研究，是本书价值所在。

（3）政策价值。本书着眼于在加快转变经济发展方式的同时保持经济稳定持续较快增长，从结构角度研究消费主导的转型与改革，提出客观要求的重点领域和关键环节的改革任务，有利于形成改革顶层设计和新阶段改革推进方式创新的理论框架。消费主导的转型与改革,是一场贯穿于经济社会发展全过程、各领域的深刻变革,涉及许多重大利益关系和基本利益格局的调整。其关键在于理顺体制机制,难点是调整利益格局,根本上还要靠改革创新。

牢牢把握扩大内需这个战略基点,深入分析我国居民消费长期低迷的认识、观念、政策、体制、机制和制度根源,研究我国扩大消费,形成消费主导发展格局客观要求的政策体系、体制机制和制度框架以及重点领域和关键环节的改革突破,可为下一步重点领域和关键环节改革的顶层设计和推进方式创新提供理论支撑。

1.4   研究内容与研究架构

1.4.1   文献述评与历史回顾

这是本书的第一部分。消费—增长问题一直是学界争议的焦点,其核心是消费是否是拉动经济增长的动力问题。

(1)本书综述了相关前沿文献,重点梳理了反对消费主导经济转型的观点,并在此基础上进行相应述评,提出本书研究的起点。这构成了本书的第 2 章。

(2)本书回顾了我国消费总量、货币和结构的历史变迁,并且与其他国家进行了比较,以此为分析奠定基础。这构成了本书的第 3 章。

1.4.2   消费—增长:模型构建、效应分析与转型目标

这是本书的第二部分。

(1)在述评和历史回顾的基础上,本书探索从理论角度分析消费—增长的传导机制,分析消费拉动经济增长的传导途径,构建了三个模型:一是引入人力资本模型,构建引入消费的增长模型(CD-CG),分析消费—

增长的一般理论;二是从结构角度切入,分析消费结构变化对经济增长的影响;三是从开放角度构建了开放条件下的投资消费关系。这三个模型研究构成了本书的第 4 章。

(2)在模型构建的基础上,本书定量分析了我国消费释放、结构升级带来的增长效应与结构调整效应。一是分析消费需求释放带来的增长效应;二是分析消费结构升级带来的投资结构调整、城乡结构调整和内外结构调整等效应。这构成了本书的第 5 章。

(3)在理论与计量的基础上,本书把中国转型的基本目标,即把走向消费主导作为经济转型的基本目标,并分析消费主导的结构性特征、制度性特征,提出未来几年的阶段性目标。这构成了本书的第 6 章。

1.4.3　结构视角消费主导经济转型的重点任务

这是本书的第三部分。在结构分析以及明确转型目标的基础上,本书系统地提出消费主导经济转型的重点任务。这构成了本书的第 7～11 章。

(1)推进从投资主导向消费主导转型,并不是不要投资,而是要把投资建立在消费的基础上,形成有效投资。因此,消费主导经济的关键在于实现投资消费的动态平衡。本书第 7 章分析我国投资消费动态失衡的现状及其根源,提出以投资消费动态平衡为目标的投资转型基本思路。这构成了本书的第 7 章。

(2)推进从工业主导向服务业主导的转型,构建服务业发展的体制机制。通过产业结构的转型升级,有效适应消费结构变化的基本趋势。这构成了本书的第 8 章。

(3)在消费结构升级中,能否解决公共消费的问题是决定转型能否成功的关键。从我国的特定国情出发,庞大的国有资本可以通过促进社会福利体系建设,保障公共消费,进而在促进消费结构升级方面发挥重要作用。为此,本书专门研究了消费与国有资本的关系。这构成了本书的第 9 章。

(4)消费结构升级和消费需求释放,同消费市场环境有直接关系。在转型进程中我国消费市场环境出现这样那样的问题,客观上制约了消费需求的释放。因此,为适应消费结构升级的态势,需要加快消费市场环境的优化。这构成了本书的第10章。

(5)走向消费主导的经济转型,关键在于政府自身的改革。政府的作用有三方面:一是保障公共消费;二是加强市场监管;三是为供给方创造良好的环境,以扩大有效供给。这部分的内容构成了本书的第11章。

1.5　研究创新与研究方法

1.5.1　研究创新

本书努力在以下三个突出难点问题的研究上取得突破,以期构成本书的创新点。

(1)研究消费释放与结构升级的经济增长效应问题。随着我国从生存型阶段向发展型阶段跨越,城乡居民消费需求不但在规模上全面增长,而且在结构上快速升级,这一变化势必带来不同经济部门的结构性变化,并带来相应的增长效应。本书力图从总量和结构角度切入,并且重点从结构角度进行分析。

(2)研究消费结构升级与经济增长的关系。我国正处于城乡居民消费结构快速升级的时期,消费结构的变化带来了多方面的变化。但在这方面的研究相对较少。消费结构升级能否带来经济结构的调整,能否带来经济增长效应,需要在理论上进行回答。本书力图从结构角度对这些问题进行分析。

(3)研究走向消费主导的经济转型基本思路。消费主导的体制基础与投资出口主导的体制基础是不同的。从投资出口主导转向消费主导,是一个巨大的转型工程,涉及多方面的体制机制变革,要求同时推进多个重点领域和关键环节的全面改革。本书立足于结构角度,从消费结构升级趋势出发,从投资消费结构、产业结构、国有资本、消费环境、政府市场关系等方面进行分析。

1.5.2 研究方法

本书的研究方法主要是问题导向、实证研究、行动建议。

(1)问题导向。本书从我国经济生活面临的突出矛盾与问题出发,提出"消费主导决定中国经济发展方式转变"的命题。这势必会涉及不同的理论观点,有的观点甚至截然对立。因此,本书将以问题为导向,对现有的观点进行分析。

(2)实证研究。本书力图系统梳理经济思想史上的消费与经济增长理论及其最新研究成果,把消费引入经济增长的理论框架,使研究具备一定的实证基础。本书将剖析不同发展阶段、不同国情下一些国家走上消费主导的路径和战略,通过比较分析寻找差异并分析其背后的原因,为我国构建形成消费主导发展格局的体制框架做出贡献。

(3)行动建议。在实证分析的基础上,本书提出消费主导经济转型的基本目标,并提出了消费主导经济转型的基本思路。包括三个方面的内容:①从宏观上就消费主导经济转型提出了投资消费动态平衡,并提出推动投资转型的思路;②适应消费结构升级,从产业结构角度提出从工业主导向服务业主导的转型,并提出推动服务业主导的转型思路;③适应消费主导的趋势,从政府与市场关系角度提出从政府主导向市场主导的转型,并提出了推动政府转型的思路。本书对消费主导经济转型的基本思路与行动建议,集中在第三部分,即第6~11章。

2 消费—增长研究述评

经济增长中消费发挥什么作用、扮演什么角色，不少专家学者做了深入的前期研究，形成了丰富的研究文献，同时也存在比较大的分歧。本章将对这些前沿文献做简要梳理并对它们进行述评。

2.1 增长中的消费角色

2.1.1 经济思想史中的消费与增长

在理论史上，如何理解消费在经济增长中的作用，有着不同的视角，由此也形成了对消费—增长的不同分析。

（1）威廉·配第的消费思想。威廉·配第（1662）主张在消费上"少消费多积累"，重商主义特点比较突出。[①] 他认为，消费过多会使人们变得懒惰，工人的个人消费只是出于劳动力再生产的需要，只要能使食物消费维持工人的最低限度的生活，生产过程就能继续进行。总的来看，威廉·配第对消费的认识体现了"一切为了积累"的时代特征。

---

① ［英］威廉·配第. 赋税论［M］. 马妍译. 北京：中国社会科学出版社，2010.

（2）亚当·斯密的消费思想。斯密（1776）首次提到，生产的唯一目的是消费，但不能用货币来表现消费力的实质，而应该是人们以自己的收入能够获取多大的消费品价值量。斯密认为"消费是一切生产的唯一目的，而生产者的利益，只在促进消费者的利益时，才应当加以注意，这条原则是完全自明的，简直用不着证明"。① 也就是说，斯密认为增长的源泉实质上是市场规模的不断扩大。

斯密提出增长的源泉是市场规模的不断扩大。这里所谓的"市场规模"等同于"消费规模"。以19世纪老牌资本主义国家疯狂的海外殖民为例，受国内狭小的市场限制，机器化生产的大批量商品无法在国内消化，使得这些国家产生海外殖民的动机，大举开拓国外市场。将"市场规模"解释为"投资规模"，使得经济增长的思路脉络被锁定在投资拉动经济增长上，就形成了斯密—李嘉图—马歇尔—新古典的思想线路。其中，消费的因素并没有得到有效分析，投资被置于分析的核心。尤其是在新古典的一些模型中，消费与投资存在此消彼长的关系，要通过扩大投资来拉动经济，需要抑制消费、增加储蓄。

（3）"萨伊定律"和马尔萨斯的"有效消费"。萨伊（1803）认为，消费的真正原因是为了获得满足。他提出了萨伊定律，即"生产能创造自身的需求，不会出现需求不足"。② 马尔萨斯（1788）强调"有效消费"，即指人们愿意且能够支付一定的价格，购买用于消费的产品。这种价格保证了生产商的利润，也使得消费者有能力持续消费。③

（4）西斯蒙第的消费理念。西斯蒙第（1819）重视人的需求。他将消费界定为人的需求，认为消费在增长中的作用是第一位的。④ 西斯蒙第

---

① ［英］亚当·斯密. 国富论（下卷）［M］. 郭大力，王亚南译. 上海：上海三联书店，2009：227.

② ［英］萨伊. 政治经济学概论［M］. 陈福生，陈振骅译. 北京：商务印书馆，1997：304.

③ ［英］马尔萨斯. 人口原理［M］. 丁伟译. 兰州：敦煌文艺出版社，2007：36.

④ ［瑞士］西斯蒙第. 政治经济学新原理，或论财富同人口的关系［M］. 何钦译. 北京：商务印书馆，1997：26.

对萨伊定律提出了批评,并首次提出了"消费不足引致经济危机说"。对于消费不足的原因,他认为主要是财产分布过于集中,贫富差距过大。

(5)大卫·李嘉图的消费思想。李嘉图(1817)认为,"任何人从事生产都是为了消费或销售"。[①] 由于资本积累有助于提高生产效率和促进技术进步,李嘉图将资本积累视为经济增长的重要动力。但他同时认为,由于"收益递减律"和"利润率下降趋势律"共同作用,经济最终会进入静止状态。在这个逻辑推理下,李嘉图认为增加积累是扩大生产的必然选择,而这就需要压缩相应的消费。

李嘉图还提出了"李嘉图等价定理"。他认为,长期内政府采取预算赤字和减税对刺激消费的效果是相同的,现期的赤字和减税将导致未来的高税收预期,家庭在现期会增加储蓄以应付未来的高税收,消费则不会发生变化。不少学者对"李嘉图等价定理"做了深入研究,尤其是巴罗(1974)[②]的《政府债务是净财富吗》一文,对"李嘉图等价定理"做了进一步证明并提出了财政政策无效性的结论。

(6)马克思的消费思想。马克思把消费放在由生产、分配、交换、消费构成的经济体系中加以研究。他认为,作为人类生产的最终目的,消费在整个社会发展中具有重要的地位和作用。

在消费与生产的关系上,马克思(1859)认为,"生产直接也是消费,消费直接也是生产",没有生产就没有消费,没有消费就没有生产。"生产直接也是消费"[③],在生产的过程当中,既需要耗费资源和能源等,也需要消耗劳动者的体力和脑力。"消费直接也是生产",只有通过个人消费,才能使个体的体力和脑力得到恢复,才能使个体有能力抚养后代,形成当代和跨代劳动力的再生产。马克思认为,"生产媒介着消费,消费也媒介着生产"。所谓"生产媒介着消费",是指生产创造出消费品即消费的对象,没

---

① [英]大卫·李嘉图. 政治经济学及赋税原理[M]. 丰俊功译. 北京:光明日报出版社,2009.

② Barro Robert J. Are Government Bonds Net Wealth? [J]. Journal of Political Economy,1974,82(6):1095-1117.

③ 马克思恩格斯全集(第 12 卷)[M]. 北京:人民出版社,1962:740.

有生产,消费没有对象,消费也就无从谈起了。所谓"消费也媒介着生产",是指消费为生产的产品创造出消费者主体,没有消费主体就无所谓产品。生产和消费是一种相互媒介运动。

与其他学者不同的是,马克思明确提出了消费公平理论。他指出,在资本主义社会,存在严重的消费不公平。不同阶级的消费能力与水平有着明显的差异,大量低收入、低消费者的存在,形成了生产无限扩大和全社会消费能力不断下降的矛盾,带来了相对过剩的经济危机。化解这一危机的重要出路之一就是消费公平。在《哥达纲领批判》中,马克思(1891)提出了实现消费公平的重要举措,即为社会全体成员包括丧失劳动能力的人提供社会公共产品、社会保险、社会福利和社会救济。[①]

(7)马歇尔的消费理论。马歇尔(1890)将经济学分为消费论、生产论、交换论和分配论。[②] 他重视消费者需求,认为社会再生产是由消费者的需求扩大引起的。马歇尔在数量上论证了售价与需求数量成反比的需求规律及需求的价格弹性作用。

(8)凯恩斯"绝对收入消费理论"。凯恩斯(1936)在《就业、信息和货币通论》中提出了消费理论。[③] 凯恩斯提出了边际消费倾向递减规律、资本边际效率递减规律以及流动性偏好的三大基本规律,为有效需求不足提供了支撑。三大基本规律使得人们更愿意将自己的收入以货币形态保持在手中,减少了消费和投资,从而导致有效需求不足,经济出现小于充分就业的国民收入均衡。在凯恩斯消费理论的三大支柱中,边际消费倾向递减规律最为重要。他认为,消费不足和投资不足是有效需求不足的两个方面,但角色不同。由于消费是所有经济活动的唯一目的和唯一对象,资本离开消费就很难存在。反之,一旦消费倾向减低,就有可能成为永久性的习惯,资本需求也将持续减少。因此,投资不足实质上是消费不

---

① 马克思恩格斯全集(第19卷)[M].北京:人民出版社,1962:13—14.
② [英]马歇尔.经济学原理[M].陈良璧译.北京:商务印书馆,1997:23.
③ [英]凯恩斯.就业、利息和货币通论[M].徐毓枬译.北京:商务印书馆,1999:90.

足的派生表现,消费不足是最根本的原因所在。在凯恩斯的理论基础上,其他学者相继提出了消费与收入的理论,比如杜森贝利的相对收入假说、弗里德曼的永久收入假说和莫迪利安尼的生命周期假说等。

2.1.2　消费拉动经济增长的研究与争议

(1)消费是经济增长的动力。迟福林(2009)[①]是国内比较早就呼吁消费主导的学者。他认为,消费是经济增长的内生动力,消费是经济体增长的最终目的与结果。消费释放情况决定着中国经济增长前景。中国(海南)发展改革研究院课题组(2012)[②]提出,形成消费主导的基本格局,既是增强经济发展内生动力的根本出路,也是经济发展方式转变的目标和要求。刘尚希(2007,2012)[③][④]提出,生产只是手段,消费才是目的,衡量改革成效要以国民"消费状态"为基本标准和出发点。汪海波(2013)[⑤]指出,衡量投资消费关系合理与否,关键在于是否有利于经济社会的持续发展。居民消费增速长期低于 GDP 增速和劳动生产率增速,消费得不到改善,不符合中国社会生产目的。夏斌(2009)[⑥]鲜明地提出了"以消费为纲"的主张。他认为,高储蓄、低消费这一结构失衡是中国经济面临的根本问题。实现经济持续稳定发展的"新增长因素",在于以国内消费为主导推进结构性变革,不能继续走投资出口主导的老路子。只有"以消费为纲"才能"纲举目张"。刘世锦(2011)[⑦]认为,中国经济由高速增长转为中速增长,最重要的是经济结构变化,经济增长逐步转向依靠消费、依靠服务业发展的趋势很明显。

不少学者通过计量分析,探讨了消费对经济增长的拉动作用。刘东

① 迟福林.第二次改革[M].北京:中国经济出版社,2009:5—7.
② 中国(海南)发展改革研究院课题组.消费主导[M].北京:中国经济出版社,2012:1—2.
③ 刘尚希.改革成效要以国民的消费状态来衡量[J].中国发展观察,2007(9).
④ 刘尚希.扩大消费从转变认识和体制改革入手[N].经济参考报,2012-03-01.
⑤ 汪海波.再评"迷思论"[N].中国经济时报,2013-02-26.
⑥ 夏斌.如何实现消费为纲[J].中国产业经济动态,2009(15):23—26.
⑦ 刘世锦.中国经济由高速增长转入中速增长[N].中国经济时报,2011-12-26.

皇和沈坤荣(2010)①的测算表明,居民消费对经济增长存在显著的积极影响,且消费的增长效应大于投资的增长效应,扩大消费有利于我国经济的可持续发展。王延军(2007)②在利用 H-P 滤波法分离经济变量波动成分和趋势成分的基础上,运用 ADF 单位根检验、Granger 因果关系检验等计量方法实证研究了消费、投资以及净出口等需求因素与中国宏观经济波动的关系,结果表明消费波动对中国宏观经济波动的影响最大。辛鸣(2010)③认为,在发展初始阶段和经济衰退时期,投资可以起到启动经济增长的作用,但启动后的经济增长必须依靠消费拉动。袁建文和蒙明忠(2011)④通过构建诱发系数模型分析消费需求与经济增长的关系。其结论是,消费平均每增长 1%,GDP 增长 0.786%;投资平均每增长 1%,GDP 只能增长 0.239%。消费诱发的 GDP 总额、经济增长速度、经济增长效率等效应是投资诱发效应的 3 倍左右。刘金花和高艳(2011)⑤指出,消费需求与经济增长保持同向的长期稳定均衡关系,最终消费是经济增长的格兰杰原因,但经济增长不是最终消费的格兰杰原因。赵振全和袁锐(2009)⑥认为,消费对 GDP 的拉动能力更强。现阶段中国通过提高消费增长率拉动经济增长效果较好,而提高投资增长率的经济增长的效果较弱。曾令华(1997)⑦建立了 $Y_d = C^e I^{(1-e)}$ 模型,把消费增长纳入经济发展分析中。他认为,中国消费的合理增速是消费收入弹性保持在

① 刘东皇,沈坤荣.收入分配、居民消费与经济发展方式转变[J].华东经济管理,2010(11):31—35.
② 王延军.政府支出与居民消费:替代或互补——基于非线性有效消费函数的实证[J].经济经纬,2007(01):31—34.
③ 辛鸣."两驾马车"如何拉动中国经济健康成长——投资与消费应实现良性互动[J].财会研究,2010(06):29—31.
④ 袁建文,蒙明忠.消费需求与经济增长的关系研究[J].统计与决策,2011(16):101—103.
⑤ 刘金花,高艳.消费需求与经济增长关系——基于河北省数据的分析[J].企业研究,2011(06):8—10.
⑥ 赵振全,袁锐.消费与投资变动对我国经济增长的动态影响[J].吉林大学学报(社会科学版),2009(06):48—54.
⑦ 曾令华.理论最优消费率之我见[J].求索,1997(3):30—31.

(0.72,1)的合理区间内。

有学者从消费需求变动引导投资需求变化和产业结构调整角度分析消费对经济增长的拉动作用。许月丽、战明华和史晋川(2010)[1]研究得出的基本结论是,由于非农部门内部投资存在严重的非同质性,中国的投资与消费不具有一般理论所认为的替代关系。沈恒林(2001)[2]认为,民间投资扩张往往是在消费回升、市场转旺的预期下发生的。消费释放可以带来市场繁荣,进一步刺激投资的增加。在投资与消费的互动关系中,是消费需求在起主导作用,而不是投资需求起主导作用。郭斐(2010)[3]通过定量测算认为,在粗放型增长方式中,投资弹性系数为0.55,比集约型增长方式中的投资弹性系数0.20大了0.35;而消费弹性系数为0.45,比集约型增长方式中的0.89小了0.44。在集约型增长方式下,消费需求对经济的贡献大于投资需求的贡献。郭其友和芦丽静(2009)[4]通过对美国、澳大利亚、日本等国经济增长的实证分析发现,消费主导型的经济增长是上述各国经济发展的共同方向。发达国家基本上都是在人均国民收入达到3000～4000美元时,形成了以国内消费为主导,消费、投资和出口共同拉动经济增长的格局。

不少国外学者认为,中国经济增长的关键在于释放消费,在扩大消费中实现"经济再平衡"。保罗·克鲁格曼(2013)[5]认为,中国过去30余年的投资驱动型经济实现了惊人的增长,但这一模式已经到达极限。中国消费投资明显失衡,出路在于尽快释放中国巨大的消费潜力。约瑟

---

[1] 许月丽,战明华,史晋川.消费决定与投资结构调整:中国的经验及其含义[J].世界经济,2010(05):118−139.

[2] 沈恒林.中国居民的消费行为与长期经济增长[J].长安大学学报(社会科学版),2001(02):25−28.

[3] 郭斐.我国消费需求与经济发展方式转变的实证分析[D].昆明:云南财经大学,2010.

[4] 郭其友,卢丽静.经济持续增长动力的转变——消费主导型增长的国际经验与借鉴[J].中山大学学报(社会科学版),2009(02):190−197.

[5] [美]保罗·克鲁格曼.中国撞上了一面墙[EB/OL].网易财经,2013-07-22.

夫·斯蒂格利茨(2013)①认为,中国正处在经济发展方式转变的历史关键时期。2020年要全面建成小康社会,实现质量效益型的增长,需要尽快从投资出口型经济转向消费型经济。马丁·沃尔夫(2012)②认为,严重依赖投资拉动经济增长的中国正处于刘易斯拐点。要使投资率从50%左右下降到35%而又不出现严重衰退,就需要大幅度增加消费。史蒂芬·罗奇(2014)③在《失衡》中提出,中国需要加快释放潜在的消费需求,摆脱对国际市场的过度依赖,而美国则需要更加注重储蓄,要把消费扩张建立在储蓄的基础之上。

(2)消费是增长的结果而不是原因。有学者认为,消费虽然是增长的目的,却不是增长的动力,消费无法拉动经济增长。华生(2011)④提出,消费不足和投资过剩不一定带来经济减速。我国这么多年来都是消费不足,但经济照样实现了高速增长。刺激消费不一定能带动长期增长。相反,提高收入可以刺激消费,但如果工资增长过快,就可能出现消费膨胀。朱天和张军(2012)⑤、徐诺金(2012)⑥等均认为,储蓄是投资的源泉,投资才是增长的动力;消费是增长的归宿和目的,但消费不能带动增长。中国经济增速过快下滑的主因是投资速度过快下滑。徐滇庆和李昕(2011)⑦认为,消费的改善是供给增加、物质财富存量扩张的结果,如果产出没有得到有效增加,想提高消费水平只能是空谈。林毅夫(2013)⑧⑨指出,提高消费水平确实是经济发展的主要目的。尽管短期内刺激消费能带来经济增长,但是经济持续增长的动力只能是投资而不是消费。消费水平的提高

---

① [美]约瑟夫·斯蒂格利茨.后危机时代的危机[J].全球化,2013(1):119.
② [英]马丁·沃尔夫.中国改革攻坚之战[J].财经界,2012(5):98—99.
③ [美]史蒂芬·罗奇.失衡[M].易聪[等]译.北京:中信出版社,2014.
④ 华生.消费不足未必导致增长减速[EB/OL].财新网,2011-04-21.
⑤ 朱天,张军.破解中国消费不足论的迷思[N].中国经济时报,2012-09-06.
⑥ 徐诺金.充分认识投资对于稳增长的重要性[N].金融时报,2012-08-06.
⑦ 徐滇庆,李昕.中国居民消费真在"萎缩"吗?[EB/OL].FT中文网,2011-07-21.
⑧ 林毅夫.投资、消费和当前经济形势[N].21世纪经济报道,2013-07-22.
⑨ 林毅夫.单靠消费拉动增长是自掘坟墓[EB/OL].共识网,2013-06-08.

有赖于收入增长,而收入增长依托于技术创新和产业升级,依托于劳动生产率的提高,这些都必须以投资为载体。没有劳动生产率的提高,消费就成了无源之水。也就是说,投资决定了一个国家的经济增长绩效。因此,放弃投资拉动型增长模式,改为通过消费来拉动中国的经济增长,是"头痛医脚""因噎废食""把婴儿和洗澡水一起倒掉"的主张。他甚至提出,一旦在增长动力上放弃投资而依赖于消费,中国将陷入经济危机之中。黄育川(2013)[①]认为,在经济理论中并不存在消费驱动型增长的概念。可持续的增长只有通过劳动力和资本等生产要素投入的增加和生产率的提高才能实现。中国需要做的是进一步推进有助于提高生产率的改革。如果人为地刺激消费,过早地平衡经济结构,中国很可能会失去提高生产率的机会。

出现投资拉动还是消费拉动的争论,一个重要原因是理论上就存在争议。新古典经济学从供给的角度分析长期经济增长的动力结构,认为长期经济增长取决于劳动、资本投入以及技术进步。从理论史来看,这些要素的范围不断扩大,从最早的土地、资本二要素生产模型,到后来引入技术、教育、制度等要素,形成了形式各异的经济增长理论及模型。但这些模型大都强调资本的重要性,而基本上没有把消费作为推动经济增长的要素来进行分析。也就是说,在配第—斯密—萨伊—马歇尔—新古典综合这条思想线路中,消费基本上没有被纳入模型中分析。消费与投资存在此消彼长的关系,要扩大投资就要抑制消费,提高储蓄。

消费不足的理论,基本上是沿着西斯蒙第—马尔萨斯—马克思—凯恩斯这条线路演进的。凯恩斯的"三驾马车"主要从需求的角度分析经济增长。但越来越多的学者认为,"三驾马车"的分析模式并不适用于中长期的分析,用来分析转型时期的中国更要慎重。吴敬琏(2013)[②]指出,用

[①] 黄育川.中国经济增长不能靠消费[EB/OL].FT中文网,2013-07-25.

[②] 吴敬琏.深化改革是改变增长模式出路——在博源基金会成立五周年学术论坛上的演讲[EB/OL].搜狐财经,2013-06-30.

生产函数作为理论框架分析中长期增长更为合适。30 多年来的改革开放释放了增长潜力,提高了要素配置效率,推动了经济增长和全要素生产率的提高。林毅夫(2013)[1][2]指出,长期经济增长最主要的因素是技术创新与产业升级,中国高增长的基本原因在于对后发优势的利用。发展中国家如果懂得利用这个后发优势的话,经济增长速度可以是发达国家的2~3倍。蔡昉(2013)[3]认为,从经济增长理论、国际经验和中国现实等角度进行的研究发现,提升全要素生产率对打破资本报酬递减规律、实现经济可持续增长具有决定性作用。中国亟须推进政策调整,从技术进步和体制改善中获得更高效率,以实现中国经济增长向全要素生产率支撑型模式的转变。中央政府应采用全要素生产率改善这一指标,替代 GDP指标来考核地方政府。

2.1.3 投资消费关系的研究与争议

(1)我国消费率偏低。汪海波(2013)[4]用新中国成立 60 年以来的统计数据计算得出,我国存在投资率从略高走向过高、消费率从略低走向过低的趋势。迟福林(2013)[5]认为,消费快速增长与消费不足在现实经济生活中可以同时存在,并行不悖。从年度间纵向看来,消费规模可以快速增长;同时,横向指标相比,比如固定资产投资增长速度也可以更快,从而导致消费率不断下降。消费不足,并不是消费没有增长,而是从社会需求变化趋势出发,还有更多的消费需求没有得到有效满足。他建议,把提高消费率作为政府工作的重要约束性指标。赵萍(2010)[6]指出,从全球消费率变化的规律看,一国的消费率存在随收入增长从高到低再从低

---

① 林毅夫.中国有能力维持 20 年每年 8%左右的增长潜力[J].北方经济,2013(2):51.
② 林毅夫.超越凯恩斯主义[J].新远见,2013(1):4—7.
③ 蔡昉.中国经济增长如何转向全要素生产率驱动型[J].中国社会科学,2013(1):56—71.
④ 汪海波.再评"迷思论"[N].中国经济时报,2013-02-26.
⑤ 迟福林.处在十字路口的中国经济转型[J].人民论坛,2013(8):(下):64—71.
⑥ 赵萍.从全球视角看我国消费率走势[J].中国经贸导刊,2010(17):19—20.

走高的"U型"趋势。但除我国以外,其他国家的消费率都没有低于50%。

(2)我国消费率被低估。也有学者认为,我国社会消费品零售总额快速增长,消费不足是一种悖论,统计中的消费额被明显低估。连平(2007)[①]提出,2004年全国经济普查结果显示GDP新增加了2.3万亿元,其中服务业增加值占93%。服务业增加值统计的严重缺漏表明服务消费统计存在巨大缺漏,还有相当一部分服务活动没有纳入统计范围之内,比如计算机服务、电子商务、中介服务、信息咨询服务、知识产权服务和物业管理等。由此估算,我国消费率其实并不低。徐滇庆和李昕(2011)[②]认为我国的居民最终消费规模并没有萎缩而是连年上升,其增长率过去10年来保持高速增长并且快于GDP增速。消费占GDP比重之所以出现下降,是两次国际金融危机后政府大幅度增加公共投资的结果。朱天和张军(2012)[③]认为,在宾大世界表中,1990—2009年中国平均消费率是56.64%(扣除价格因素),如果在此基础上对被严重低估的城乡居民居住消费支出进行修正,消费率有可能增加5个百分点;私营企业主和管理者将个人和家庭消费开支计入公司成本,可能占到消费的10%,如果对此进行修正,消费率有可能再增加5个百分点。我国修正后的消费率将达到甚至超过60%～65%,不存在消费不足的问题。李迅雷(2013)[④]认为,家庭调查数据与真实居民消费之间存在较大误差,导致居民消费支出被低估。在考虑被低估的实物和服务类消费支出后,2004—2011年我国的消费占比明显高于投资占比,消费贡献率在这8年中的绝大部分年份都大大超过了投资贡献率。徐诺金(2012)[⑤]提出,由于统计方法、税收规避、投资漏损等因素,居民消费中的灰色支出数据难以收集。

[①] 连平.如何理性看待我国的消费率[N].经济观察报,2007-06-24.
[②] 徐滇庆,李昕.中国居民消费真在"萎缩"吗?[EB/OL].FT中文网,2011-07-21.
[③] 朱天,张军.破解中国消费不足论的迷思[N].中国经济时报,2012-09-06.
[④] 李迅雷.中国经济结构存在误判[R].中国经济报告,2013(4):44—49.
[⑤] 徐诺金.当前稳增长就必须稳投资[J].中国中小企业,2012(10):54—59.

我国统计中的投资率可能被高估而消费率可能被低估,两者偏差可能在10%～15%。我国实际消费率可能是40%～55%,而实际投资率可能在35%～40%。不过,认为我国消费率被低估的专家,均未给出系统的消费率的修正数据。

2.1.4　黄金投资率与最优消费率的研究与争议

(1)投资偏离最优水平。一些学者试图建立最优消费率(或者最优消费率区间)的理论模型,以此判断现实经济生活中的实际消费率是否合理,并判断我国是否仍然需要依靠投资拉动。分析最优消费率最常用的工具是费尔普斯的"黄金律"法则。[①]

白重恩(2013)[②]的测算表明,20世纪90年代中期,我国税后投资回报率达到15%以上,但从90年代中期以后逐步下降,到了2010年投资回报率已经降到5%左右。曾铮(2010)[③]提出,国内外相关研究显示我国的资本收益率在1%左右,大大低于经济平均增长率9%左右的水平。这说明当前储蓄率和投资水平偏高、消费率偏低,经济增长偏离了黄金律。

杜两省(1996)[④]认为,使消费价值最大化的投资率就是最优投资率,由这一投资率所决定的经济增长率就是最优增长率。曾令华(1997)[⑤]提出,理论上存在最优消费率,理论最优消费率是能实现资源最优配置的消费率。吴忠群(2009)[⑥]从集体理性和个体理性两个维度论证了最优消费率的存在,最优消费率是在既定条件下使社会总体福利最大化的消费率。

---

①　费尔普斯提出,当经济增长率和资本净边际产出相等时,经济处于黄金状态,能够实现长期稳定的增长。

②　白重恩.改善恶化的投资效率[J].资本市场,2013(1):68－69.

③　曾铮.理性认识扩大消费战略[N].第一财经日报,2010-07-22.

④　杜两省.投资与经济增长[M].北京:中国财政经济出版社,1996:130－132.

⑤　曾令华.理论最优消费率之我见[J].求索,1997(3):30－31.

⑥　吴忠群.最优消费率的存在性及其相关问题[J].中国软科学增刊(上),2009(9):280－289.

他计算出我国最优消费率为 0.8063。蔡跃洲和王玉霞（2010）[①]测算出我国当前合意的投资率和消费率区间分别为 40％～45％和 55％～60％。乔为国和潘必胜（2005）[②]运用投资生产率模型估算后，认为我国合理的消费率不应该低于67.6％。彭志远（2007）[③]运用索洛—斯旺模型和哈罗德—多马模型对我国宏观储蓄率进行测算，结果表明我国的储蓄率应控制在 40％左右，净储蓄率（净储蓄占净产出的比重）应控制在 30％左右。近年来我国宏观储蓄率已经超过了合理水平。Lu 和 McDonald（2005）[④]运用开放经济下的拉姆奇模型模拟中国在 1998—2050 年的国民储蓄最优水平，发现这段时期居民时间偏好实际上为负，这表明城乡居民更加偏重于未来若干代人福利，意味着当前储蓄率过高了。张志勇（2007）[⑤]以实证方法验证后发现，我国"十一五"时期的平均适度投资率应为 39％左右。方戈（2010）[⑥]在控制基尼系数为 0.2～0.3 的基础上，测算得出我国最优投资率在 0.318～0.325，并且预计经济增长率为 7.5％时，投资增长率为 25.68％。

（2）投资率并不高。有学者认为，我国投资率高具有合理性，问题不是投资过度而是投资不足。徐诺金（2012）[⑦]认为，衡量一个国家投资率是否合适的标准是储蓄率。从 1978 年到 2011 年，我国居民储蓄率从12.4％上升到 39％，经济发展面临的挑战是投资率长期大幅度偏离储蓄

---

① 蔡跃洲，王玉霞.投资消费结构影响因素及合意投资消费区间——基于跨国数据的国际比较和实证分析[J].经济理论与经济管理，2010(1)：24－30.

② 乔为国，潘必胜.我国经济增长中合理投资率的确定[J].中国软科学，2005(7)：76－82.

③ 彭志远.我国合理宏观储蓄率的测算[J].经济经纬，2007(5)：22－25.

④ Lu Lan,McDonald Ian. Does China Save Too Much[D]. Melbourne：University of Melbourne，2005.

⑤ 张志勇.论我国的资本形成、投资率和积累源泉[J].广东社会科学，2007(6)：17－23.

⑥ 方戈.最优投资率及其实现途径——基于收入分配差距的研究[D].北京：华北电力大学，2010.

⑦ 徐诺金.当前稳增长就必须稳投资[J].中国中小企业，2012(10)：54－59.

率。魏勇强(2012)①的测算表明,1992—2010 年中国总储蓄率始终保持在比较高的水平,几乎都在 40% 以上,特别是 2003 年以后持续稳定上升,到 2007 年达到 50% 以上。从这个角度看,我国当前的投资率不是太高,而是还不够高。还有一些研究,如张军(2010)②认为,我国投资率高的原因在于投资回报率高,只要投资回报率高,投资就会仍然保持较高水平。而且,我国的投资回报率长期以来并没有恶化的趋势,不能轻率地判定投资过多和消费不足。屈宏斌(2013)③认为,从资本的回报率来看,我国资本积累尚未到达收益递减的阶段。1979—1992 年我国资本实际回报率平均为 25%,1993—2005 年为 20% 左右。投资回报率没有呈现下降趋势,客观上就会使投资继续高速增长。北京大学中国经济研究中心(CCER)课题组(2007)④利用企业微观层面的数据分别测算了我国工业行业的 9 个资本回报率指标,并剔除了物价因素。初步估测结果显示,我国改革开放时期工业资本回报率呈现出超越经济景气周期的长期走势,因此把“投资驱动增长”无条件等同于“粗放低效增长”的判断需要进一步探讨。梁红(2006)⑤认为,高水平的资本回报支持了我国的投资热是可持续的。孙文凯等(2010)⑥的测算表明,我国的资本回报率在 1978 年的 23.17% 与 2006 年的 21.82% 之间波动,在过去 30 年中平均超过 20%。而且,资本回报率与投资率高度相关,说明其对投资率的解释力很强,这是影响我国高投资率的最重要因素。

针对最优储蓄率,有学者提出,市场经济体的储蓄和消费会实现自动

①　魏勇强.中美储蓄率比较研究——兼评我国总储蓄率偏高之说[J].经济体制改革,2012(5):123—127.

②　张军.为什么消费不足可能是个伪命题[N].中国经济观察报,2010-02-04.

③　屈宏斌.资本回报率迷思[R].汇丰上海银行有限公司研究报告,2013-04-03.

④　CCER 课题组.我国资本回报率估测(1978—2006)——新一轮投资增长和经济景气微观基础[J].经济学(季刊),2007,6(3):723—757.

⑤　梁红.中国投资的高速增长是可持续的[R].高盛全球经济研究报告系列,2006(146).

⑥　孙文凯,肖耿,杨秀科.资本回报率对投资率的影响:中美日对比研究[J].世界经济,2010(6):3—24.

调节,而不是通过最优储蓄率的计算来进行计划。罗云毅(2006)[①]认为,虽然理论上能计算出最优储蓄率,但要将其付诸实践还相当困难。试图人为地计算得出一个最优消费率,然后以此为目标制定相应的政策,这种做法不可取。要相信市场和居民部门自发形成的消费储蓄比例的合理性,这是一系列现实主客观条件作用的结果。但是,杨春学和朱立(2004)[②]认为,我国正处于改革转型中,人们对未来收入和支出的预期并不稳定,使边际消费倾向递减,居民储蓄率居高不下,形成"储蓄悖论",即个人的理性储蓄行为带来了社会的非理性结果。

一些基于国际比较视角的文献认为,中国消费上升的拐点还没有到来,因此中国还需要继续依赖投资来保持增长。马晓河(2010)[③]通过国际比较发现,中国的工业化、城镇化还远未完成,因此消费上升拐点可能延迟出现,储蓄及投资还将继续上升。罗云毅(2004)[④]认为,中国仍是一个人均产出水平比较低的发展中大国,人均实际资本存量和人均资本增量均远低于发达国家,投资尚不能充分利用现有的储蓄资源,可以说投资率不仅不高,反而偏低。徐诺金(2012)[⑤]认为,发展中国家高储蓄下的高投资是宏观经济均衡的必要条件,赶超经济需要 $45\%\sim60\%$ 的储蓄率和投资率。当前中国的人均资本存量大大低于美国和韩国,资本投入收益也远未达到资本回报率递减的阶段,这些反映的是投资不足而不是投资过剩。不能把投资浪费、低效、重复、腐败等体制问题等同于投资总量问题,也不能脱离国情和历史阶段做简单的国际比较。

---

① 罗云毅.关于最优消费投资比例存在性的思考[J].宏观经济研究,2006(12):3—7.

② 杨春学,朱立.关于积累与消费比例问题的主要理论框架[J].经济学动态,2004(8):25—29.

③ 马晓河.我国消费率偏低并持续下降的成因解析[J].前线,2010(1):31—33.

④ 罗云毅.低消费、高投资是现阶段我国经济运行的常态[J].宏观经济研究,2004(05):6—16.

⑤ 徐诺金.充分认识投资对于稳增长的重要性[N].金融时报,2012-08-06.

2.2 发展阶段与增长动力研究

2.2.1 发展阶段的两个分析视角

发展经济学理论将经济发展划分为不同的阶段。黄泰岩(2014)[①]认为不同阶段经济增长拥有不同特点和条件约束,而能否认识到经济发展阶段的变化,并构建适应发展阶段变化的经济环境,是经济能否长期快速发展的重要条件。文献综述部分提出了产业结构的视角,除此之外还可以从两个新的角度分析发展阶段。

(1)需求阶段的角度。从供给角度,即产业角度可以划分为不同的发展阶段;而从需求角度,也即消费角度,也可以看出发展的阶段性特征。

①生存型阶段的消费角色。生存型阶段城乡居民面临的主要问题是生产落后的问题,这使得壮大经济总量以满足消费需求具有合理性。在生产不发达的阶段(如罗斯托的经济起飞及之前的阶段),由于资本短缺、技术短缺等,社会总产品生产不能满足消费需求。在我国,这个阶段就是生存型阶段。在这一阶段,尽管城乡居民有巨大的消费需求,但供给无法满足需求,使得供给短缺成为突出矛盾。一旦供给增加,潜在消费就将得到释放,很容易带来消费快速膨胀,形成需求拉动型的通货膨胀。

②发展型阶段的消费角色。进入发展型阶段后,生产能力大幅增长,但消费增长的速度跟不上投资增长的速度,形成严重的产能过剩。需要说明的是,这并不是说发展型阶段没有消费需求,而是消费需求的增长速度慢于生产增长的速度。因此,消费需求能否较快增长并得到有效释放,

---

① 黄泰岩提出,经济增长动力需要随着约束条件的变化而变化。他认为,1978—1997年是我国第一次动力转型时期,主要是供给拉动型;1998—2012年是第二次转型时期,主要是需求拉动型;现在面临着第三次动力转型。但此文的分析方法仍然是"三驾马车"。参见:黄泰岩.中国经济的第三次动力转型[J].经济学动态,2014(2):4—14.

成为影响发展型阶段经济增长的关键。从发达国家情况看,在经济成功起飞后,经济增长的动力无一例外都是消费。以美国为例,美国的消费率持续保持在70%,是经济增长的主要动力。1983—2007年的25年间,私人消费平均拉动美国经济增长2.4个百分点,但在国际金融危机中,私人消费仅拉动经济增长1.5个百分点。近期美国私人消费在结构性调整后呈现复苏迹象,表明美国增长动力在逐步增强。

(2)体制阶段的角度。与传统发达国家不同的是,我国有过计划经济的历程。尽管经历了30多年的改革开放,我国在经济领域依然存在一些计划经济时代的遗留做法。投资毫无疑问是经济增长最重要的推动力。然而,随着改革开放不断推进,我国对外开放程度和市场化程度不断提高,消费的作用与角色开始不断增强。

①从封闭经济向开放经济转型的影响。当一个经济体处于封闭的状态,其生产资料必须依靠自身生产,此时,采用投入—产出的视角分析经济增长是有效的。因此,在封闭经济条件下,通过减少消费、扩大资本累积可以促进经济增长。然而,当经济进入开放的状态,生产资料可以自由地在经济体内外流动时,生产资料的短缺将不再是决定经济增长的瓶颈要素。相反,如何将生产出来的产品销售出去成为生产者不得不面对的问题。也就是说,此时生产资料短缺的约束将让位于消费规模的约束,成为促进经济增长的关键。

②从计划经济向市场经济转型的影响。计划经济是以资源供给为导向的经济,投资越多,生产量越高,用于计划配给的资源的总量就越高,经济计划的能力也就越强。然而,市场经济以市场作为资源要素配置的基本方式,因此一旦投资过高,而市场需求不足,将导致许多生产资料闲置,造成产能的过剩和浪费。市场需求约束取代资源供给约束,投资主导转向消费主导是我国市场化改革逐渐成熟的重要标志。

我国改革开放以来经济增长的实践表明,与资源供给约束相比,市场需求约束更能促进市场经济体制的成长与完善。市场需求约束有利于形成健全的买方市场,促使企业根据市场需求配置生产要素,通过技术进步推进产品升级换代。因此,要实现经济的持续增长,必须坚定市场化改革的基本方向,强化消费需求在市场中的主导作用。

2.2.2 不同发展阶段的增长动力

传统经济发展理论认为,不同阶段的经济增长动力不同。这些理论还认为,增长动力会随着经济发展水平的提升而自动转变。配第、克拉克、弗里德里希·李斯特、霍夫曼、钱纳里等人都认为随着经济的增长,产业结构将出现升级,因此经济增长的动力将由不同的产业来提供。尽管划分的细类有所不同,但农业—工业—服务业的升级顺序是一致的;在工业中,轻工业—重化工业的升级顺序是一致的。

(1)配第—克拉克定理。这是关于就业在产业间分布变化的规律总结。随着经济发展水平的不断提高,第一产业就业占比将不断降低,第二与第三产业的就业占比将持续提高,劳动力从第一产业向二、三产业转移的趋势明显。一般来说,发展水平越高的经济体,第一产业就业占比就越小,而二、三产业就业占比越大。

(2)西蒙·史密斯·库兹涅茨的增长理论。美国经济学家库兹涅茨(1971)认为,经济增长中的结构变化将呈现出以下规律:①产业结构上,第一产业比重下降,工业比重上升;②就业结构上,农业劳动力比重下降,工业劳动力有所增加,服务业劳动力明显增加;③资本结构上,农业资本比例下降,工业与服务业资本比例上升;④企业结构上,小规模分散的农业经营向大规模专业化农业生产转变,工业与服务业企业由小规模业主制企业向大规模法人企业转变;⑤服务业结构上,商业比重上升,家庭服务业比重下降,生产性服务业、政府服务业的比重上升。① 这些结构性变化引发了产业间、工种间、区域间的劳动力转移,推动了城镇化进程。

---

① [美]库兹涅茨.各国的经济增长[M].常勋,等译.北京:商务印书馆,1999.

(3)罗斯托(1960)①的发展阶段理论。在罗斯托的理论中,增长动力转变的思想更为清晰。在准备起飞阶段,关键是获得发展所需要的资金;在起飞阶段,关键是投资率要提高到 10% 以上;在走向成熟阶段,技术创新成为重要动力;而在大众消费阶段,消费成为增长的动力。根据罗斯托的理论,在经济发展的不同阶段,经济增长的驱动力有所不同,经济增长驱动力呈现出"人口、土地—技术进步—投资扩张—消费"的升级趋势。到了最后一个阶段,消费成为经济增长的关键要素。

(4)霍利斯·钱纳里(1989)②的理论。钱纳里从各国需求结构出发,将经济划分成内向型、中间型和外向型三种。内向型经济依赖于国内需求特别是消费需求,适合于国内市场需求大、经济发展相对成熟的经济体;外向型经济以投资、出口拉动为特征,处于经济起飞阶段或国内市场狭小的经济体通常采用这种增长模式。钱纳里将工业化进程划分为六个阶段,分别是不发达阶段、工业化初期、工业化中期、工业化后期、后工业化、现代化社会等。相对应地,产业结构则经历了劳动密集型—资本密集型—技术密集型—知识密集型的不断升级过程。在这个升级过程中,仅在资本密集型产业阶段,投资对于产业结构可以发挥重要作用,此后消费将逐渐取代投资并在产业结构调整中发挥越来越大的作用。

(5)迈克尔·波特(2002)③将经济发展划分为资源驱动、投资驱动、创新驱动以及财富驱动四个阶段。在第一阶段,主要是资源驱动。由于土地和劳动力等生产要素价格便宜,可以通过生产要素的大规模投入来推动经济增长。这一阶段的经济增长带有明显的粗放特征。在第二阶段,主要是投资驱动,通过大规模投资形成经济增长动力。由于技术进步的加快推进,这一阶段的增长既具有大规模要素投入的特征,也具有全要

---

① Rostow W W. The Stages of Economic Growth[M]. Cambridge, Mass. : Cambridge University Press, 1960.

② [美]钱纳里,等. 工业化和经济增长的比较研究[M]. 吴奇,等译. 上海:上海三联书店,1989.

③ [美]迈克尔·波特. 国家竞争优势[M]. 李明轩,邱如美译. 北京:华夏出版社,2002.

素生产率提高的特征。在第三阶段,主要是创新驱动。创新取代要素投入,成为经济增长的内生动力。这一阶段的增长有比较明显的集约型特征。在第四阶段,主要是财富驱动。我国经济增长正在从第二阶段进入第三阶段,创新的作用越来越凸显。

2.2.3　增长动力转换与增长可持续性

洪银兴(2013)[①]认为,当一个国家还处于低收入水平的时候,主要目标是追求 GDP 增长,而且主要依靠投资拉动经济增长;当它达到中等收入国家的发展水平后,应尽快转向消费、投资、出口协调拉动,尤其需要突出消费在经济中的拉动作用。

余斌(2012)[②]指出,高投资率是工业化快速推进阶段的普遍规律。从英国、美国、德国、日本等已经实现了工业化的国家看,在人均 GDP 达到 10000 美元之前,工业增加值、投资率持续上升;但人均 GDP 超过 10000 美元之后,这些指标都将逐步下降。随着我国人均 GDP 趋近 10000 美元,投资率和工业增加值的增速将随之降低,而消费率、服务业占比会逐步提高,经济发展逐步向消费型、服务型和创新型经济转变。王少国(2012)[③]指出,随着经济的快速增长,短缺经济转变为过剩经济,经济增长动力也由主要依赖供给推动转变为日益依赖需求拉动。当一国总供给小于总需求时,该国经济增长主要受供给约束;当一国总供给大于总需求时,该国经济增长将越来越受到需求的约束。改革开放以来的经济快速增长,已经使我国经济告别了短缺,需求因素越来越成为制约经济增长的主要因素,经济增长也由主要依赖供给推动向日益依赖需求拉动转变。

刘喜和(2008)[④]认为,美国私人消费支出对 GDP 的贡献率在 20 世

①　洪银兴.发展阶段改变和经济发展理论的创新[J].行政管理改革,2013(09):13-21.
②　余斌.经济结构调整实现增长动力转换[J].中国投资,2012(05):60-61.
③　王少国.中国需求拉动型增长的动力变迁与方式转变[J].学习与探索,2012(02):85-89.
④　刘喜和.美国经济增长的动力结构与美元均衡汇率[J].南开经济研究,2008(04):142-253.

纪 80 年代保持在 62% 左右；20 世纪 90 年代上升为 67% 左右；进入 21 世纪后，达到了 70% 的水平。美国是典型的私人消费型经济增长模式。胡卫和高桂芳(2009)[①]分析了日本和韩国发展战略转变经验后指出,工业化阶段经济结构变化的一般规律,是投资率不断升高而消费率则相对下降；进入后工业化阶段,投资率和消费率逐渐趋于稳定。投资率和消费率变动分别呈现"倒 U 型"和"U 型"的形态。

2.3 我国消费规模及消费释放的研究

2.3.1 潜在消费规模的研究

迟福林(2013)[②]认为,随着消费规模的不断扩张和消费结构的不断升级,13 亿多人的消费需求是我国最大的战略优势。到 2020 年,我国消费需求有望达到 45 万～50 万亿元。宋跃征和严先溥(2009)[③]认为,我国经历了三次消费高峰,第一次在 1984—1989 年,第二次在 1992—1997 年,而当前正处在第三次消费高峰的上行阶段。伴随着经济持续增长,消费增长空间会进一步扩展,消费需求非但不会减弱,反而还会继续保持较快的增长态势。彭文生等(2012)[④]认为,到 2020 年,我国居民按现价计算的消费总额将从 2010 年的 13 万亿元增加到 45 万亿元,市场扩容量高达 32 万亿元；随着政府职能的转变,政府消费性支出(特别是科教文卫等公共支出)将从 2010 年的 5.5 万亿元增长到 19 万亿元。

---

① 胡卫,高桂芳.日本、韩国发展战略转变的经验与启示[J].亚太经济,2009(03):55—58.
② 迟福林.走向公平可持续增长的转型改革[J].经济体制改革,2013(06):5—7.
③ 宋跃征,严先溥.对消费需求增长态势和可持续性的分析与判断[R].中国发展报告,2009:301—308.
④ 彭文生,林暾,边泉水,赵扬,朱builder佳,杜彬.经济转型的消费轨道(上篇)——消费长周期的逻辑[J].金融发展评论,2012(07):34—52.

祁京梅(2011)①对"十二五"我国消费总量及结构变动进行了定量分析,认为未来5年最终消费年均增长率有可能达到12.8%,消费率回升到50.0%,消费率持续下滑的趋势将得以扭转。任兴洲和廖英敏(2008)②对2020年的我国消费市场做了展望。他们认为,在2010—2020年的10年中,我国的消费需求将在经济增长中占据主导地位。以社会消费品零售总额年均实际增速7%~8%的保守估算,2020年社会消费品零售总额将达到23.3万亿元,在2010年的基础上翻一番。需要说明的是,这一估算严重偏低了,因为2014年我国社会消费品零售总额就已达到26.2万亿元。赵爱玲(2012)③引用波士顿咨询公司的研究报告认为,中国等新兴国家将取代发达国家成为全球消费的主力军。未来5年,全球将有一半的消费增长来自中国和印度。麦肯锡公司的研究报告(2012)④指出,2008年中国内需市场规模只有美国的1/6;到2020年中国将成为世界第一大市场,占全球消费总额的25%。

有学者指出,我国农村的消费潜力十分引人注目,是世界经济版图上少有的一个亮点。程国强(2009)⑤估计,2020年农村消费品市场规模将达到5万亿元,增长74%。张秀生和陈慧女(2009)⑥认为,农民消费性支出尽管有明显增长,但并没有满足农民不断增长的消费需求。如果农民的消费水平能够提高到城市居民的水平,将带来巨大的新增市场,由此,我国耐用消费品产量需要翻几番。

① 祁京梅.未来五年消费增长预测分析[J].财经界,2011(04):60—63.

② 任兴洲,廖英敏.中国消费市场的潜力和前景[J].重庆工学院学报(社会科学版),2008(10):9—15.

③ 赵爱玲.富裕阶层成长将支撑中国消费市场[J].中国对外贸易,2012(12):84—86.

④ 麦肯锡公司.2012年度中国消费者调查报告[R].研究报告,2012.

⑤ 程国强.扩大农村消费:难点与建议[J].中国发展评论(中文版),2009,11(2):18—21.

⑥ 张秀生,陈慧女.我国经济增长过程中扩大农村消费需求分析[J].湖北社会科学,2009(6):96—98.

2.3.2 消费难以释放的研究

尽管我国有巨大的消费潜力,但这些消费为什么没有得到有效释放,从而成为经济增长的内生动力? 不少文献对此进行了分析。

(1)投资主导的经济增长方式抑制了消费释放和消费需求增长。方福前(2009)[①]认为,我国居民消费增长既滞后于固定资产投资增长,也滞后于经济增长,其重要原因在于投资率过高。高投资必然挤占消费,导致消费率下滑。邹卫星和房林(2011)[②]指出,以消费不足和投资过度为主要特征的投资消费失衡是我国经济结构失衡最突出的挑战。桁林(2008)[③]认为,投资挤占消费不仅表现在初次分配领域,也表现在再分配领域。

(2)公共服务供给不足强化了预防性储蓄,制约消费释放和消费需求的扩大。邓春宁和蔡秀玲(2010)[④]研究了城镇居民预期收入、预期支出、预期流动性约束等不确定条件对城镇居民消费需求的影响,认为减少居民对未来不确定性预期将有助于增强居民的消费意愿。

不少文献研究了城镇居民不确定性预期对其消费意愿的影响。王健宇和徐会奇(2010)[⑤]认为不确定性是制约农民消费的重要因素。杭斌和郭香俊(2009)[⑥]通过实证研究发现,消费习惯和收入不确定性是造成我国城镇居民高储蓄行为的重要原因。雷钦礼(2009)[⑦]认为,除了预期收

---

① 方福前.中国居民消费需求不足原因研究——基于中国城乡分省数据[J].中国社会科学,2009(02):68-82.
② 邹卫星,房林.财政政策、收入分配与经济增长——基于财富效用的视角[J].经济经纬,2011(2):14-19.
③ 桁林.关于投资率和消费率高低之争——改革开放30年理论回顾与展望[J].社会科学研究,2008(4):24-28.
④ 邓春宁,蔡秀玲.中国城乡居民区域消费力的实证分析[J].综合竞争力,2010(4):71-75.
⑤ 王健宇,徐会奇.收入不确定性对农民消费的影响研究[J].当代经济科学,2010(02):54-60.
⑥ 杭斌,郭香俊.基于习惯形成的预防性储蓄——中国城镇居民消费行为的实证分析[J].统计研究,2009(03):38-43.
⑦ 雷钦礼.财富积累、习惯、偏好改变、不确定性与家庭消费决策[J].经济学(季刊),2009(03):1029-1046.

入和家庭财富存量外,预防性储蓄动机是影响我国农村居民家庭的消费决策的重要因素。贺京同等(2007)[1]认为,提高公共福利和社会保障水平可以改善城乡居民消费预期,提高他们的消费倾向,从而促进居民消费的增长。张继海和臧旭恒(2008)[2]认为,在社会保障制度不完善和流动性约束情况下,居民会选择增加储蓄从而降低当期消费。刘兆博和马树才(2007)[3]认为,不确定性对我国居民消费行为具有显著的影响,预防性储蓄理论能够在很大程度上解释我国居民谨慎的消费行为。李通屏和王金营(2007)[4]认为,农村公共产品的缺位,尤其是公共教育的不足,使农村家庭对子女人力资本投资过度的现象普遍存在,这加大了居民对未来预期的不确定性,也挤出了居民消费。陈守东和杨东亮(2009)[5]认为,我国财政支出的不确定性对居民长期内的消费增长有负面的影响。此外,不少学者研究认为,社会保障体制不健全、社会贫富分化加剧、风险防范机制不健全等一系列问题都使消费驱动经济增长的机制难以奏效。

(3)政府消费支出影响居民消费。有研究认为,不同类型的政府支出会对居民消费产生不同的影响。迟福林(2012)[6]认为,政府主导的增长方式抑制了居民消费的释放。申琳和马丹(2007)[7]认为,以政府支出为

---

① 贺京同,霍焰,程立超.消费平滑性及其对中国当前消费政策的启示[J].经济评论,2007(3):29—34.

② 张继海,臧旭恒.寿命不确定与流动性约束下的居民消费和储蓄行为研究[J].经济学动态,2008(02):41—46.

③ 刘兆博,马树才.基于微观面板数据的中国农民预防性储蓄研究[J].世界经济,2007(02):40—49.

④ 李通屏,王金营.中国农村居民人力资本投资对消费行为的影响[J].经济评论,2007(01):44—50.

⑤ 陈守东,杨东亮.我国财政支出不确定性对居民消费影响的实证研究[J].数量经济技术经济研究,2009(09):119—133.

⑥ 迟福林.何去何从——政府转型面临考验[N].学习时报,2012-07-30(004).

⑦ 申琳,马丹.政府支出与居民消费:消费倾斜渠道与资源撤出渠道[J].世界经济,2007(11):73—79.

主的人均公共支出增长可以促进居民消费释放。张治觉和吴定玉（2007）[1]认为，政府投资性支出对城乡居民消费具有挤出效应，而政府的消费性支出和转移性支出能够对城乡居民消费产生刺激效应。

蔡伟贤等（2011）[2]通过实证研究指出，政府公共支出水平的提高对居民消费的促进作用主要体现在低收入群体上。通过公共产品与私人产品的间接替代效应，公共产品供给增加将引起低收入群体私人消费需求的增加，形成收入效应。洪源和肖海翔（2009）[3]认为，政府民生性支出是影响居民消费增长的主要因素之一，它与居民消费存在显著的互补关系。苑德宇等（2010）[4]研究表明，家庭负担的科教文卫支出客观上挤占了居民私人产品消费支出。官永彬和张应良（2008）[5]认为，公共支出如何影响居民消费取决于公共支出的结构。由于公共服务体制的城乡分割，公共支出对城乡居民消费的影响有显著的"二元结构"的特点。郝春虹（2012）[6]指出，消费税导致税后家庭可支配收入的基尼系数增大，说明现行消费税对居民收入差距整体上不具有正向调节效果。

2.3.3　扩大消费的建议

中共十七大提出转变经济发展方式的三大任务后，不少学者认为，关键在于推进经济增长方式由主要依靠投资、出口拉动向依靠消费、投资、

---

① 张治觉,吴定玉.我国政府支出对居民消费产生引致还是挤出效应——基于可变参数模型的分析[J].数量经济技术经济研究,2007(4):53—61.

② 蔡伟贤,蔚建国,郭连珠.政府公共支出对居民消费需求的影响研究[J].财政研究,2011(06):26—29.

③ 洪源,肖海翔.政府民生消费性支出对居民消费的影响——基于中国居民消费行为的视角[J].财贸研究,2009(04):69—76.

④ 苑德宇,张静静,韩俊霞.居民消费、财政支出与区域效应差异——基于动态面板数据模型的经验分析[J].统计研究,2010(02):44—51.

⑤ 官永彬,张应良.转轨时期政府支出与居民消费关系的实证研究[J].数量经济技术经济研究,2008(12):15—25.

⑥ 郝春虹.消费税调节居民收入差距效果测度——基于 ELES 模型方法[J].财贸研究,2012(01):102—109.

出口协调拉动的转变。释放消费需求、走向消费主导是加快转变经济发展方式的重点。这既是衡量民生改善的重要指标,也是实现公平可持续发展的关键因素。

杨伟民(2009)[①]认为,改革开放以来我国两次扩大内需的政策,都是为应对外部危机对经济增长带来的冲击而制定的,其政策都是针对短期问题的,尚未形成扩大消费的长期政策体系。郑新立(2010)[②]主张,转变发展方式的第一个转变就是要扩大消费,通过扩大消费来拉动经济增长。曹远征(2010)[③]指出,结构调整将成为未来 10 年中国经济增长的主基调,主攻方向是加快发展服务业,核心目标是让消费成为带动经济增长的火车头。这是我国应对国际金融危机的根本出路。余斌和陈昌盛(2010)[④]认为,2008 年的国际金融危机对我国经济的冲击,本质上是对我国传统经济发展方式的冲击。针对我国消费需求不足的挑战,政府需要积极采取促进居民增收、调节收入差距、改善消费预期等政策和措施,以扩大居民消费需求。这是我国调结构、转方式的关键所在。

史晋川和黄良浩(2011)[⑤]认为,产业结构的升级主要由消费需求升级和产业技术升级两个动力拉动,而导致产业结构升级逆转的只能是消费需求结构的调整。尹世杰(2011)[⑥]认为,市场经济是需求导向型经济,市场需求的本质是消费需求而不是投资需求。扩大消费需求对投资有拉动和导向的作用。消费需求的扩大和消费结构的优化升级,能够引导投资方向调整和结构优化,促进产业结构升级,推动经济发展方式转变。

---

① 杨伟民.中国下一步发展的十大问题[J].科技与经济画报,2009(4):28—29.

② 郑新立.纵论加快经济发展方式转变七题[N].经济日报,2010-6-28.

③ 转引自张婧.调结构:未来十年中国主基调——部分专家学者展望未来宏观经济政策取向[N].中国经济导报,2010-10-26.

④ 余斌,陈昌盛.理性审视发展方式的实质性转变[J].江汉论坛,2010(08):5—12.

⑤ 史晋川,黄良浩.总需求结构调整与经济发展方式转变[J].经济理论与经济管理,2011(01):33—49.

⑥ 尹世杰.发挥消费需求的导向作用加速转变经济发展方式[J].湖南商学院学报,2011(03):5—10.

马伯钧(2012)[①]认为,加快经济发展方式转变首先要加快消费发展方式转变,要以保障和改善民生为出发点,以加快转变消费方式为支撑点。姜作培(2008)[②]认为,居民消费有助于缩小经济波动幅度,促进产业结构调整,实现国民经济良性循环。因此,扩大城乡居民消费需求,充分推动消费释放和消费需求结构升级,是促进投资结构调整、产业结构升级与经济发展方式转变的关键。

甄明霞(2010)[③]、杜琦和吴伟(2011)[④]还构建了衡量消费需求及其发展态势的指标体系,以期取代传统的单一的社会消费品零售总额的指标。这些新的指标可在一定程度上衡量经济发展方式转型的实际进程。

2.4 简要述评

2.4.1 文献评述

从以上文献综述可见,长期以来,经济学家对消费问题进行了大量的研究,积累了丰富的研究成果,但也存在比较大的分歧,需要进行更进一步的深入研究。

(1)对消费能否拉动经济增长文献的简要述评。从经济思想史角度看,把投资作为经济增长的动力源,无疑是主流观点,但不乏坚持认为消费是经济增长动力的观点。本书对消费是不是经济增长动力的探讨,实质上是对我国经济增长模式的探讨。从现实看,扩大内需、促进消费是解

---

① 马伯钧.加快转变经济发展方式首先要加快转变消费发展方式[J].消费经济,2012(01):8—11.

② 姜作培.扩大消费:经济发展方式转变的理性选择[J].福建论坛(人文社会科学版),2008(6):22—25.

③ 甄明霞.消费需求衡量指标及发展态势的初步分析[J].统计科学与实践,2010(01):25—28.

④ 杜琦,吴伟.测量社会消费需求的指标体系构建[J].统计与决策,2011(10):14—15.

决内外需失衡、投资消费失衡、产业结构失衡等一系列问题的重要手段；但从理论上看，消费拉动长期经济增长的理论还有缺憾。包含消费需求的凯恩斯模型被认为是一个短期增长模型，不适用于分析长期经济增长，而长期经济增长模式中又没有最终消费的身影，形成了消费理论与增长理论的"两张皮"格局。至今还没有一个把消费内化到长期增长中的理论模型。构建消费主导经济转型的理论基础，需要把消费内化到长期增长模型中，这也是本书努力探索的一个重点。

（2）对消费是否被低估文献的简要述评。政府公布的消费数据被低估的可能性的确存在，消费率被低估的主要原因是与消费相关的统计数据不完全，针对住房、服务类消费支出的统计方法还有不完善之处。这提醒笔者在研究消费率时需要关注这些可能存在的问题。

但这些文献可能忽略或者没有解决以下几个至关重要的问题：①不同文献对低估程度的修正，仍有很大的主观性，缺乏相对客观的标准，不同修正结果差异比较大。②这些文献均没有给出修正后明确的时间序列数据，大部分修正都是针对一年或数年的调整，时间上可比性不强，这不能不影响到结论的说服力。③在修正方法方面，以收入法下的项目对支出法下的项目进行修正，值得商榷。需要同时对消费与投资进行修正，这并不排除投资被低估幅度大于消费被低估的幅度，目前的文献忽略了这个可能性。④现有文献可能在一定程度上把消费总量增长与消费率下降对立起来，而过去很长时间我国消费总量增长与消费率下降是并存的。随着经济快速发展，我国的消费总额和居民消费在迅速扩大，但是绝对额的扩大掩盖不了相对额的下降。

对国际比较结果和方法存疑的文献提出：在比较时需要清醒地认识到比较对象的发展阶段、体制机制甚至社会文化等方面的诸多差异，过度依赖国际比较有可能会带来战略误判，这是有启示意义的。但观察其他国家消费率变化的趋势，在谨慎判断的基础上，通过修正的国际比较方法，仍可以得出有意义的启示。比如：①把时间拉长，在更大的历史视野内观察消费率变化的一般规律，由此控制短期时间因素；②把范围拉大，尤其关注转轨国家消费率变化的基本趋势,由此控制体制因素。通过上述两个方面的改进,可以有效观察消除体制机制等因素后消费率的一般变化规律,进而考察我国实际消费率变化与一般变化规律之间的偏差,对我国消费率变化趋势的一般性和特殊性做出具体分析和解释,找出背后的制度成因。本书将对此进行尝试。

(3)对中国是否需要高投资的简要述评。持肯定意见的主要依据是,储蓄率超过投资率,社会存在大量未被充分利用的储蓄。但这是问题的表象。根本的问题在于,为什么城乡居民储蓄大于消费?我国要化解过多的储蓄,选择的路径是扩大投资还是扩大消费?此外,仅依靠投资回报率来判断投资是否过度,有可能会忽视体制性因素。比如,垄断行业改革滞后导致垄断行业的投资回报率居高不下,从而抬高了社会的平均投资回报率。这就有可能对投资是否过高的判断带来误导。

文献对我国消费率是否偏低的问题有很大争论。许多研究从发展阶段变化和人口结构变化论证了我国消费率和居民消费率到了向上的拐点,但也有不少研究认为保持较高的积累率和投资率仍然是快速发展的条件和重要动力,是防止未富先老的先决条件。

我国学者的研究为进一步研究最优消费率奠定了基础。计算我国在不同时期的最优消费率,以此判断现实中投资消费关系是否可持续,分析实际消费率与最优消费率之间的差距即消费潜力有多大,进而对形成差距的原因进行深入具体的研究。但由于建模、数据、测算方法等的不同,现有研究差别很大,说服力有限。

综述以上研究,这些文献抓住了不同发展阶段需要不同增长动力这一核心命题,并且在多方面开展了深入分析。总体上看,这些文献更多的是从发展经济学的角度切入,其前提假设是体制机制能够随着发展阶段而自动调整。然而,我国正处于快速的转型时期,体制机制尚未定型。如何在发展阶段变化中引入结构变量,分析增长动力转变,是一个值得深入研究的问题。

2.4.2　研究方向

本书从我国转型与改革的现实出发,立足于现有研究成果,"站在巨人的肩膀上",力图从以下三个方面努力探索消费主导经济转型涉及的基本问题。

(1)把消费放到宏观层面上展开研究。大量的文献在研究消费和投资(储蓄)行为时都从微观层面展开,主要的研究对象是家庭微观行为,从宏观层面对消费的作用与角色的研究不足。

(2)把消费放在长期经济增长中展开研究。从我国中长期经济增长态势出发,研究消费对增长的作用。目前,直接把消费作为长期经济增长的变量来研究的理论还不足。

(3)把消费放在结构背景下展开研究。不少研究把消费变量放在制度不变的条件下研究。从结构角度研究消费—增长关系的文献还相对欠缺。

因此,本书拟从结构角度切入,分析我国转型时期消费主导经济转型的基本问题,力求在理论和实践上有所创新。

3 我国消费总量与结构的历史变迁

改革开放以来,我国居民消费水平不断提高,消费结构持续改善,在经济增长中发挥了重要作用。同时,随着经济的不断发展,居民消费也呈现出新的特征和趋势。

3.1 城乡居民消费规模的演进

无论是人均消费水平还是消费规模总量,改革开放以来都保持着持续增长的态势。

3.1.1 人均消费水平与增长速度

1978—2013 年,我国人均消费水平大幅上涨。不考虑价格因素,全国平均消费水平从 184 元提高到了 15632.10 元。以 1978 年为基数,增长了 1340.94％;农村居民平均消费水平从 138 元提高到了 7408.70 元,增长了 823.12％;城镇居民平均消费水平从 405 元增长到 22880.40 元,增长了 815.84％(见表 3.1)。

表 3.1 1978—2013 年全国人均消费水平变化趋势

年份	消费水平(元)			指数(上年=100)			指数(1978=100)		
	全国	农村	城镇	全国	农村	城镇	全国	农村	城镇
1978	184.00	138.00	405.00	104.10	104.30	103.30	100.00	100.00	100.00
1979	208.00	159.00	425.00	106.90	106.50	102.80	106.90	106.50	102.80
1980	238.00	178.00	489.00	109.00	108.40	107.20	116.50	115.40	110.20
1981	264.00	201.00	521.00	108.30	109.80	104.00	126.20	126.80	114.60
1982	288.00	223.00	536.00	106.80	109.10	100.70	134.80	138.30	115.40
1983	316.00	250.00	558.00	108.10	110.60	102.10	145.80	153.10	117.90
1984	361.00	287.00	618.00	112.00	112.90	107.90	163.20	172.80	127.20
1985	446.00	349.00	765.00	113.50	113.30	111.10	185.20	195.70	141.30
1986	497.00	378.00	872.00	104.70	102.30	106.70	194.00	200.30	150.80
1987	565.00	421.00	998.00	106.00	104.90	105.60	205.50	210.00	159.30
1988	714.00	509.00	1311.00	107.80	105.20	109.70	221.50	221.00	174.70
1989	788.00	549.00	1466.00	99.80	98.30	100.70	221.00	217.20	176.00
1990	833.00	560.00	1596.00	103.70	99.20	108.50	229.20	215.40	190.90
1991	932.00	602.00	1840.00	108.60	105.40	110.70	249.00	227.10	211.40
1992	1116.00	688.00	2262.00	113.30	108.50	116.10	282.00	246.50	245.30
1993	1393.00	805.00	2924.00	108.40	104.30	110.40	305.80	257.10	270.80
1994	1833.00	1038.00	3852.00	104.60	103.10	104.40	320.00	265.00	282.80
1995	2355.00	1313.00	4931.00	107.80	106.80	107.20	345.10	282.90	303.20
1996	2789.00	1626.00	5532.00	109.40	114.50	103.40	377.60	323.80	313.60
1997	3002.00	1722.00	5823.00	104.50	103.10	102.20	394.60	334.00	320.40
1998	3159.00	1730.00	6109.00	105.90	101.20	105.90	417.80	338.10	339.20
1999	3346.00	1766.00	6405.00	108.30	105.30	107.30	452.30	355.30	363.00
2000	3632.00	1860.00	6850.00	108.60	104.50	107.80	491.00	371.30	391.10
2001	3886.93	1968.95	7160.77	106.13	104.50	103.88	521.16	388.00	406.31

续表

年份	消费水平(元)			指数(上年＝100)			指数(1978＝100)		
	全国	农村	城镇	全国	农村	城镇	全国	农村	城镇
2002	4143.75	2062.27	7486.03	106.99	105.17	104.88	557.61	408.06	426.16
2003	4474.53	2102.72	8060.22	107.05	100.34	107.03	596.94	409.46	456.12
2004	5032.00	2319.13	8912.26	108.10	104.22	106.92	645.28	426.73	487.66
2005	5596.20	2656.71	9593.25	108.20	110.80	104.96	698.18	472.83	511.84
2006	6298.57	2949.95	10618.25	109.78	108.21	107.99	766.45	511.63	552.74
2007	7309.63	3346.64	12130.23	110.89	106.88	109.67	849.94	546.81	606.22
2008	8430.15	3901.09	13653.43	108.99	108.53	106.87	926.36	593.46	647.87
2009	9283.28	4163.33	14904.35	110.33	107.72	109.06	1022.04	639.25	706.54
2010	10522.40	4700.38	16546.36	108.23	107.99	105.92	1106.11	690.31	748.35
2011	12271.52	5633.03	18749.59	109.49	111.73	106.61	1211.12	771.29	797.79
2012	14110.11	6631.60	21034.90	109.40	109.28	107.50	1334.52	849.59	863.58
2013	15632.10	7408.70	22880.40	107.97	108.66	106.05	1440.94	923.12	915.84

资料来源:国家统计局.中国统计年鉴2014[M].北京:中国统计出版社,2014.

3.1.2 居民消费规模增长情况

1978—2013 年,全国城乡居民最终消费支出规模不断扩大。从 1759.1 亿元提高到约 21.22 万亿元。到 2013 年,农村居民消费总规模达到约4.71 万亿元,城镇居民消费总规模达到约 16.51 万亿元(见表 3.2)。

表 3.2 1978—2013 年城乡居民消费规模趋势　　(单位:亿元)

年份	居民消费总支出	其中		年份	居民消费总支出	其中	
		农村居民	城镇居民			农村居民	城镇居民
1978	1759.1	1092.4	666.7	1996	33955.9	13907.1	20048.8
1979	2011.5	1252.9	758.6	1997	36921.5	14575.8	22345.7
1980	2331.2	1411.0	920.2	1998	39229.3	14472.0	24757.3

续表

年份	居民消费总支出	其中		年份	居民消费总支出	其中	
		农村居民	城镇居民			农村居民	城镇居民
1981	2627.9	1603.8	1024.1	1999	41920.4	14584.1	27336.3
1982	2902.9	1787.5	1115.4	2000	45854.6	15147.4	30707.2
1983	3231.1	2010.5	1220.6	2001	49435.9	15791.0	33644.9
1984	3742.0	2312.1	1429.9	2002	53056.6	16271.7	36784.9
1985	4687.4	2809.6	1877.8	2003	57649.8	16305.7	41344.1
1986	5302.1	3059.2	2242.9	2004	65218.5	17689.9	47528.6
1987	6126.1	3428.9	2697.2	2005	72958.7	19958.4	53000.3
1988	7868.1	4174.0	3694.1	2006	82575.5	21786.0	60789.5
1989	8812.6	4545.7	4266.9	2007	96332.5	24205.6	72126.9
1990	9450.9	4683.1	4767.8	2008	111670.4	27677.3	83993.1
1991	10730.6	5082.0	5648.6	2009	123584.6	29005.3	94579.3
1992	13000.1	5833.5	7166.6	2010	140758.6	31974.6	108784.0
1993	16412.1	6858.0	9554.1	2011	168956.6	37394.6	127550.6
1994	21844.2	8875.3	12968.9	2012	190584.6	43065.4	147519.2
1995	28369.7	11271.6	17098.1	2013	212187.5	47113.5	165074.0

资料来源:国家统计局.中国统计年鉴2014[M].北京:中国统计出版社,2014.

3.1.3　社会消费品零售总额增长情况

我国社会消费品零售总额经历了一个快速增长的时期。1978年社会消费品零售总额(社会商品零售总额)仅为1528亿元,到2013年规模超过23.4万亿元(见表3.3)。

表 3.3　1978—2013 年社会消费品零售总额增长情况（单位：亿元）

年份	总额	增长率（%）	城镇（城市）	乡村（县及县以下）	年份	总额	增长率（%）	城镇（城市）	乡村（县及县以下）
1978	1528	8.3	505	1054	1996	24614	12.5	14921	9693
1979	1753	12.4	585	1215	1997	26843	10.2	16395	10449
1980	2140	12.2	734	1406	1998	29153	9.7	17825	11328
1981	2350	7.2	843	1507	1999	31135	10.1	19092	12043
1982	2570	7.3	920	1650	2000	34153	11.4	21110	13043
1983	2849	9.2	1057	1792	2001	37595	10.1	23543	14052
1984	3357	14.6	1349	2027	2002	40911	8.8	25898	15013
1985	4305	17.2	1874	2431	2003	45842	9.2	29777	16065
1986	4950	8.5	2018	2932	2004	53950	10.2	35573	18377
1987	5820	9.6	2427	3393	2005	67177	12.0	45095	22082
1988	7440	7.9	3261	4179	2006	76410	13.7	51543	24867
1989	8101	7.6	3666	4435	2007	89210	16.8	60411	28799
1990	8255	1.9	3888	4412	2008	108488	21.6	73735	34753
1991	9398	10.0	4530	4886	2009	125343	15.5	85133	40210
1992	10894	9.8	5471	5523	2010	156998	14.8	136123	20875
1993	12237	11.6	7176	5061	2011	183919	11.6	159552	24367
1994	16053	7.8	9555	6498	2012	210307	12.1	182414	27893
1995	20598	10.3	12389	8209	2013	234380	13.1	202462	31918

　　注：1978—1992 年为社会商品零售总额，1993—2012 年为社会消费品零售总额；1978—2009 年为城市、县及县以下分类，2010—2012 年为城镇、乡村分类。需要说明的是，1978—1992 年，城市、县及县以下数据来自《新中国 60 年统计资料汇编》（2010），为修正后数据；其他均来自当年国民经济和社会发展统计公报。

　　资料来源：国家统计局. 新中国 60 年统计资料汇编[M]. 北京：中国统计出版社，2010. 国家统计局. 中国统计年鉴 2014[M]. 北京：中国统计出版社，2014.

3.2 我国居民消费倾向的演变

居民消费倾向的变化对消费水平有着重要的影响。一般来说,居民的收入水平与消费倾向呈负相关关系,即随着城乡居民收入水平的不断提高,消费倾向呈现下降趋势。然而,在特定转型阶段,居民消费倾向有可能出现异常波动。这里将系统回顾我国城乡居民消费倾向的演变历程。

3.2.1 城乡居民消费倾向

(1)平均消费倾向变迁。1978—1988 年,城乡平均消费倾向处于震荡并且有所上升的阶段,1988 年城乡居民平均消费倾向分别达到 0.9354 和 0.8901 的高位。主要原因是,城乡居民在计划经济下被抑制的消费需求随着改革开放的深入逐步释放出来,使得平均消费倾向呈现上扬趋势。这个阶段的另外一个特点是,城镇居民平均消费倾向高于农村居民平均消费倾向。主要原因是,计划经济下农产品商品化率低、农村自给率相对较高,使得城镇居民消费抑制程度要低于农村居民。而从 1988 年开始,城镇居民平均消费倾向总体上开始稳步下降,2012 年低至 0.6788;农村居民平均消费倾向则在 1999—2006 年有所反弹,然后又开始下降。这个反弹与这一时期农村居民收入增长缓慢、农村公共服务体制变迁有直接关系(见图 3.1)。

(2)边际消费倾向变迁。城镇居民边际消费倾向基本保持稳定,并且波幅明显收窄。以 1992 年为界,1978—1992 年城镇居民边际消费倾向波幅(最高值－最低值)达到 1.54;1992—2012 年,这一波幅明显缩小到 0.36,波幅收窄了 76.6%。这意味着城镇居民的边际消费倾向在 1992 年之后明显稳定下来,与城镇居民收入的相关性明显提高。而与此相对应的是,农村居民边际消费倾向波动幅度相对较大,尤其是在 1995—1999 年出现大起大落。到 2000 年之后,农村居民的边际消费倾向才开始趋稳,但其波幅(0.65)仍大于同期城镇居民边际消费倾向的波幅(0.36),具体见图 3.2。

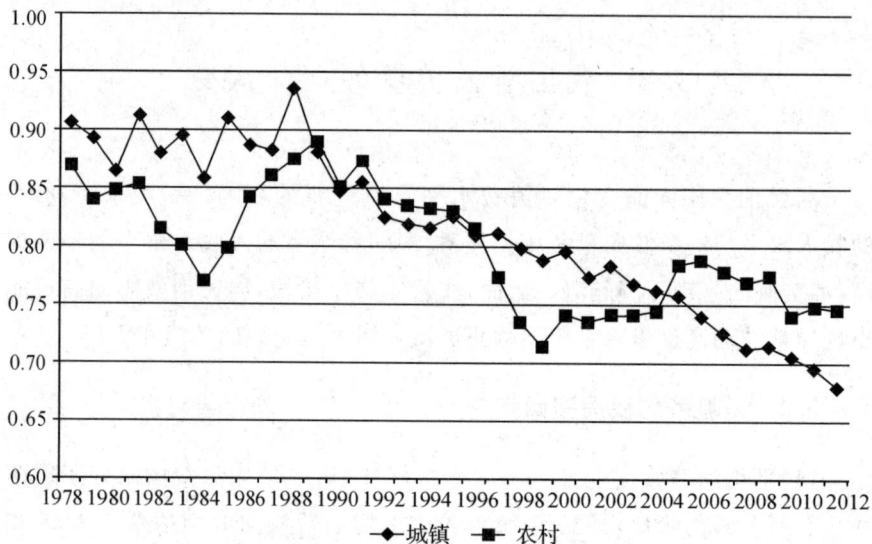

图 3.1　1978—2012 年城乡居民平均消费倾向演变

资料来源:国家统计局. 中国统计年鉴 2014[M]. 北京:中国统计出版社,2014.

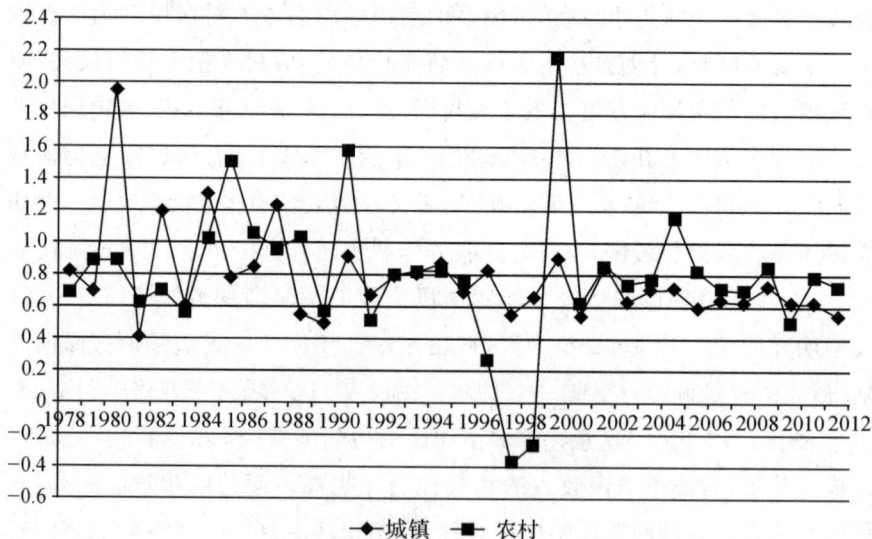

图 3.2　1978—2012 年城乡居民边际消费倾向演变

资料来源:国家统计局. 中国统计年鉴 2014[M]. 北京:中国统计出版社,2014.

3.2.2　不同收入组的平均消费倾向

进一步细分城乡居民不同收入组的平均消费倾向,可以更清楚地看到改革开放以来我国居民消费行为的变化趋势。由于数据的可及性,本书仅分析 2000—2012 年的相关数据。

从数据整理结果看,对城镇居民来说,在城镇居民平均消费倾向上,无论哪个收入组总体上均呈现稳步下降的趋势(见图 3.3)。

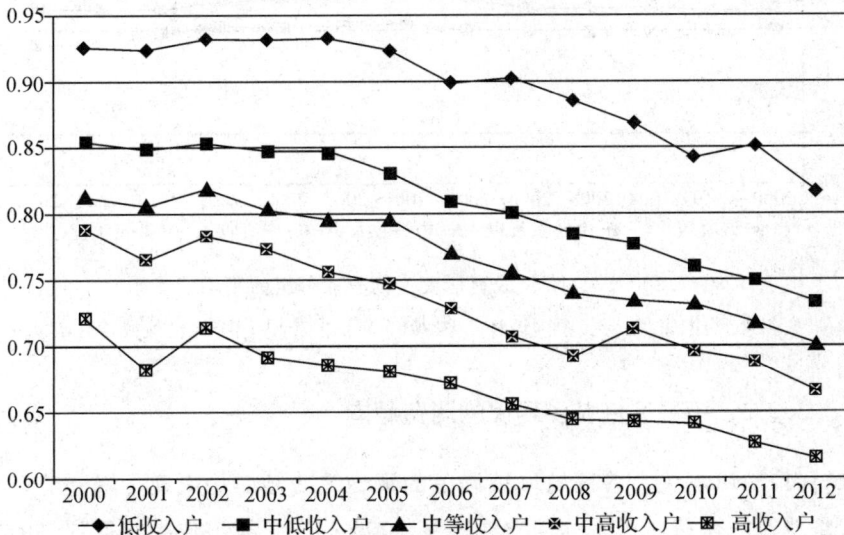

图 3.3　2000—2012 年城镇居民不同收入分组的平均消费倾向

资料来源:国家统计局. 中国统计年鉴 2014[M]. 北京:中国统计出版社,2014.

从 2000—2012 年农村居民不同收入分组的平均消费倾向看,除低收入户外的其他四个组都比较稳定,且波动方向大体相近。但低收入户平均消费倾向呈现三个特点:一是平均消费倾向超过 1,表明低收入组的农村居民收入全部用于消费外,还存在巨大缺口,出现收不抵支;二是波动比较大,波幅明显超过其他四个组;三是出现了明显走高的趋势。这表明 2000—2012 年农村低收入户的消费水平(以及生活水平)实际上在相对下降(见图 3.4)。

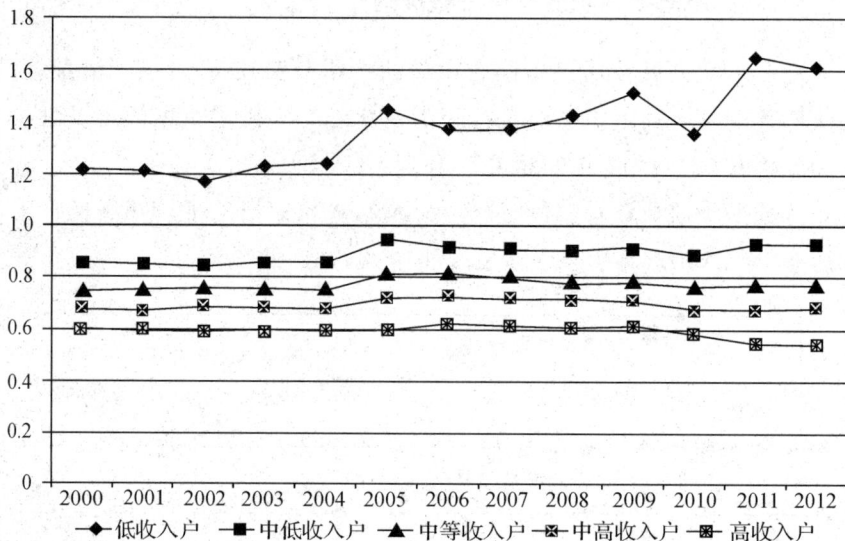

图 3.4　2000—2012 年农村居民不同收入分组的平均消费倾向
资料来源:国家统计局.中国统计年鉴 2014[M].北京:中国统计出版社,2014.

3.2.3　不同区域城乡居民的消费倾向

(1)城镇居民。各区域城镇居民的平均消费倾向均出现下降趋势,但东北地区的城镇居民平均消费倾向在 2006—2009 年出现小幅反弹,并且在 2007—2011 年居于各区域之首(见图 3.5)。从边际消费倾向看,各区域边际消费倾向均出现不同程度的波动,除了东北地区波动剧烈并且明显下降外,其他三个地区边际消费倾向总体上呈现小幅上扬趋势(见图3.6)。

(2)农村居民。除东部地区外,其他区域农村居民的平均消费倾向除了在 2009 年出现小幅反弹外,总体上均呈现下降趋势。其主要原因在于,农民,尤其是农民工受 2008 年国际金融危机的影响,收入下降幅度大于消费下降幅度(见图 3.7)。从边际消费倾向看,东部和中部相对比较稳定,而西部和东北则波动明显(见图 3.8)。

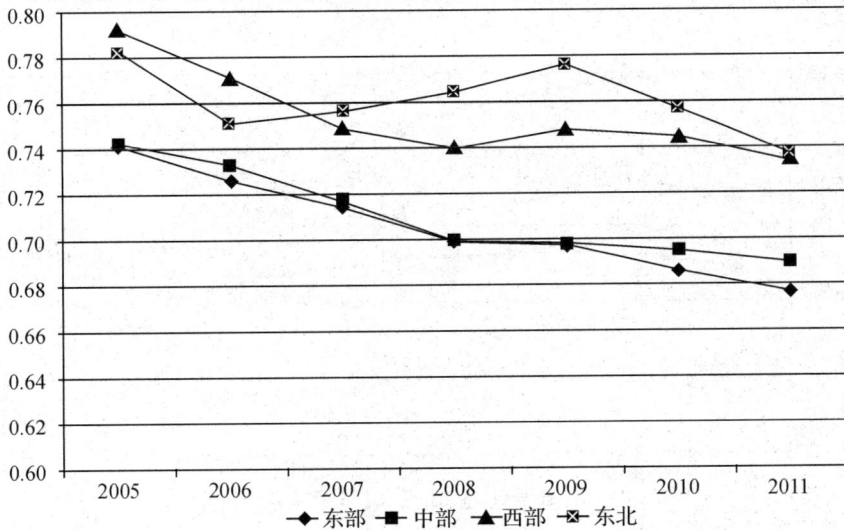

图 3.5　2005—2011 年不同区域城镇居民平均消费倾向

资料来源:根据 2006—2012 年历年《中国统计年鉴》整理。

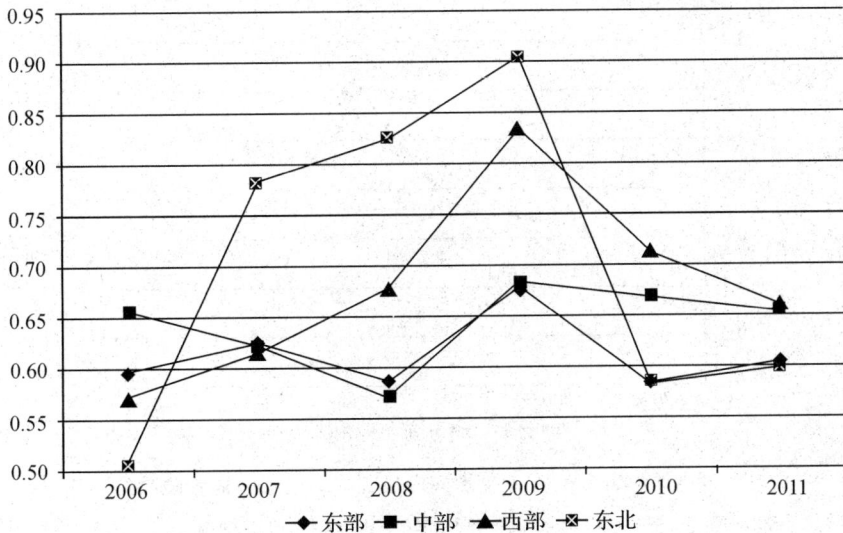

图 3.6　2006—2011 年不同区域城镇居民边际消费倾向

资料来源:根据 2007—2012 年历年《中国统计年鉴》整理。

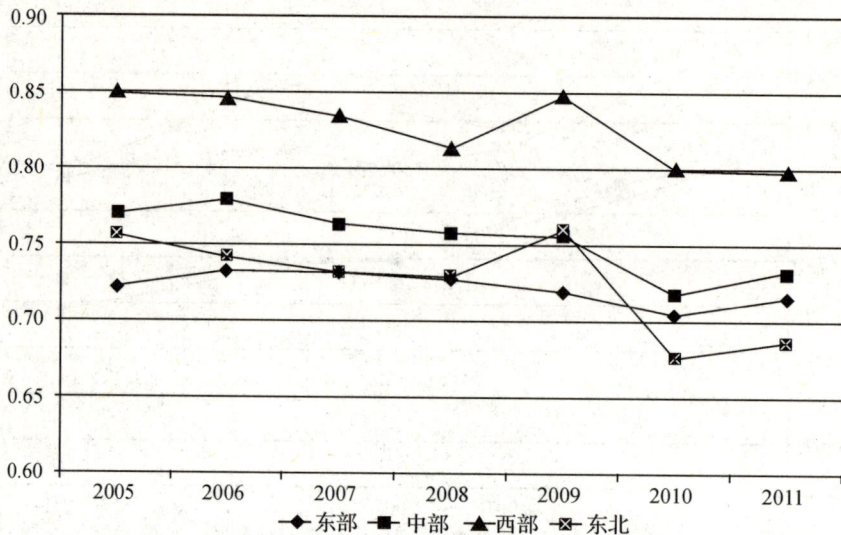

图 3.7　2005—2011 年不同区域农村居民平均消费倾向

资料来源:根据 2006—2012 年历年《中国统计年鉴》整理。

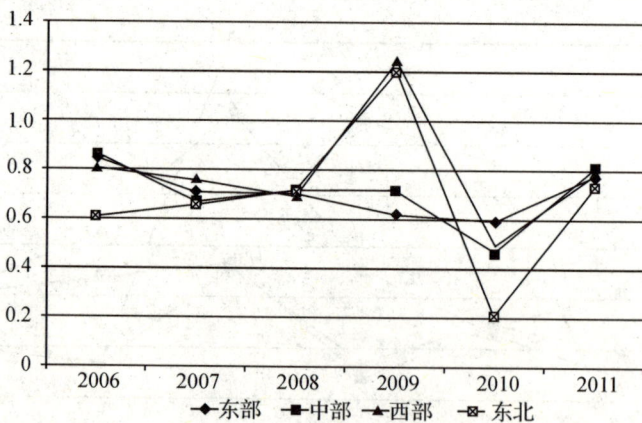

图 3.8　2006—2011 年不同区域农村居民边际消费倾向

资料来源:根据 2007—2012 年历年《中国统计年鉴》整理。

3.2.4 农民工的消费倾向

不少文献利用调研数据测算消费倾向,虽然结果有所不同,但测算结果均表明农民工平均消费倾向和边际消费倾向都要低于城镇居民,甚至低于其他农村居民。于丽敏(2010)[①]通过分析762份农民工调查问卷的消费与收入数据得出,2009年农民工的边际消费倾向为64.21%;此外,她还通过对农民工的直接询问,测算出农民工的边际消费倾向仅为42.81%。

本书利用原国家人口计生委的流动人口监测数据测算2010—2011年流动人口的边际消费需求,结果显示2010年、2011年流动人口平均消费倾向分别为0.4326、0.4567,2011年流动人口的边际消费倾向为0.5665,均低于同期的城镇居民和其他农村居民。尤其要引起高度关注的是,虽然农民工收入与消费水平要高于其他农村居民,但其消费倾向却明显低于其他农村居民,这深刻反映了农民工等流动人口在消费中的不确定性要远大于其他农村居民。农民工不同收入分组的收入、支出与消费倾向情况见表3.4。

表 3.4 2010—2011 年农民工分组收入、支出与消费倾向情况

农民工分组	月收入(元)		月支出(元)		平均消费倾向		边际消费倾向
	2010 年	2011 年	2010 年	2011 年	2010 年	2011 年	2011 年
最低组	550	819	495	550	0.9000	0.6716	0.2045
次低组	1028	1365	634	757	0.6167	0.5546	0.3650
中等组	1412	1855	757	931	0.5361	0.5019	0.3928
次高组	1826	2426	901	1109	0.4934	0.4571	0.3467
最高组	3232	4985	1551	1856	0.4799	0.3723	0.1740
平均	1847	2253	799	1029	0.4326	0.4567	0.5665

---

① 于丽敏.农民工消费行为影响因素研究——以东莞为例[D].长沙:中南大学,2010.

资料来源：国家人口和计划生育委员会流动人口服务管理司.中国流动人口发展报告[M].北京:中国人口出版社,2012.

3.2.5　消费倾向的国际比较

从统计数据上看,尽管我国居民消费倾向在不断下降,但这种下降的趋势是否合理,是否是发展中阶段性的客观现象,仍需要进一步考察。为此,本书利用国际数据进行相应的比较。

（1）一般比较。1995—2011年,大多数国家的居民消费倾向在时间序列上是比较平稳的（见图3.9）。在较长的时间内,居民消费的倾向变化幅度不大。同时,可以看到大多数国家的平均消费倾向远高于我国当前水准。

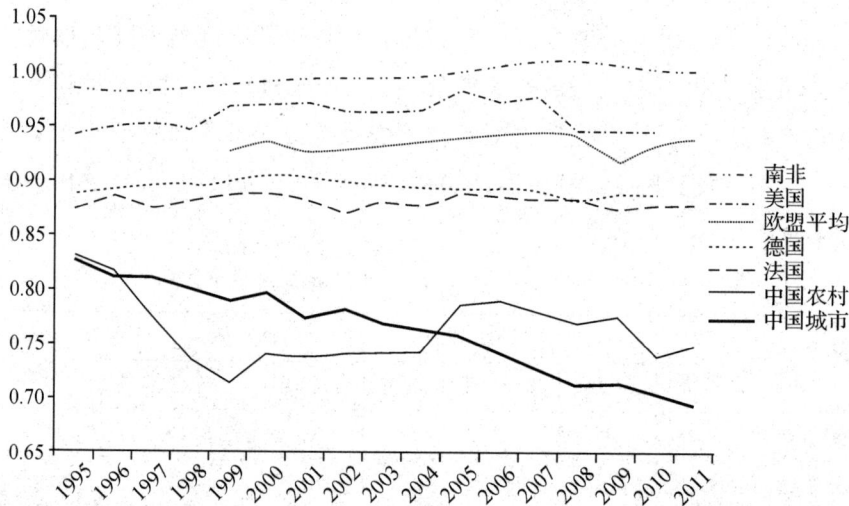

图3.9　1995—2011年居民消费倾向的国际比较

资料来源:OECD数据库(2013),数据根据居民净储蓄率换算;中国数据来自相关年份《中国统计年鉴》;下同。

（2）引入收入水平的消费倾向比较。世界上的其他主要国家中,并未出现消费倾向随着收入增加而下降的情况。在调查的9个国家中,随着收入增长,消费倾向不断上升的国家有韩国、南非、英国、日本、加拿大5

个国家,而美国、德国、法国、澳大利亚则随着收入上升,消费倾向基本保持不变,欧盟的平均值也基本保持不变(见图 3.10)。显然,与国际数据相比,我国的居民消费状态颇为特殊。

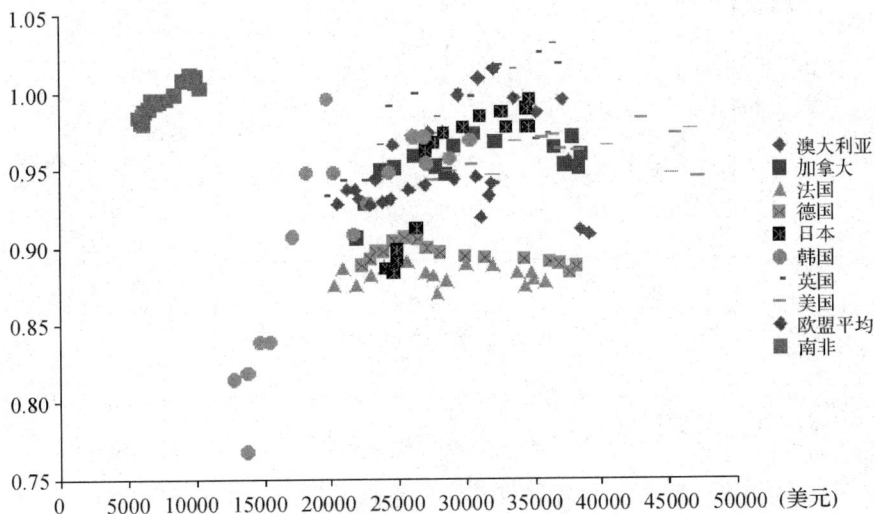

图 3.10　不同收入水平下居民消费倾向的国际比较

(3)与特定国家的比较。本书进一步用韩国 1975 年以来的相关数据,对其工业化阶段的消费倾向与我国进行了比较。韩国在人均 GDP 达到 10000 美元之前,有一段较长时期的居民消费倾向下降过程;从 10000 美元到 20000 美元之间的阶段,消费倾向快速上升;超过 20000 美元以后,居民的消费倾向总体上开始趋于稳定(见图 3.11)。而我国在相同收入阶段的数据恰好与韩国的趋势一致。这可以在一定程度上解释我国当前居民消费倾向下降的原因。仍需注意的是,我国居民消费倾向下降阶段的时间长于韩国。1975—1991 年的 17 年间,韩国基本完成了消费倾向趋势的逆转;我国在 1995—2011 年的 17 年间,消费倾向下降的趋势仍没有减缓的迹象。同时,我国当前的消费倾向也远低于韩国的历史最低点。这些都表明我国与世界发达国家在消费倾向上具有较大差距。

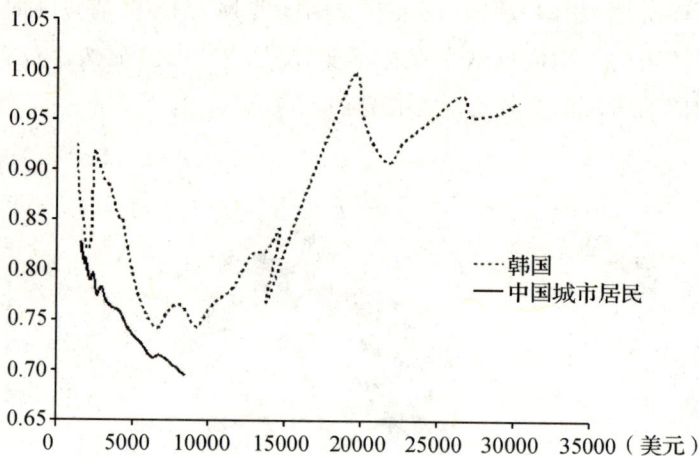

图 3.11 中、韩不同发展水平下的居民消费倾向比较

3.2.6 简要结论

综合分析,可以看出当前我国居民平均消费倾向的一些规律。

第一,从统计数据上来看,我国居民消费倾向呈现长期下降趋势。在波动性方面,农村居民的消费倾向波动性远远大于城市居民。考虑到居民消费倾向更多地受文化传统、习俗等中长期变量影响,居民消费倾向在短期内应当是比较稳定的,而且波动性较小。因此,农村居民在消费倾向上较大的波动性,很有可能是受到外生因素的冲击。换言之,农村居民的消费倾向对于短期经济政策表现出了相当强的敏感性,而城市居民的消费倾向对于短期经济政策的敏感性不强。从长期趋势来看,城市居民的消费倾向下降幅度远大于农村居民,说明城市居民的消费倾向对于长期经济政策具有较强的敏感性。

第二,对居民内部结构性消费倾向的考察可以看出,除农村低收入户以外,不同收入群体间居民消费倾向的变化趋势大体是一致的,可见我国居民在消费行为变化上与收入关联度并不大。而农村低收入户的消费倾向骤升,可以认为是近年来国家提高社会保障水平的成果。

第三,从国际比较中可以明显地发现,居民消费倾向随着居民收入的增长不断上升或保持不变是世界其他主要国家经济发展实践的常态,而居民消费倾向随收入增长而下降的阶段是经济发展中一个较短时期的特殊状态。此外,鲜有国家消费倾向低于75%。这都表明我国可能正面临着经济结构调整的问题。从与韩国统计数据的比较中可以看出,尽管我国在特定阶段的居民消费倾向下降趋势具有一定的合理性,但其下降的速度、幅度、趋势都超出了相同发展阶段的国家,不能只用发展的客观规律进行解释,而必须加入制度的分析框架(见图 3.11)。

3.3　城乡居民消费结构的变化

改革开放以来,我国城乡居民消费结构呈现快速升级的态势。总体上看,我国已进入大众消费时代。新阶段消费结构升级的时代特征突出表现为由生存型消费向发展型消费升级、由物质型消费向服务型消费升级、由传统消费向新型消费升级三个方面。消费的本质是服务,在这个特定阶段,我国消费结构升级的阶段性特征,既有经济增长进程中的一般规律,更具有我国自身转型的突出特点。[①]

3.3.1　从生存型消费向发展型消费升级

(1)生存型消费比重不断降低。我国进入发展型新阶段,虽然城乡居民在食品、衣着上的消费规模不断增大,但其整个消费中的比重不断下降。从城乡居民消费结构看,1990—2013 年,城镇居民消费支出中食品和衣着的消费规模从 864.7 元上升到 8213.9 元,支出占比从 67.61% 下降到 45.58%;农村居民消费支出中食品和衣着的消费规模从 389.2 元

---

① 本部分主要内容已经公开发表。参见:匡贤明.我国消费结构升级:生存型消费转向服务型消费[N].上海证券报,2015-04-04.

上升到 2933.8 元，支出占比从 66.58％下降到 44.28％。

生存型消费支出占比下降还表现为恩格尔系数的明显下降。1978年我国城乡居民恩格尔系数分别为 57.5％和 67.7％；到 2000 年下降至39.4％和 49.1％，城镇居民恩格尔系数首次低于 50％；到 2012 年城乡居民恩格尔系数分别下降到 36.2％和 39.3％，首次降到 40％以内（见图3.12）；2013 年，城乡恩格尔系数进一步下降到 35.0％和 37.7％。

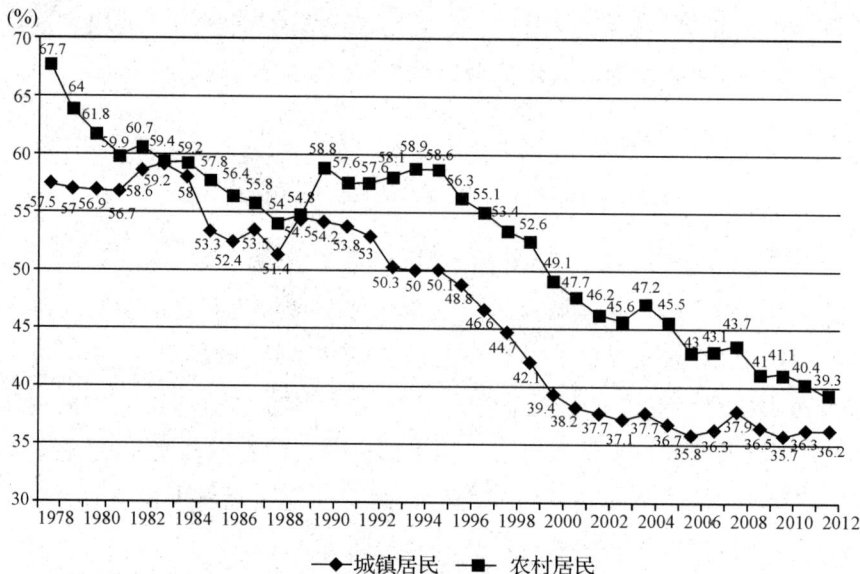

图 3.12　1978—2012 年我国城乡居民恩格尔系数变化趋势

资料来源：国家统计局.中国统计摘要 2014[M].北京：中国统计出版社，2014.

（2）发展型消费持续增长。发展型消费需求主要包括居住、家庭设备及用品、交通通信、文教娱乐、医疗保健等。我国城乡居民的发展型消费需求不仅在规模上持续扩大，而且在消费总支出中的比重也出现上升。根据消费需求八大类的分类方法，1990—2013 年，城镇居民消费支出中发展型消费需求的支出比重从 32.39％提高到 54.42％；农村居民消费支出中发展型消费需求的支出比重从 33.43％提高到 55.72％（见表 3.5、表 3.6）。

表 3.5　1990—2013 年城镇居民人均消费性支出构成　　（单位:%）

指　标	1990 年	1995 年	2000 年	2010 年	2011 年	2012 年	2013 年
衣着	13.36	13.55	10.01	10.72	11.05	10.94	10.55
食品	54.25	50.09	39.44	35.67	36.32	36.23	35.02
居住	6.98	8.02	11.31	9.89	9.27	8.90	9.68
交通通信	1.20	5.18	8.54	14.73	14.18	14.73	15.19
家庭设备及用品	10.14	7.44	7.49	6.74	6.75	6.69	6.74
医疗保健	2.01	3.11	6.36	6.47	6.39	6.38	6.20
文教娱乐	11.12	9.36	13.40	12.08	12.21	12.20	12.73
其他	0.94	3.25	3.44	3.71	3.83	3.94	3.88
生存型消费	67.61	63.64	49.46	46.39	47.37	47.17	45.58
发展型消费	32.39	36.36	50.54	53.61	52.63	52.83	54.42

资料来源:国家统计局.中国统计摘要 2014[M].北京:中国统计出版社,2014.

表 3.6　1990—2013 年农村居民人均消费性支出构成　　（单位:%）

指　标	1990 年	1995 年	2000 年	2010 年	2011 年	2012 年	2013 年
衣着	7.77	6.85	5.75	6.03	6.50	6.71	6.62
食品	58.80	58.62	49.13	41.09	40.40	39.33	37.67
居住	17.34	13.91	15.47	19.06	18.40	18.39	18.62
交通通信	1.44	2.58	5.58	10.52	10.50	11.05	12.01
家庭设备及用品	5.29	5.23	4.52	5.34	5.90	5.78	5.84
医疗保健	3.25	3.24	5.24	7.44	8.40	8.70	9.27
文教娱乐	5.37	7.81	11.18	8.37	7.60	7.54	7.34
其他	0.74	1.76	3.14	2.15	2.30	2.50	2.64
生存型消费	66.57	65.48	54.87	47.12	46.90	46.04	44.28
发展型消费	33.43	34.52	45.13	52.88	53.10	53.96	55.72

资料来源:国家统计局.中国统计摘要 2014[M].北京:中国统计出版社,2014.

不考虑价格变化等因素，1985—2013 年，我国城镇居民人均消费支出年均增长 12.46%。以医疗保健、交通通信和文教娱乐三项支出的变化为例，三项支出的年均增速达到 16.47%，超出人均消费性支出增速 4 个百分点；三项支出占城镇居民消费总支出的比重从 12.79% 提高到 34.12%。

农村居民消费结构也呈现出同样的趋势。1990—2013 年，我国农村居民人均生活性消费支出年均增长 11.46%，其中医疗保健、交通通信和文教娱乐三项支出年均增速达到 16.62%，超出生活性消费支出年均增速 5 个百分点；三项支出占农村居民人均生活性消费支出的比重从 8.06% 提高到 28.62%。

3.3.2 从物质型消费向服务型消费的升级

前些年，社会各界在城乡居民消费结构变化上达成重要的共识，认为我国城乡居民正从以生活必需品为主的消费结构向以耐用消费品为主的消费结构转变。[①] 无论是生活必需品还是耐用消费品，都属于物质型消费的范畴。近年来，城乡居民耐用消费品的普及度不断提高，物质型消费总体上处于饱和状态，城乡居民尤其是广大城镇居民开始进入服务型消费的新阶段。

(1)物质型消费基本得到满足。在经过了"井喷式"的消费扩张后，城镇居民家庭的"大件"基本得到普及，农村居民家庭的"大件"普及度明显提高。例如，2012 年城镇居民每百户家庭拥有 126.8 台空调、87 台电脑，农村居民每百户拥有的摩托车达到 62.2 辆。2006—2012 年，家用汽车、电脑等耐用消费品在城乡居民家庭中的普及程度明显提高，家用汽车从每百户 4.3 辆迅速增加到 21.5 辆，电脑从每百户 2.7 台增加到 21 台。[②]

---

① 迟福林.第二次转型——处在十字路口的发展方式转变[M].北京:中国经济出版社，2010.

② 国家统计局.中国统计年鉴 2014[M].北京:中国统计出版社，2014.

对大多数家庭而言,耐用消费品支出已不再是主要的支出压力,以前流行的家庭"三大件"基本上淡出了消费领域。物质产品普遍过剩成为常态,白热化的市场竞争成为常态。

(2)服务型消费需求快速增长。随着居民收入的提高,温饱问题基本得到解决,城乡居民服务型消费需求迅速增长,并且逐步成为消费支出的大头,大头不再是物质型消费。据统计,2005—2010 年,我国城镇居民人均服务型消费支出从 3115.9 元增加到 5260.15 元,年均增长 11.04%,并且这些年服务型消费支出比重均保持在 39% 左右的高位(见表 3.7)。我们对城镇居民收支数据[①]进行分析,把服务类项目单列出来(在外用餐按 50% 计算服务支出)。

表 3.7   2005—2010 年城镇居民服务型消费   (单位:元)

	2005 年	2006 年	2007 年	2008 年	2009 年	2010 年
现金总支出	7942.9	8696.6	9997.5	11242.9	12264.6	13471.5
在外用餐	607.0	691.2	761.0	877.9	976.1	1019.3
食品加工服务	1.3	1.4	1.9	1.6	1.7	1.6
衣着加工服务	6.7	7.2	7.4	7.5	7.8	8.4
家庭服务	35.7	38.4	39.9	49.5	55.0	60.3
交通通信	996.7	1147.1	1357.4	1417.1	1682.6	1983.7
教育	571.3	612.0	638.4	622.2	645.9	661.3
文化娱乐服务	245.9	280.8	347.6	381.3	445.6	559.3
医疗保健	600.9	620.3	699.1	786.2	856.4	871.8
居住服务	249.3	285.1	302.2	345.1	397.0	421.2
其他服务	104.6	113.8	130.3	149.1	165.7	182.9
服务型消费	3115.9	3451.9	3904.7	4198.55	4745.75	5260.15
服务型消费占比	39.23%	39.69%	39.06%	37.34%	38.69%	39.05%

资料来源:国家统计局.中国住户调查年鉴 2013 [M].北京:中国统计出版社,2013.

① 《中国住户调查年鉴 2013》第 4 部分主要年份的各地区城镇居民收支数据。

当然,我国服务型消费需求比重与发达国家相比还有比较大的差距。例如,美国服务消费比重 1951 年就达到 40%,2003 年以来,服务型消费比重达到 65%以上。这意味着,在美国居民的消费结构中,将近 2/3 是服务型消费(见表 3.8)。我国城镇居民消费结构仅相当于美国 20 世纪 50 年代的水平,未来消费结构升级的空间巨大。

表 3.8　1929—2012 年美国服务型消费需求比重　　　(单位:%)

年份	服务消费占比	年份	服务消费占比	年份	服务消费占比	年份	服务消费占比
1929	43.41	1951	40.19	1973	51.10	1995	63.60
1930	45.65	1952	41.32	1974	51.60	1996	63.64
1931	47.78	1953	42.13	1975	52.48	1997	63.98
1932	50.51	1954	43.42	1976	52.54	1998	64.35
1933	48.37	1955	43.04	1977	53.01	1999	63.90
1934	44.66	1956	43.98	1978	53.52	2000	64.00
1935	43.47	1957	44.37	1979	53.62	2001	64.55
1936	42.12	1958	45.44	1980	54.45	2002	64.92
1937	42.66	1959	45.67	1981	55.17	2003	65.04
1938	44.01	1960	46.65	1982	56.67	2004	65.03
1939	43.60	1961	47.75	1983	57.45	2005	65.05
1940	43.06	1962	48.00	1984	57.47	2006	65.33
1941	41.43	1963	48.24	1985	58.14	2007	65.58
1942	42.70	1964	48.41	1986	58.73	2008	66.30
1943	43.64	1965	48.24	1987	59.43	2009	67.56
1944	44.25	1966	48.10	1988	60.08	2010	67.06
1945	43.67	1967	49.00	1989	60.39	2011	66.21
1946	40.26	1968	49.00	1990	61.12	2012	65.98
1947	38.64	1969	49.64	1991	62.38		
1948	38.63	1970	50.83	1992	63.10		
1949	39.44	1971	51.24	1993	63.37		
1950	39.23	1972	51.47	1994	63.24		

料来源:根据美国经济分析局数据整理。

3.3.3　从传统消费向新型消费的升级

消费结构升级还表现为传统消费热点的持续降温,新的消费热点不断涌现,尤其是新的消费群体不断扩大,助推了新型消费内容和范围的扩大。

(1)传统消费热点持续降温。近年来,随着城乡居民消费结构的升级,传统零售业增速放缓,汽车等传统支柱型消费进入低迷期。2013年全国重点大型零售企业实现零售额同比增长9.1%,增幅较上年放缓1.1个百分点,创1999年以来最低增速纪录;2014年,我国乘用车销量同比增长9.9%,增速大幅低于2013年同期的16%。[①]

传统消费热点降温的重要特征是模仿型、排浪式消费阶段基本结束。例如,过去我国"老三大件""新三大件",以及汽车爆发式的消费等传统消费,这种消费模式对改善人们生活水平、提高生活质量发挥了积极作用,但随着城乡居民收入水平的提升,模仿型、排浪式消费模式越来越难以适应人们消费结构升级的现实需求。所谓"三大件"的提法已经淡出了消费领域。

(2)消费个性化、多样化时代的到来。改革开放以来,我国经济发展水平得到不断提升,消费者的消费行为随着消费心理的新变化而发生很大的变化。其主要表现为消费个性化、多元化的趋势明显,消费不仅成为满足人们需求的途径,也开始成为社会交往和社会分化的催化剂。即使是传统消费,也逐渐向个性化、高端化转型。多元化指数是衡量城乡居民消费结构的一个重要指标[②],本书引入这一指标进行分析。

消费多元化指数为 $D = \sum_{i=1}^{n} s_i \ln \frac{1}{s_i}$ 。其中,s_i 为各商品门类的消费份

---

①　任兴洲,廖英敏.中国消费市场的潜力和前景[J].重庆工学院学报(社会科学版),2008(10):9-15.

②　关于消费多元化指数"熵"的分析,参见:袁志刚.中国居民消费前沿问题研究[M].上海:复旦大学出版社,2011.

额。由恩格尔定律可知,随着收入的不断增长,居民消费中必需品消费(生存型消费)份额将逐步下降,而发展型消费份额将逐步扩大。这种消费重点的转移将平衡各种消费的比重,从而产生消费多元化现象。根据上述定义,当某种商品消费份额达到100%时,D取值0,即消费多元化指数为零;当各种商品被平均消费时,即 $s_i = \dfrac{1}{n}$ 时,这种情况的 D 达到最大 $\ln n$。按我国现行的居民消费八类分法,D 的极值就是 $\ln 8 = 2.08$,这也意味着,如果距离 2.08 越近,居民消费就越均衡。

1981—2012 年,我国城镇居民消费多元化指数呈现明显的上升态势。1981 年仅约为 1.40,说明当时城镇居民消费存在明显的有偏性;到 2000 年,城镇居民多元化指数超过 1.83,并且 2000—2012 年在 1.85 上下浮动,这种趋势在农村居民领域也同样存在。1980 年农村居民消费多元化指数约为 1.26,到 2006 年超过 1.70,并且在近些年保持着 1.75 上下的水平。这一消费水平结构大致接近于城镇居民 1999—2000 年的水平,表明农村消费大概滞后城镇 10 年左右(见表 3.9、表 3.10)。

表 3.9　1981—2012 年城镇居民消费多元化指数

时间	食品类	衣着	家庭设备及用品	医疗保健用品	交通和通信工具	娱乐教育文化用品	居住	其他服务项目	消费多元化指数
1981	56.7	14.8	9.6	0.6	1.4	8.4	4.3	4.2	1.3964
1982	58.6	14.4	9.2	0.6	1.5	7.2	4.4	4.1	1.3633
1983	59.2	14.5	9.0	0.6	1.5	6.6	4.4	4.2	1.3507
1984	58.0	15.5	9.1	0.6	1.5	7.1	4.2	4.0	1.3664
1985	52.2	14.6	10.7	1.2	1.1	10.6	5.6	4.0	1.4902
1986	52.4	14.1	11.1	1.2	1.1	9.6	6.0	4.5	1.4949
1987	53.5	13.7	11.4	1.3	1.1	8.5	6.1	4.4	1.4782
1988	51.4	13.9	13.5	1.5	0.9	9.2	5.5	4.1	1.5021
1989	54.5	12.3	11.1	1.7	0.9	9.5	5.7	4.3	1.4664
1990	54.2	13.4	10.1	2.0	1.2	9.2	5.6	4.3	1.4804

续表

时间	食品类	衣着	家庭设备及用品	医疗保健用品	交通和通信工具	娱乐教育文化用品	居住	其他服务项目	消费多元化指数
1991	53.8	13.7	9.6	2.2	1.4	8.9	6.0	4.4	1.4961
1992	52.9	14.1	8.4	2.5	2.6	8.8	6.0	4.7	1.5346
1993	50.1	14.2	8.8	2.7	3.8	9.2	6.6	4.6	1.5996
1994	49.9	13.7	8.8	2.9	4.7	8.8	6.8	4.4	1.6136
1995	49.9	13.5	8.4	3.1	4.8	8.8	7.1	4.4	1.6178
1996	48.6	13.5	7.6	3.7	5.1	9.6	7.7	4.4	1.6504
1997	46.4	12.5	7.6	4.3	5.6	10.7	8.6	4.4	1.6964
1998	44.5	11.1	8.2	4.7	5.9	11.5	9.4	4.6	1.7327
1999	41.9	10.5	8.6	5.3	6.7	12.3	9.8	5.0	1.7841
2000	39.2	10.0	8.8	6.4	7.9	12.6	10.0	5.2	1.8327
2001	37.9	10.1	8.3	6.5	8.6	13.0	10.3	5.4	1.8515
2002	37.7	9.8	6.5	7.1	10.4	15.0	10.4	3.3	1.8288
2003	37.1	9.8	6.3	7.3	11.1	14.4	10.7	3.3	1.8355
2004	37.7	9.6	5.7	7.4	11.8	14.4	10.2	3.3	1.8253
2005	36.7	10.1	5.6	7.6	12.6	13.8	10.2	3.5	1.8412
2006	35.8	10.4	5.7	7.1	13.2	13.8	10.4	3.6	1.8499
2007	36.3	10.4	6.0	7.0	13.6	13.3	9.8	3.6	1.8451
2008	37.9	10.4	6.2	7.0	12.6	12.1	10.2	3.7	1.8330
2009	36.5	10.5	6.4	7.0	13.7	12.0	10.0	3.9	1.8501
2010	35.7	10.7	6.7	6.5	14.7	12.1	9.9	3.7	1.8540
2011	36.3	11.0	6.7	6.4	14.2	12.2	9.3	3.8	1.8467
2012	36.2	10.9	6.7	6.4	14.7	12.2	8.9	3.9	1.8468

资料来源:笔者测算。

表 3.10   1980—2012 年农村居民消费多元化指数

时间	食品类	衣着	家庭设备及用品	医疗保健用品	交通和通信工具	娱乐教育文化用品	居住	其他服务项目	消费多元化指数
1980	61.8	12.3	2.6	2.1	0.4	5.1	13.8	2.0	1.2566
1981	59.8	12.5	2.2	2.2	0.3	5.3	16.6	1.2	1.2596
1982	60.6	11.4	4.3	2.1	0.3	3.4	16.1	1.8	1.2663
1983	59.4	11.3	5.7	1.8	1.4	2.3	16.9	1.2	1.2914
1984	59.3	10.6	5.4	1.8	1.2	3.0	17.7	1.0	1.2885
1985	57.8	9.7	5.1	2.4	1.8	3.9	18.2	1.1	1.3430
1986	56.5	9.2	5.5	2.4	1.7	4.0	19.7	0.9	1.3516
1987	55.8	8.6	5.4	2.7	2.1	4.6	20.0	0.9	1.3787
1988	54.0	8.6	6.3	2.8	1.9	5.4	20.2	0.8	1.4127
1989	54.8	8.3	6.0	3.1	1.6	5.7	19.7	0.8	1.4008
1990	58.8	7.8	5.3	3.3	1.4	5.4	17.3	0.7	1.3351
1991	57.6	8.2	5.7	3.6	1.7	5.9	16.5	0.8	1.3780
1992	57.5	8.0	5.6	3.7	1.9	6.6	15.9	0.8	1.3894
1993	58.1	7.2	5.8	3.5	2.3	7.6	13.9	1.7	1.4136
1994	58.9	6.9	5.5	3.2	2.4	7.4	14.0	1.9	1.3987
1995	58.6	6.9	5.2	3.2	2.6	7.8	13.9	1.8	1.4020
1996	56.3	7.2	5.4	3.7	3.0	8.4	13.9	2.0	1.4583
1997	55.1	6.8	5.3	3.9	3.3	9.2	14.4	2.1	1.4857
1998	53.4	6.2	5.2	4.3	3.8	10.0	15.1	2.1	1.5176
1999	52.5	5.8	5.2	4.4	4.4	10.7	14.8	2.2	1.5376
2000	49.1	5.7	4.5	5.2	5.6	11.2	15.5	3.1	1.6091
2001	47.7	5.7	4.4	5.5	6.3	11.1	16.0	3.2	1.6349
2002	46.2	5.7	4.4	5.7	7.0	11.5	16.4	3.1	1.6598
2003	45.6	5.7	4.2	6.0	8.4	12.1	15.9	2.2	1.6633

时间	食品类	衣着	家庭设备及用品	医疗保健用品	交通和通信工具	娱乐教育文化用品	居住	其他服务项目	消费多元化指数
2004	47.2	5.5	4.1	6.0	8.8	11.3	14.8	2.2	1.6406
2005	45.5	5.8	4.4	6.6	9.6	11.6	14.5	2.1	1.6762
2006	43.0	5.9	4.5	6.8	10.2	10.8	16.6	2.2	1.7075
2007	43.1	6.0	4.6	6.5	10.2	9.5	17.8	2.3	1.7013
2008	43.7	5.8	4.8	6.7	9.8	8.6	18.5	2.1	1.6857
2009	41.0	5.8	5.1	7.2	10.1	8.5	20.2	2.1	1.7172
2010	41.1	6.0	5.3	7.4	10.5	8.4	19.1	2.1	1.7246
2011	40.4	6.5	5.9	8.4	10.5	7.6	18.4	2.3	1.7496
2012	39.3	6.7	5.8	8.7	11.0	7.5	18.4	2.5	1.7665

资料来源：笔者测算。

3.3.4　消费结构的国际比较

本书进一步对消费结构进行了国际比较。由于统计口径的不同，各国对于统计消费的分类方法均有区别，难以进行统一的衡量。考虑到可比性，本书将居民的主要消费对象分为三类：第一类是以食品为代表的农产品；第二类是以衣着、居住、家庭设备及用品等为代表的工业产品；第三类是以交通通信、文教娱乐、医疗保健为代表的服务业产品。

在国际比较中，本书通过 OECD 数据库找到 21 个国家的统计数据，数据反映出 1995—2011 年不同国家在长期居民消费结构中的变化。在全部 21 个国家中，符合农产品消费下降而服务业产品消费比例上升趋势的国家占绝大多数，共有 18 个国家（见表 3.11）。对于工业产品的消费，则有 11 个国家上升，7 个国家下降。如果简单地对 21 个国家消费结构变化水平进行平均估算，可以看到农产品消费占比下降 3%，而服务业产品消费占比相应上升 3%，工业产品消费占比几乎不变的情况。

我国城市居民在 1995—2011 年农产品消费占比下降 14%，工业产品消费占比下降 2%,服务业产品消费占比上升 16%;同期,我国农村居民农产品消费占比下降 6%,工业产品消费占比下降 2%,服务业产品消费占比上升 8%。与世界数据相比,我国城乡居民消费结构的变化在趋势上是相似的,但是在绝对数上则大大超过了世界平均值,说明我国正处于消费结构快速转型阶段。

表 3.11　部分国家居民消费结构比较

国家	消费产品	1995 年	2011 年	差值	国家	消费产品	1995 年	2011 年	差值
澳大利亚	农产品	0.15	0.14	(0.01)	韩国	农产品	0.18	0.16	(0.02)
	工业产品	0.30	0.31	0.01		工业产品	0.29	0.25	(0.04)
	服务业产品	0.55	0.56	0.01		服务业产品	0.52	0.60	0.08
比利时	农产品	0.19	0.17	(0.02)	墨西哥	农产品	0.26	0.27	0.01
	工业产品	0.36	0.35	(0.01)		工业产品	0.30	0.23	(0.07)
	服务业产品	0.46	0.49	0.03		服务业产品	0.44	0.50	0.06
捷克	农产品	0.28	0.24	(0.04)	荷兰	农产品	0.16	0.15	(0.01)
	工业产品	0.32	0.35	0.03		工业产品	0.35	0.35	0.00
	服务业产品	0.40	0.41	0.01		服务业产品	0.49	0.50	0.01
丹麦	农产品	0.18	0.15	(0.03)	挪威	农产品	0.21	0.18	(0.03)
	工业产品	0.37	0.39	0.02		工业产品	0.34	0.33	(0.01)
	服务业产品	0.45	0.46	0.01		服务业产品	0.45	0.50	0.05
芬兰	农产品	0.22	0.17	(0.05)	波兰	农产品	0.38	0.25	(0.13)
	工业产品	0.34	0.37	0.03		工业产品	0.30	0.33	0.03
	服务业产品	0.45	0.46	0.01		服务业产品	0.32	0.42	0.10
法国	农产品	0.18	0.17	(0.01)	葡萄牙	农产品	0.22	0.20	(0.02)
	工业产品	0.35	0.35	(0.00)		工业产品	0.27	0.27	(0.00)
	服务业产品	0.47	0.48	0.01		服务业产品	0.51	0.53	0.02

国家	消费产品	1995 年	2011 年	差值	国家	消费产品	1995 年	2011 年	差值
德国	农产品	0.16	0.15	(0.01)	西班牙	农产品	0.20	0.17	(0.03)
	工业产品	0.37	0.35	(0.02)		工业产品	0.27	0.30	0.03
	服务业产品	0.47	0.50	0.03		服务业产品	0.53	0.53	(0.00)
匈牙利	农产品	0.30	0.24	(0.06)	瑞典	农产品	0.19	0.16	(0.03)
	工业产品	0.28	0.29	0.01		工业产品	0.39	0.37	(0.02)
	服务业产品	0.42	0.46	0.04		服务业产品	0.42	0.47	0.05
冰岛	农产品	0.22	0.19	(0.03)	英国	农产品	0.15	0.13	(0.02)
	工业产品	0.33	0.34	0.01		工业产品	0.30	0.35	0.05
	服务业产品	0.45	0.48	0.03		服务业产品	0.54	0.52	(0.02)
爱尔兰	农产品	0.22	0.16	(0.06)	美国	农产品	0.10	0.09	(0.01)
	工业产品	0.30	0.31	0.01		工业产品	0.29	0.26	(0.03)
	服务业产品	0.48	0.53	0.05		服务业产品	0.61	0.65	0.04
意大利	农产品	0.19	0.17	(0.02)	平均	农产品	—	—	(0.03)
	工业产品	0.36	0.37	0.01		工业产品	—	—	0.00
	服务业产品	0.45	0.46	0.01		服务业产品	—	—	0.03

注:加括号表示 2011 年比 1995 年下降的幅度(即为负增长)。
资料来源:OECD 数据库(2013)。

3.3.5　简要结论

(1)从统计数据来看,我国城乡居民的消费行为在消费结构上的变化基本上一致。在过去十多年间,我国居民在消费结构上基本呈现出农产品消费下降,服务业产品消费上升,工业产品消费基本不变或略有下降的趋势。城乡居民消费结构的短期变化波动都比较小,但是长期的变化波动则比较大,这表明居民消费结构对于短期经济政策并不敏感,而长期经济政策相对较为有效。在 1995—2011 年城乡的消费结构比较上看,城乡居民在消费结构上体现出了趋同性,而且随着时间推移,城乡居民在消费结构上的差异不断减小。可见,未来城乡居民消费行为在结构上应该是相同的。因此,随着城市化和城乡一体化的推进,未来对消费结构的研究应当可以不必区分城乡之间的差别。

(2)通过国际比较可知,农产品消费占比下降,工业产品消费保持不变,服务业产品消费上升是世界大多数国家和地区发展的普遍规律。我国的发展实践也基本符合这种规律。而我国居民结构在1995—2011年的变动速度远高于世界一般水平,可以基本认为这是我国这一时期的经济增长远快于世界平均水平带来的结果。因此,如果进一步增加我国居民收入,我国居民在消费结构上的快速升级是可以预见的。

4 消费拉动增长的传导机制:理论分析

笔者试图从理论史与理论模型的视角,构建一个有助于刻画消费拉动经济增长的传导机制,以及一个中长期经济增长的消费—增长模型,来分析消费拉动经济增长的传导途径。这对进一步理解经济增长的过程有着重要意义。

4.1 消费拉动经济增长的途径分析

当前,主流经济学中的增长理论主要属于宏观理论,而消费理论主要属于微观理论,消费没有被纳入长期增长因素中;而在短期增长因素中消费被作为"三驾马车"之一,但仅限于短期。基于人的欲望是无限的,增长理论大多把消费视为充足的,消费作为增长的动力,取之不尽、用之不竭。在这个假设下,需要考虑的就是那些增长的短板,包括土地、资本、管理等。形象的比喻是,消费就是增长的空气,在空气并不稀缺的时候,人们感受不到空气的重要性;而当空气稀薄时,人们才意识到空气的重要性。从理论上看,消费拉动经济增长可以有以下三种途径。

4.1.1 总量视角:消费释放—人力资本—经济增长

内生增长理论强调技术创新的重要性,认为技术创新带来的劳动生产率提高是长期经济增长的重要原因。但这一逻辑的前提是要有人力资本的积累,而人力资本的积累则离不开消费,没有消费就没有人力资本。

(1)消费是人力资本简单再生产与扩大再生产的基本途径。消费不仅是衣、食、住、行、用等方面的活动,更是维系人力资本简单再生产与扩大再生产最为重要的保障。从这个角度看,消费可以分为两个层次。

①以衣、食为主要构成的生存型消费。主要用于弥补劳动损耗,实现劳动的简单再生产;同时,家庭消费活动又保障了人力资本在数量上的扩大再生产。

②以公共服务为主要构成的发展型消费。主要用于促进人力资本的知识更新,以及身体素质、专业素质等综合素质的提高。例如,教育作为一种学习活动,不但保持了人力资本的简单再生产,而且促进了人力资本的扩大再生产(吸收新的知识、形成创新能力等),提升了代际间的人力资本存量。即便在劳动力总量不变甚至有所下降的情况下,单个劳动者人力资本的改善,意味着有效劳动要素规模在扩大,并带来增长效应。这就是由"人口红利"向"人才红利"的转变。

(2)消费改善人的可行能力。人的可行能力是指实现各种可能的功能性活动组合,包括吃、穿、住、行、读书、社会参与等。从经济社会生活实践看,可行能力是一个人可选择自由空间的大小,其中最重要的就是消费选择空间的大小。缺乏消费能力或者消费无法得到有效满足,将直接制约个体可行能力的改善。例如,教育资源短缺与健康不佳直接制约了个体的技能,使劳动者有可能陷入"收入水平低→人力资本投资不足→谋生能力差→收入水平低"的恶性循环。

(3)消费需求促进了市场分工的细化和深化,形成了增长的强大动力。分工的前提是市场规模的扩大,而市场规模可以从两个维度衡量:①市场规模,即消费者的数量;②市场深度,即消费者的需求。消费规模的扩张都是消费者规模与消费需求扩大的共同结果。这意味着市场可以形成更多更细的分工,由此促进生产效率的提高,引导厂商投资行为。卢卡斯(1997)提过一个问题,为什么资本不从富国流向穷国?[①] 这个方面有不少解释,本书认为,穷国的市场需求有限,考虑到治理质量,资本在穷国很难获得超过在富国投资的回报。也就是说,实质上一个经济体的消费需求规模决定了投资回报水平,消费是增长的动力,投资、技术创新则是增长的派生动力。

4.1.2 结构视角:消费释放—经济结构—经济增长

从实践看,经济增长往往伴随着结构变化。Pasinetti(1983)[②]分析了结构变化带来经济增长的传导机制。他认为,不同部门间的需求扩张速度与生产率提高速度并不必然相同,引发了资本和劳动等要素在不同部门间的转移。市场需求不大(或者增长较慢)的部门就业机会减少和生产增长速度放慢,原有资源将逐步转移到市场需求大(或者增长较快)的部门。资源配置的结构性调整带来国民经济的增长效应。

(1)消费需求结构变化引发产业结构变动。从微观上看,一个家庭的收入越低,用于食物的支出占比就越大。从宏观上看,一个经济体越穷,其国民的人均收入用于食物支出的占比也越大。随着收入水平的提升,食物支出占比将会下降,带来产业结构调整的动力。也就是说,揭示消费需求结构变化的恩格尔定律解释了揭示产业结构变动的配第—克拉克定理。

(2)产业结构变化带来新的投资需求。投资不是最终需求,而是引致需求或者派生需求。厂商对生产要素的需求不是直接需求,而是间接需求,对一种生产要素的需求(投资)来自(派生自)对产品的需求。在市场竞争中,厂商能否获利,取决于生产和出售的产品能否满足消费者需求。如果消费者对这一产品的需求减少甚至消失,投资需求必将减弱甚至消

---

① 卢卡斯.为何资本不从富国流向穷国[M].南京:江苏人民出版社,2005.

② Luigil, Pasinetti. Structural Change and Economic Growth[M]. Cambridge:Cambridge University Press, 1983.

失,厂商有可能无法获得回报,甚至可能亏损破产。例如,当前的胶片技术远胜于10年前,但在数码革命后,除了个别特定领域还需要胶片外,社会对胶片的需求急剧消失。胶片市场规模极度萎缩,包括柯达等在内的胶片生产商要么破产,要么转产其他产品。

(3)消费释放—交易成本—经济增长。科斯提出交易成本概念后,交易成本在增长中的作用得到了充分的研究。人们意识到,市场中的专业化和分工并不是免费午餐,而需要付出大量的信息搜寻、发布、讨价还价、谈判、签约、监督、合约执行等一系列成本。当前研究降低交易成本的问题,基本上是从生产者角度出发,鲜有从消费者角度进行研究的。这在成熟的市场经济国家有其合理性,但对于转型国家来说,从计划经济向市场经济的转型本身就会带来巨大的转型成本,加上其市场本身尚未完善,客观上加大了交易成本。市场主体从服从计划到服务市场的转变,本质上就是从投资主导向消费主导的转变。正是在消费的有效释放中,交易成本不断下降,经济开始起飞并增长。

①消费的有效释放是投资的"明灯",减少了企业的信息搜寻成本。企业做出投资决策,基本出发点是市场需求,尤其是消费需求。只有盯住消费需求的变化,企业才能相对低成本地判断投资是否过多。尽管现代经济复杂度明显提高,但并不改变这一基本行为逻辑。而在投资主导时期,尤其是计划经济时期,投资的"明灯"并不清晰——既有信息因素,也有激励因素。缺乏市场需求或者市场需求导向作用不明显的投资主导,其交易成本将会剧增。

②消费有效释放促进专业化分工。专业化分工的实质是提高同一产品不同生产环节的生产效率,决定专业化程度的因素主要是市场需求规模。一般来说,消费需求越大的市场,分工收益越大,分工程度越高;消费需求越小的市场,分工程度也越低。从实践来看,新兴产业大都率先在消费大国出现。因此,消费决定分工,分工决定增长,形成了一个有效的循环链。

4.1.3　社会角度:消费释放—社会公平—经济增长

在现有的经济理论中,消费促进经济增长的另一条路径往往被忽略。这就是消费释放带来社会公平,而社会公平形成了经济增长的内生动力。

(1)消费释放带来社会公平。如果消费需求得到释放,不同的社会群体都会获得福利改善,但相对来说中低收入群体的社会福利改善程度更高,由此使社会公平程度得到有效提高。一个经济体的恩格尔系数如果持续下降,意味着大部分人用于食品等基本支出的比例不断下降;不同群体之间恩格尔系数差距的缩小,也表明经济发展成果公平享受程度的提高。电视机、录像机、家用计算机、手机、旅游、戏剧、音乐等,以前只有中上收入阶层能消费。随着消费规模不断扩大,结构不断升级,它们早已成为大众的普通消费品。也就是说,过去被视为奢侈品的商品开始成为生活必需品,不同群体之间生活水平的差距明显缩小。

(2)消费需求释放带来的社会公平成为经济增长的重要动力。效率与公平并不是相互对立的,而是相互促进的。社会公平不仅能够有效提高潜在增长率,还能有效提高增长效率。北欧等国家的经验则表明,社会公平是提高效率的重要因素,也是可持续增长的基本要素。所有的经济、社会不公平,包括收入差距、财富差距等,最终都将综合地表现在消费差距的扩大方面。消费差距形成了发展能力的差距,扩大了发展起点的不公平。扩大消费,不仅是扩大消费规模、促进消费升级,而且也包括缩小消费差距、推进消费公平,实现社会公平,由此为长期增长奠定重要基础。

(3)缩小消费不公平有助于经济增长。消费公平是一切公平的最终形式。马克思消费公平的思想,引起了人们越来越多的关注。刘尚希(2011)①认为,经济循环的起点与市场参与者的能力直接相关,市场是否公平在很大程度上取决于消费是否公平。作为起点的消费公平有两个关键要素:①上一轮循环的结果,即收入与财产差距。对于新一轮经济循环

---

① 刘尚希.消费公平决定社会公平[N].中国社会科学报,2011-03-29.

来说,这是既定历史条件,无法选择和更改。②政府对起点的干预,即通过提供公共消费来改变消费差距,使那些由于收入过低而基本消费无法得到满足的群体也能获得基本生存条件和基本发展能力,缩小"没钱消费"的能力鸿沟。陈志武(2014)①指出,"财富分配甚至收入分配本身都不是问题关键,更为关键的是消费分配……消费差距失控会直接影响到社会稳定、政治稳定"。例如,20世纪初,福特就为工人工作一天8小时支付5美元薪酬,几乎是普通工厂工人薪酬的3倍。这使工人有能力购买福特生产的汽车,实际上缩小了工人与资本家的消费差距。福特深知,现代市场经济的核心建立在消费上,工人作为生产者同时也是消费者,他们用工资收入来购买其他工人生产的产品和提供的服务。如果工人工资不高、收入低下、消费不足,经济增长就难以持续。因此,缩小群体间的消费不公平,将成为经济增长的重要保障。

4.2 消费—增长的 CD-CG 模型

4.2.1 引入消费的 CD-CG 模型

古典与新古典增长模型假定消费需求是既定的,增长模型中没有消费因素。在凯恩斯理论中,消费、投资、进出口构成经济增长的"三驾马车",消费与投资之间此消彼长。尽管凯恩斯高度重视对消费不足引发经济危机的分析,但没有建立起消费带动经济增长的微观基础,其"拉卡托斯硬核"仍源于古典与新古典理论中强调投资作用的思想。本书力图在柯布—道格拉斯模型中引入消费因素,构建 CD-CG 模型。

(1)基本前提。消费是维系劳动力简单再生产、促进人力资本积累的基本途径。没有消费就不可能形成人力资本积累。人力资本的积累直接

---

① 陈志武.21世纪的资本为何不同[J].财经,2014(23).

扩大了劳动的总量与质量,由此带来了经济的增长。

(2)消费与劳动的简单、扩大再生产。假设资本和劳动两种要素可变,土地要素不变。为了保持经济持续增长,社会产品首先需要弥补当年的资本消耗与劳动损耗,以维持简单再生产;其次是追加资本与劳动投入以扩大再生产。资本的新增主要通过扩大投资规模来实现,劳动的新增则主要通过消费来实现。根据消费需求结构变化理论(迟福林,2009)[①],可以把居民消费分成两个层次:①生存型消费,即以衣、食等满足温饱需求为主的消费,主要用于弥补劳动的损耗,实现劳动的简单再生产;②发展型消费,即以教育、医疗、文化等促进人的发展为主的消费,主要用于扩大劳动者的人力资本积累。在劳动力总量不变的情况下,单个劳动者人力资本的不断提高,意味着劳动要素在进行着扩大再生产。一般来说,发展型消费占比越高,意味着劳动的扩大再生产越快,人力资本积累在提速。

在 C-D 模型中,资本要素只包括机器、工具、设备和建筑等投资,劳动要素只反映劳动力的规模。本书把劳动要素拓展为携带人力资本的有效劳动要素,进而把消费引入函数中。

基于消费与劳动的简单扩大再生产的假说,在拓展的 $Y=K^\alpha L^\beta$ 中,消费在两个方面促进了经济增长:① 携带人力资本的 L 总量通过消费,使发展型消费不断扩张;② 通过人力资本的积累,劳动力产出的弹性系数 α 也将得到提高。

(3)模型构建。本书受周文兴和陈雅男(2006)[②]构建的模型的启发,构建了消费拉动经济增长的一般模型。

假设 1:拓展 C-D 函数为

$$Y=K^\alpha L^\beta \tag{4.1}$$

① 迟福林.第二次改革——中国未来 30 年的强国之路[M].北京:中国经济出版社,2009:5—7.

② 周文兴,陈雅男.将消费看成是人力资本积累的一个来源及其意义——一个动态经济增长模型和基于中国数据的实证检验[J].财经科学,2006(7):48—56.

假设技术进步 A 被内化在 L 中,体现为人力资本的增长。本模型为劳动增进型(即哈罗德中性假设),技术进步的作用主要体现在劳动效率的提高上,技术进步后同样规模的劳动带来的产出相当于过去的 $A(t)$ 倍。

需要说明的是,技术进步影响经济增长的途径并不仅仅是通过劳动(即哈罗德中性假设),它也有可能通过资本边际产量的提高(即索洛中性假定),也有可能同时带来劳动与资本边际产量的改善,从而使 L/K 有可能保持不变(即希克斯中性假设)。本书在此只分析技术进步对劳动的影响。

假设 2:劳动是消费的函数,即

$$L_t = C_t^\pi \qquad\qquad (4.2)$$

其中,π 表示消费带来的人力资本的积累效果,其越趋近 0,表明消费带来的人力资本积累效果越弱,消费基本上用于劳动的简单再生产;越趋近1,表明消费带来的人力资本积累效果越强,消费主要用于劳动的扩大再生产。

资本的投入为预期投入,即 $K_t^E = K_{t+1}$;将式(4.2)代入式(4.1)可得到预期产出,即

$$Y_t^E = (K_{t+1})^\alpha (C_t^\pi)^\beta = K_{t+1}^\alpha C_t^{\pi\beta} \qquad\qquad (4.3)$$

实际产出为

$$Y_t = F(K_t) \qquad\qquad (4.4)$$

假设 3:从长期看,预期产出将与实际产出不断趋近,即

$$F(K_t) = K_{t+1}^\alpha C_t^{\pi\beta} \qquad\qquad (4.5)$$

对式(4.5)取对数,可得

$$\ln F(K_t) = \alpha \ln K_{t+1} + \pi\beta \ln C_t \qquad\qquad (4.6)$$

式(4.6)可改用简洁形式表述如下:

$$f(k_t) = \alpha k_{t+1} + \pi\beta c_t \qquad\qquad (4.7)$$

即 $f(k_t) = \ln F(K_t)$;$k_{t+1} = \ln K_{t+1}$;$c_t = \ln C_t$ $\qquad\qquad$ (4.8)

假设 4:消费者效用最优函数是 $U(c_t)$,$U'(c_t) > 0$ 和 $U''(c_t) < 0$。

消费者对消费与储蓄的贴现因子为 φ,且 $0<\varphi<1$。φ 越高,表明消费者更倾向于把收入用于储蓄,进而增加可用于投资的资本规模;φ 越低,表明消费者更倾向于将收入用于消费,人力资本积累的速度就越快。因此,可把 φ 解释为消费者将收入分配在投资与消费之间的系数。

进一步分解贴现因子 φ,即 $\varphi=\dfrac{1}{1+i}$,i 为预期投资收益率。这表明,预期投资收益率 i 直接决定了 φ 的大小:i 越大,φ 就越小。

基于消费者效用函数,构建消费者长期效应最大化的公式,即

$$\max k_{t=1} \sum_{t=0}^{\infty} \varphi^t U(c_t) \tag{4.9}$$

式(4.9)亦可改写为

$$U=\varphi^o u(c_t)+\varphi^1 u(c_{t+1})+\Lambda\Lambda+\varphi^n u(c_n) \tag{4.10}$$

其中 c_t 根据式(4.7)变形而来,即

$$c_t=\frac{f(k_t)-\alpha k_{t+1}}{\beta\pi} \tag{4.11}$$

式(4.10)中投资对效用的一阶导数为

$$\frac{dU}{dk_{t+1}}=\frac{u'c_t(-\alpha)}{\pi\beta}+\frac{\varphi u'c_{t+1} f'k_{t+1}}{\pi\beta}=0 \tag{4.12}$$

从长期均衡的增长路径看,$c_{t+1}=c_t=c^*$;$k_{t+1}=k_t=k^*$;代入式(4.12)可得

$$f'(k^*)=\frac{\alpha}{\varphi} \tag{4.13}$$

即

$$\frac{\Delta y}{\Delta k}=\frac{\alpha}{\varphi}=\alpha(1+i) \tag{4.14}$$

进一步利用式(4.7),把该式的当期与滞后一期相减,可得

$$\Delta y=\beta\pi\Delta c+\alpha\Delta k \tag{4.15}$$

把式(4.14)代入式(4.15),得到消费与增长的函数:

$$\Delta y=\left[\frac{\pi\beta}{1-\varphi}\right]\Delta c \text{ 或} \frac{dY}{dC}=\left[\frac{\pi\beta}{1-\varphi}\right]\frac{Y^*}{C^*}=\pi\beta\left(1+\frac{1}{i}\right)\frac{Y^*}{C^*} \tag{4.16}$$

式(4.16)表明了消费的边际产出效应。

(4)模型结论。从模型分析可以得出以下几点基本结论:

①式(4.14)说明,长期增长中,资本边际回报将向某一常数收敛。这表明资本促进增长的过程将是收敛的过程,并非资本投入越多越好;式(4.16)表明,消费拉动经济增长的效果,主要受三个因素影响,分别为劳动产出弹性(β)、发展型消费比重(π)和投资预期收益率(i)。

②劳动产出弹性β越大,消费带来的增长效应也越大。影响β的因素主要是单个劳动者的人力资本积累水平。单个劳动者所拥有的人力资本越多,劳动产出弹性就越大,进而消费的增长效应就越强。

③发展型消费比重(π)越高,消费的增长效应越强。这表明,消费结构中生存型消费比重越低,发展型消费比重越高,消费的增长效应就越明显。因此,教育、医疗、社会保障等公共服务体系的不断完善,居民消费结构的不断升级将有助于扩大消费的增长效应。

④投资预期收益率(i)影响消费需求的增长效应,主要途径是改变储蓄与投资关系。预期投资收益越高,社会总产品中用于储蓄的比重就越多,用于消费的比重就越少,消费需求对经济增长的带动作用就小;反之则反是。

4.2.2 CD-CG 模型的进一步拓展

式(4.16)衡量了消费需求的增长效应,要进一步得到消费率变化对产出变化的影响,需要对消费—增长模型做进一步的推演。

(1)模型的补充假设

假设 5:个人在产出中用于投资和消费的比例为

$$Y = C + I \tag{4.17}$$

居民可支配收入用于消费的占比为θ,即居民收入在消费与投资间的分配比例为

$$C = \theta Y \tag{4.18}$$

假设 6:实物资本的净增长为投资减去折旧,即

$$\dot{K} = I - \delta Y \tag{4.19}$$

假设 7:对个人而言,消费水平不能超过其拥有的全部存量财富及产出之和,因此预算约束为

$$C \leqslant Y + K \tag{4.20}$$

(2)模型推演

对式(4.1)取对数可得

$$\ln Y = \alpha \ln K + \beta \ln L \tag{4.21}$$

将式(4.2)代入式(4.7)得

$$\ln Y = \alpha \ln K + \pi \beta \ln C \tag{4.22}$$

将式(4.18)代入式(4.20),整理得

$$\frac{1-\theta}{\theta} \cdot C + K \geqslant 0 \tag{4.23}$$

以式(4.23)为约束条件,求式(4.22)中 $\ln Y$ 的极值,利用拉格朗日乘数得

$$\ln Y = \alpha \ln K + \pi \beta \ln C + \lambda \left[\frac{1-\theta}{\theta} \cdot C + K \right] \tag{4.24}$$

分别对 K、C 求导得

$$\frac{\alpha}{K} + \lambda = 0 \text{ 和 } \frac{\beta \pi}{C} + \lambda \cdot \frac{1-\theta}{\theta} = 0 \tag{4.25}$$

解得

$$K = \frac{\alpha(1-\theta)}{\pi \beta \theta} \cdot C \tag{4.26}$$

对式(4.22)求对时间的导数得

$$\frac{\dot{Y}}{Y} = \alpha \cdot \frac{\frac{1-\theta}{\theta} \cdot C}{\left[\frac{\alpha(1-\theta)}{\pi} \right]} + \beta \pi \frac{\dot{C}}{C} \tag{4.27}$$

将式(4.17)、式(4.18)代入式(4.19)得

$$\dot{K} = \frac{1-\theta}{\theta} \cdot C - \delta K \tag{4.28}$$

对式(4.18)求对时间的导数得

$$\dot{C}=\dot{\theta}Y+\dot{Y}\theta \qquad (4.29)$$

将式(4.18)、式(4.26)、式(4.28)和式(4.29)代入式(4.27)并化简可得

$$\frac{\dot{Y}}{Y}=\frac{\pi\beta-\alpha\delta}{1-\pi\beta}+\frac{\pi\beta}{1-\pi\beta}\cdot\frac{\dot{\theta}}{\theta} \qquad (4.30)$$

令常数项$\frac{\pi\beta-\alpha\delta}{1-\pi\beta}=\varphi$。

从模型假设可知,α、β、δ、π均为(0,1)的常数。

(3)模型结论。模型清晰地表明了产出增长与消费率之间的逻辑关系。具体而言:

①模型有常数项φ,这可视为经济自然增长率。经济自然增长率主要由两个因素决定:一是α、β、δ,均由技术因素决定。这表明,在中长期内经济自然增长率与技术进步有直接关系;这也符合内生经济增长理论的判断。二是发展型消费比重π。π表明消费C对于劳动资本L的积累效应。π越大,常数项φ越大。这表明,保持其他因素不变,城乡居民消费结构升级将提高经济的自然增长率。

②模型系数$\frac{\pi\beta}{1-\pi\beta}$衡量了消费率变化时产出的变化情况,这个系数由$\beta$和$\pi$决定。$\beta$和$\pi$越大,模型系数越大,表明消费率变化对产出变化的影响也越大。

4.3　消费—增长的结构模型

传统的经济增长模型假设,经济增长主要是生产要素扩张式的增长。然而,生产要素扩张式的增长并不是推动经济增长的唯一因素。除了技术进步带来的内生增长效果外,经济结构的调整以及由此形成的生产要

素优化配置和使用，也是经济增长的重要因素。本章力图通过对经济增长的结构性动力的描述，分析消费通过结构升级拉动经济结构调整并推动经济增长的微观路径。

4.3.1 模型假设

模型分析的基本前提是，消费结构是产业结构升级的重要推动力。随着产业结构的升级，资本等经济要素的使用和配置将趋于优化，并带来经济产出的提高。消费结构决定了经济的产出结构，而经济的产出结构通过产业链传导，最终影响整个经济的产业结构，产业结构又决定了资本的配置结构。因此，在同样的要素规模条件下，消费结构的变化将带来不同的产出规模。

根据分工理论，结构要素对于经济增长最主要的影响途径在于分工。消费结构的升级和消费规模的扩大，将带来更大规模的消费市场，这意味着分工的深化，从而使技术创新以及生产多样化成为可能。因此，从结构角度分析消费—增长，是一条可以进一步探索的路径。

分析起点是资本扩张型的生产函数，即 $Y = K^\alpha$。这一函数形式表明生产产出仅由资本总量决定，并具有资本增长效应的边际递减特征。根据 D-S 垄断竞争框架（Dixit and Stiglitz, 1977）[1]，可以将资本要素的投入模型，扩展成多部门、多产业的垄断竞争形式。在多产业下，总生产函数将变为 $Y = \int_0^n K_i^\alpha di$，其中 n 代表产业数量，即经济的分工程度。由于生产函数具有边际递减的特征，分工的深化将显著提高资本的利用效率，并提高总生产水平。因此，经济增长将通过资本扩张之外的结构优化路径得到实现。

---

① Dixit A K, Stiglitz J E. Monopolistic Competition and Optimum Product Diversity[J]. American Economic Review, 1977:297—308.

本章参考了 Krugman(1991)[①],Forsild 和 Ottavaino(2003)[②]以及 Demidova(2008)[③]的模型,尝试构建消费拉动经济增长的结构路径。

假设 1:工业产品的生产函数为

$$Y_i = K_i^\alpha \tag{4.31}$$

其中,i 代表第 i 个行业,各个行业生产一种各不相同的产品。在每个行业中,产量均具有随着资本的增长而增长并且边际效应递减的特征。其中,$\alpha \in (0,1)$。

假设 2:农业产品的生产固定值为 Y_A,因此,总的实物产出水平为 $Y = Y_A + Y_M$,$Y_M = \int_0^n Y_i di$。n 代表行业的总量。假设农产品的价格为固定值 p_A。

为简化模型,本章假设农业产出是固定值。锚定了农产品的价格,就限制了货币扩张对名义产出的影响,使得名义产出必须与真实产出挂钩。这就将工业品的绝对价格转变为工业品相对于农产品的相对价格。

假设 3:居民的消费效用函数为

$$U = C_A^{1-\mu} C_M^\mu, C_M = \left(\int_0^n C_i^\rho di \right)^{\frac{1}{\rho}} \tag{4.32}$$

代表性消费者具有双重效用。对于工业品和农业品消费的居民消费效用函数采用 C-D 函数形式。由于工业品是差异化的,工业品消费实质上是差异化的工业产品消费组合,其效用函数可以表述为不变替代弹性(CES)的效用函数。

其中,C_M 和 C_A 分别代表居民的工业品消费组合和农业品的消费量,μ 代表居民工业品消费支出比例,ρ 代表消费者多样化的偏好强度。ρ 越趋近于 1,多样性偏好的强度越弱;ρ 越接近于 0,对多样性的偏好越

---

① Krugman P. Increasing Returns and Economic Geography[J]. Journal of Political E-conomy,1991(3):483—499.

② Forsild R,Ottavaino G I P. An Analytically Solvable Core-pariphery Model[J]. Journal of Economic Geography,2003(3):229—240.

③ Demidova,Svetlana. Productivity Improvements and Falling Trade Costs:Boon or Bane? [J]. International Economic Review,2008(49):1437—1462.

强。ρ 与 CES 效用函数中的消费者替代弹性 σ 有如下关系，即 $\rho = \sigma - 1/\sigma$。μ、$\rho \in (0,1)$。

假设 4：行业利润函数为

$$\pi_i = P_i C_i - r C_i^{\frac{1}{\rho}} - F \tag{4.33}$$

其中，r 代表企业雇佣资本必须支付的利息，$r C_i^{\frac{1}{\rho}} = r K_i$ 是可变成本，F 代表固定成本，是一个常数。$P_i C_i$ 即该种产品的市场总量：一个行业必须拥有一定的市场规模及产量，才可以弥补固定成本，并有可能获得利润。换言之，分工程度和行业数量是由利润决定的，而利润是由市场规模决定的。由于固定成本的存在，行业不能无限分工，进一步分工的条件是拥有足够的市场。

假设 5：产能完全出清，因此总购买力 E 等于总货币化的产出。即

$$E = p_A C_A + \int_0^n P_i C_i di \tag{4.34}$$

上述模型仅考虑封闭的静态的经济，不考虑进出口，也不考虑产能的储存和过剩，因此总产出等于总需求。经济体通过市场均衡价格，对产出和需求进行控制，以保持这种平衡。

假设 6：资本的存量不变，即 $K_0 = \int_0^n K_i di$。资本市场的利率 r 为外生变量。

由于模型不考虑资本扩张的经济增长方式，因此模型假设总资本存量 K_0 是一个常数。对于企业而言，假设其在同一个资本市场雇佣资本，因此资本价格相同。同时假设居民的投资完全理性，长期利息率仅受到居民对远期回报的偏好影响，因而是外生变量。

4.3.2 模型推导

根据式（4.32）和式（4.34），有：

$$\min \int_0^n P_i C_i di$$
$$\text{s.t. } C_M = \left(\int_0^n C_i^{\rho} di \right)^{\frac{1}{\rho}} \tag{4.35}$$

构建拉格朗日函数：

$$\Gamma = \int_0^n P_i C_i di - \lambda \left[\left(\int_0^n C_i^\rho di \right)^{\frac{1}{\rho}} - C_M \right] \tag{4.36}$$

并对 C_i 求导，令其等于零，可得消费者对于第 i 种商品的消费决策：

$$p_i = \lambda C_M^{1-\rho} C_i^{\rho-1} \tag{4.37}$$

同理，可以计算消费者对于第 j 种商品的消费决策：

$$p_j = \lambda C_M^{1-\rho} C_j^{\rho-1} \tag{4.38}$$

将式(4.37)、式(4.38)联立，消去 λ 项，可以得到消费者对于不同消费品的消费量与其价格的关系：

$$\frac{p_i}{p_j} = \left(\frac{C_i}{C_j} \right)^{\rho-1} \tag{4.39}$$

将式(4.39)代入消费品组合函数 C_M 中，可得

$$C_M = \frac{\left(\int_0^n P^{\frac{\rho}{\rho-1}} di \right)^{\frac{1}{\rho}} C_j}{P^{\frac{1}{\rho-1}}} \tag{4.40}$$

进一步化简，可得

$$C_j = \frac{P^{\frac{1}{\rho-1}} C_M}{\left(\int_0^n P^{\frac{\rho}{\rho-1}} di \right)^{\frac{1}{\rho}}} \tag{4.41}$$

式(4.41)中，C_M 是一个常数。由于企业总数量很大，在D-S框架下，单一企业的价格变化对价格体系的影响是微小的，因而这里的分母也可以认为是一个常数。从式(4.41)中可以看出居民对某种消费品的需求和价格的关系。将 j 改写成 i，即为居民对于第 i 种商品的消费决策：

$$C_i = \frac{P^{\frac{1}{\rho-1}} C_M}{\left(\int_0^{n+n^*} P^{\frac{\rho}{\rho-1}} di \right)^{\frac{1}{\rho}}} \tag{4.42}$$

因此有

$$\int_0^n p_i C_i di = \left(\int_0^n P^{\frac{\rho}{\rho-1}} di \right)^{\frac{\rho-1}{\rho}} C_M \tag{4.43}$$

从式(4.43)中可以看出，居民购买工业消费品，可以视为购买某种

消费品组合,其价格为 $\left(\int_0^n P_i^{\frac{\rho}{\rho-1}} di\right)^{\frac{\rho-1}{\rho}}$,令 $\left(\int_0^n P_i^{\frac{\rho}{\rho-1}} di\right)^{\frac{\rho-1}{\rho}} = P_M$,代表工业消费品综合价格指数。

式(4.42)所示消费品需求函数可以简化为

$$C_i = \frac{P_i^{\frac{1}{\rho-1}} C_M}{P_M^{\frac{1}{\rho-1}}} \tag{4.44}$$

将 P_M 带入式(4.43),整理式(4.34)可得

$$E = p_A C_A + P_M C_M \tag{4.45}$$

进一步考虑工业品和农产品的综合效用,求解一定收入约束下的综合效用最大化函数,即

$$\max \quad U = C_A^{1-\mu} C_M^\mu$$
$$\text{s. t. } E = p_A C_A + P_M C_M \tag{4.46}$$

构建拉格朗日函数:

$$\Gamma = C_A^{1-\mu} C_M^\mu - \lambda(E - p_A C_A - P_M C_M) \tag{4.47}$$

分别对 C_A 和 C_M 求导,化简 λ,可得

$$\frac{p_A C_A}{P_M C_M} = \frac{1-\mu}{\mu} \tag{4.48}$$

代入式(4.45)得

$$p_A C_A = (1-\mu)E \, ; P_M C_M = \mu E \tag{4.49}$$

由式(4.49)可以看出,μ 代表了居民消费结构中工业品的消费比例,而 $1-\mu$ 代表居民消费中农产品的消费比例。将式(4.49)的后一个式子代入式(4.44),可得

$$C_i = \frac{P_i^{\frac{1}{\rho-1}} \mu E}{P_M^{\frac{\rho}{\rho-1}}} \tag{4.50}$$

进一步考虑企业的生产过程。企业在做出生产决策时,面对的市场需求函数为式(4.50)。其中,μE 代表经济体对于工业产品的总购买力,P_M 代表工业品的价格组合。对于单个企业的生产决策而言,两者可以

认为是常数。因此,令 $\dfrac{\mu E}{P_M^{\frac{\rho}{\rho-1}}} = k$,则式(4.50)变为

$$C_i = P_i^{\frac{1}{\rho-1}} k \qquad\qquad (4.51)$$

在式(4.51)表示的市场需求函数的条件下,求式(4.33)企业利润最大化的条件。构建拉格朗日函数:

$$\Gamma = P_i C_i - r C_i^{\frac{1}{a}} - F - \lambda (C_i - P_i^{\frac{1}{\rho-1}} k) \qquad\qquad (4.52)$$

分别对 P_i、C_i 求导,化简 λ 可得

$$C_i + \frac{k}{\rho-1} P_i^{\frac{1}{\rho-1}} - \frac{rk}{\alpha(\rho-1)} P_i^{\frac{2-\rho}{\rho-1}} C_i^{\frac{1-a}{a}} = 0 \qquad\qquad (4.53)$$

将式(4.51)代入式(4.53),化简可得

$$P_i = \left(\frac{\rho\alpha}{r} k^{\frac{1-a}{a}} \right)^{\frac{a|\rho-1|}{1-a\rho}} \qquad\qquad (4.54)$$

对于同一个市场上的企业而言,资本市场的利率 r 相等,面对的宏观市场环境 k 也是相等的,同时 α 和 ρ 也是常数。因此由上式可以看出,企业的生产价格是一个常数。同样,根据式(4.41)可以发现企业的生产产量也是一个常数,可以认为所有企业的生产策略是相同的。

在均衡条件下:

$$P_i C_i = \frac{P_M C_M}{n} = \frac{\mu E}{n} \qquad\qquad (4.55)$$

将式(4.55)代入式(4.33),则企业的利润方程为

$$\pi_i = \frac{\mu E}{n} - \frac{r K_0}{n} - F \qquad\qquad (4.56)$$

在 D-S 垄断竞争的框架下,尽管每个行业的企业均具有垄断地位,但是在行业外部存在潜在的进入者。为抵制这种潜在的进入者,企业的长期利润仍将趋于 0。因此令式(4.56)等于 0,整理得

$$n = \frac{\mu E - r K_0}{F} \qquad\qquad (4.57)$$

将式(4.49)的前一个式子代入式(4.57),可得

$$n = \frac{p_A C_A \left(\frac{\mu}{1-\mu}\right) - rK_0}{F} \tag{4.58}$$

由于均衡时各企业的生产策略相同,因此实物总生产规模为

$$Y = Y_A + n\left(\frac{K_0}{n}\right)^\alpha = Y_A + n^{1-\alpha}K_0^\alpha \tag{4.59}$$

从式(4.58)中可以看出,由于 C_A、p_A、K_0、F、r 都是常数,因此 μ 越大,n 就相应增大。换而言之,对农产品的消费需求比例下降,将改变工业生产的资本使用结构,提高工业生产的分工程度。

从(4.59)式中可以看出,随着工业生产的分工程度 n 的提高,即使不增加总资本存量 K_0,仍然可以通过资本使用结构优化促进总产出规模的扩张。由此可以看出,消费结构升级是扩大经济产出规模、拉动经济增长的有效手段。

4.3.3 模型验证

本章提出的假说是,居民消费结构的升级是经济增长的重要推动力。食品消费占比的下降将带来经济增长速度的提高。计量分析的目的是验证在其他条件不变时,消费结构与经济增长的关系。被解释变量为区域经济增长率,解释变量为消费结构。本章建立的基本计量模型如下:

$$Y_{it} = \alpha + B_1\mu_{it} + BX_{it} + C_i + C_t + \varepsilon_{it} \tag{4.60}$$

其中,i 表示省份;t 表示时间;C_i 为地区效应,用于控制省份的固定效应;C_t 为时间效应,是一个不受省份影响的变量,它解释了没有被包括在回归模型中的和时间有关的效应;ε_{it} 为随机扰动项,服从独立同分布;Y_{it} 代表第 i 个省在 t 年的经济增长率。同样,μ_{it} 代表第 i 个省在 t 年的消费结构,X 是所有控制变量的集合,具体包括:

THA:城乡收入差异的比值。

$SAVR$:储蓄率,即资本形成率。

$PINR$:人口自然增长率。

$LARA$:劳动人口占比,用于衡量人口结构带来的经济增长差异。

CPI:消费者价格指数。

$EDUH$:受过大专以上教育的人口占总人口比重。

$FSGP$:地方政府一般预算支出占地区 GDP 比重。

分析对象是我国 31 个省(区、市)2005—2012 年的消费结构、城乡收入差距、经济增长率及其他经济发展状况。由于数据缺失,2010 年的劳动人口占比和受教育人口占比数据由前后两年取均值代替。其他数据均来自 2006—2013 年历年《中国统计年鉴》。上述变量的描述性统计见表 4.1。

表 4.1 各变量描述性统计

变量		均值	标准差	最大值	最小值
被解释变量	Y	1.1276	0.0222	1.2380	1.0540
解释变量	MU	0.5991	0.0523	0.6892	0.3628
控制变量	THA	0.3384	0.0615	0.4845	0.2177
	$SAVR$	0.5758	0.1349	1.1140	0.3330
	$PINR$	5.4680	2.7266	11.7800	−0.3900
	$LARA$	0.7344	0.0381	0.8385	0.6346
	CPI	1.0320	0.0225	1.1010	0.9770
	$EDUH$	0.0869	0.0580	0.3735	0.0089
	$FSGP$	0.2220	0.1677	1.2914	0.0798

基于不同方程的双向固定效应模型(two-way fixed-effect model),控制了省份效应和时间效应,表 4.2 得出了测算结果。豪斯曼检验(Hausman test)结果显示在表 4.2 底部,检验拒绝了随机效应模型的零假设,表明双向固定效应模型可以成立。

表 4.2 双向固定效应估计结果

	(1)	(2)	(3)	(4)	(5)	(6)
MU	0.171	0.119	0.124	0.122	0.150	0.150
	(0.072)**	(0.072)*	(0.073)*	(0.073)*	(0.072)**	(0.073)**
THA	0.228	0.200	0.207	0.207	0.156	0.157
	(0.089)**	(0.087)**	(0.087)**	(0.088)**	(0.093)*	(0.094)*
SAVR		0.061	0.063	0.063		
		(0.018)***	(0.018)***	(0.019)***		
PINR			0.002	0.002		0.002
			(0.002)	(0.002)		(0.002)
LARA						−0.017
						(0.112)
CPI			0.003	0.004		−0.084
			(0.143)	(0.143)		(0.144)
EDUH				−0.022	−0.021	−0.031
				(0.091)	(0.091)	(0.093)
FSGP					0.060	0.066
					(0.025)**	(0.026)**
Constant	0.948	0.954	0.934	0.936	0.974	1.062
	(0.052)***	(0.051)***	(0.162)***	(0.162)***	(0.054)***	(0.179)***
Observations	248	248	248	248	248	248
Adjusted R^2	0.569	0.590	0.587	0.586	0.577	0.574
Hausman Test(P)	0.00	0.02	0.01	0.03	0.02	0.04

注:估计系数下方数字为标准差;*、**、***分别表示在10%、5%、1%的统计水平上显著。

表 4.2 的结果显示,B_1 在所有的计量模型中的符号都与预期相同,并且在统计结果上具有一定的显著性。这支持了本章的主要假设,即居民消费结构的升级将有效地提高经济的增长率。城乡收入差异、投资率以及政

府支出占 GDP 比重对于区域经济增长也具有显著的正效应,通胀率、人口增长、人口结构以及高等教育覆盖率等指标对区域经济增长的影响均不显著。值得注意的是,投资率和政府支出占 GDP 比重对于经济增长的影响系数比消费结构和城乡收入差异要小。从统计结果上看,投资率对经济增长的影响系数为 0.063,即 1% 的投资率增长可以带来 0.063% 的经济增长,而消费结构的影响系数为 0.122～0.124,城乡收入差异的影响系数为 0.207。同样,政府支出占比的影响系数为 0.060～0.066,而消费结构的影响系数为 0.150,城乡差异的影响系数为 0.156～0.157。

4.4 消费—增长的开放模型

前面分析的消费—增长没有考虑开放的因素。随着我国深度融入全球化进程,国际经济形势与经济格局对我国经济的影响越来越大。开放条件下是否要改变消费—增长的关系,需要得到进一步的分析。

4.4.1 封闭经济体的投资与增长

假设居民在 t 期的消费效用函数采用相对风险回避系数不变的形式,即 $U_t = \dfrac{C_t^{1-\theta}}{1-\theta}, 1 > \theta > 0$,该函数具有边际消费效用为正且递减的特征。$\theta$ 代表居民对于消费在不同时期的波动的敏感性,θ 越大,单位消费的波动对于效用减少的影响越大,因而越倾向于均衡各期消费。

假设居民在两个时期进行消费的安排,第一期是工作时期,第二期为退休时期,居民在工作时期储蓄,并在退休时期使用。因此,居民一生的效用函数为

$$U^w = \frac{[(1-s)E]^{1-\theta}}{1-\theta} + \frac{1}{(1+\rho)} \cdot \frac{[sE(1+r)]^{1-\theta}}{1-\theta} \quad (4.61)$$

其中,E 代表居民收入,r 代表利率,s 代表居民储蓄率,ρ 代表第二期居民

消费效用相对于第一期消费的贴现率,$\rho > 0$。ρ 越大,居民对退休后生活水平的估值相对于退休前生活水平的估值就越低。在居民收入外生的条件下考虑其储蓄率,将 U^W 对 s 求导,并令其等于 0,可以求出消费效用最大化下的利率与储蓄率的关系式:

$$s = \frac{(r+1)^{\frac{1-\theta}{\theta}}}{\left[(1+\rho)^{\frac{1}{\theta}} + (r+1)^{\frac{1-\theta}{\theta}} \right]} \tag{4.62}$$

式(4.62)即资本供给方程。

在生产部门,生产函数采用:

$$Y = K^\alpha L^{1-\alpha} \tag{4.63}$$

利用索洛模型,可以得到人均资本存量的变动方程:

$$\dot{k} = sk^\alpha - (\delta + n)k \tag{4.64}$$

在均衡条件下,式(4.64)收敛于 $\dot{k} = 0$;即 $sk^\alpha - (\delta + n)k = 0$。

此时有

$$s = (\delta + n)k^{1-\alpha} \tag{4.65}$$

其中,δ 为折旧率,n 为人口增长率,k 为人均资本存量。

另一方面,根据生产函数,企业的利润函数为

$$\Pi = K^\alpha L^{1-\alpha} - wL - rK - \delta K \tag{4.66}$$

式(4.66)即企业的产出分为劳动报酬、资本盈余和资本折旧三部分。将上式两边同时除以 L,可以得到人均利润函数为

$$\pi = k^\alpha - w - rk - \delta k \tag{4.67}$$

将利润函数对 k 求导,并令其等于零,可以得到利润最大化下的资本报酬函数:

$$r = \alpha k^{\alpha-1} - \delta \tag{4.68}$$

将式(4.68)代入索洛模型的收敛解,可以得到:

$$s = \frac{\alpha(\delta + n)}{(r + \delta)} \tag{4.69}$$

式(4.69)即资本需求方程。其中,储蓄率 s 取决于居民的储蓄行为 θ 和 ρ 的影响。进一步将资本供给和需求方程联立,可以求得均衡时的储

蓄率 s 和 θ、ρ 的关系。由于很难得到显式解,本章给出计算机模拟结果,如图 4.1 所示。

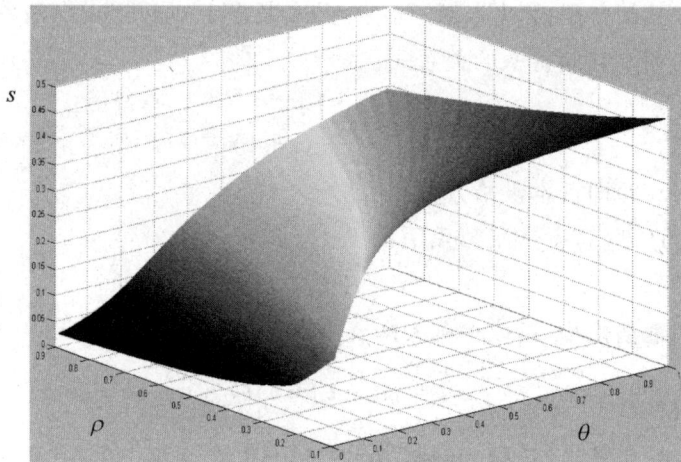

图 4.1　储蓄率均衡点的变动轨迹

注:$d=0.05$;$n=0.005$;$\alpha=0.4$。

从图 4.1 可以看到,储蓄率均衡点的移动轨迹随着 θ 的上升而上升,在其极限值 1 的附近,ρ 的上升带来了储蓄率的下降,在其极限值 0 附近,从整体上看,储蓄率不可能超过 0.5。

这一计算机模拟结果表明,在市场条件下,储蓄率不可能无限上升。在封闭的经济体系下,储蓄率上升将带来经济规模的扩张。然而,由于储蓄率的上升是有极限的,经济通过储蓄扩张实现增长也是有极限的。

4.4.2　开放经济体的投资与增长

进一步考虑资本开放下的情况,假设世界市场中,资本的平均回报率为 r^W,这对一个国家或地区来说是外生的。假定某地区对于国际市场的投资占国民总收入的 β,如果 r^W 大于 r,则 β 小于零,即出现国际净资本输入;反之 r 大于 r^W,则 β 大于零,即出现国际净资本输出。此时,相对于世界市场资本回报的储蓄率为

$$s^w = \frac{\alpha(\delta + n)}{(r^W + \delta)} \tag{4.70}$$

则有

$$\beta = (s - s^w)\Omega \tag{4.71}$$

其中,s 为市场的均衡储蓄率,s^w 为相对于世界市场资本回报的储蓄率,Ω 为资本自由度,即当国内投资率变化使得国内资本回报率与国际资本回报率产生差异时,Ω 部分的投资将进行国际流动,以平衡两者间的差异。此时,对于企业而言,其获得的资本为

$$s - \beta = (1 - \Omega)s + \Omega s^w \tag{4.72}$$

对于居民而言,假设其不具有跨国投资能力,资本供给仍为 s。因此,居民的资本供给方程不变,而企业的资本需求方程变为

$$(1 - \Omega)s + \Omega \frac{\alpha(\delta + n)}{(r^W + \delta)} = \frac{\alpha(\delta + n)}{(r + \delta)} \tag{4.73}$$

求解国际资本转移情况下的均衡 s^*,则此时的企业产出为 $\left(\frac{s^* - \beta}{\delta + n}\right)^{\frac{\alpha}{|1-\alpha|}}$。由于存在 β 部分的对外投资,因此国内生产总值 GDP 为企业产出的 $(1 - \beta)$ 倍。即

$$GDP = (1 - \beta)\left(\frac{s^* - \beta}{\delta + n}\right)^{\frac{\alpha}{|1-\alpha|}} \tag{4.74}$$

通过计算机数值模拟,得出结果见图 4.2。

如图 4.2 所示,随着资本流动的自由度的增加,储蓄率与人均 GDP 之间呈现出从正比到"倒 U 型",再到反比的关系。这表明,在国际资本流动的情形下,依靠提高储蓄率以扩大经济增长的政府行为有可能适得其反,高储蓄与高投资有其极限所在。

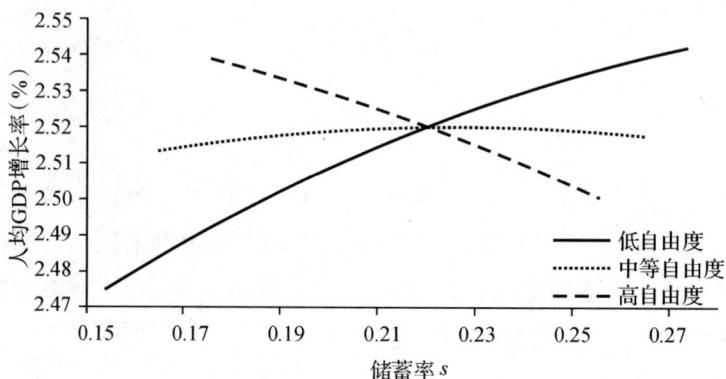

图 4.2 储蓄率与人均 GDP 增长率

注：$d=0.05$；$n=0.005$；$\alpha=0.4$；$p=0.5$；$t\in(0,1)$；$\Omega=0.7$（低），0.75（中），0.8（高）

从上面的分析中可以看出，在一个经济体中，投资并不是越多越好，而确实存在一个投资的极限区间。长期维持高投资的态势，往往是导致投资消费失衡的根源；越接近投资极限，就越有可能引发宏观经济的结构失衡。因此，投资的确存在最大边界。

5 消费释放与升级的增长、结构效应

推进消费主导的经济转型,加快从投资主导走向消费主导,是我国经济社会发展到一定阶段,消费总量扩张与消费结构升级的客观要求。本章将从发展阶段角度切入,采取历史分析方法,总结我国消费总量与结构的变化,探讨从投资主导经济转型向消费主导经济转型的必然趋势。

5.1 消费释放带来的增长效应

5.1.1 我国释放消费的增长效应分析

在以上分析基础上,本书进一步分析了我国消费释放可能带来的增长效应。

1. 最优消费率视角的潜在消费需求规模估算

假设生产函数仍为式(4.1)的齐次柯布—道格拉斯形式:

$$Y = K^\alpha (AL)^\beta = K^\alpha (AL)^{1-\alpha} \tag{5.1}$$

函数的集约形式为

$$y = k^\alpha \tag{5.2}$$

根据索洛模型的均衡条件,有

$$sk^\alpha = (n + g + \delta)k \tag{5.3}$$

根据菲尔普斯黄金律法则,可以得到

$$y' = n + g + \delta \tag{5.4}$$

将(5.2)式代入(5.4)式得

$$\alpha k^{\alpha-1} = n + g + \delta \tag{5.5}$$

根据式(5.3)和式(5.5),当 $s = \alpha$ 时,储蓄率处于黄金律水平,最优消费率相应为 $1 - \alpha$。这表明劳动在总产出中所占的比例就是最优消费率。如果生产函数满足新古典假设,根据欧拉定理,则资本与劳动在产出中的份额是一个固定不变的数值,分别为 α 和 $1 - \alpha$。在柯布—道格拉斯型生产函数中引入外生的技术进步因素,资本与劳动所得份额仍然是 α 和 $1 - \alpha$。因此,可以根据资本在产出中的份额,估算最优储蓄率和最优消费率。

2. 我国黄金储蓄率的估算

假设我国的生产函数符合齐次条件,通过分析过去几年资本占比来估算最优储蓄率(见表 5.1)。

表 5.1　1995—2011 年以收入法计算的 GDP 构成

年份	生产税净额	劳动者报酬	固定资产折旧	营业盈余	固定资产折旧+营业盈余
1995	0.129	0.528	0.123	0.220	0.343
1996	0.126	0.534	0.128	0.212	0.340
1997	0.131	0.528	0.136	0.203	0.339
1998	0.133	0.531	0.144	0.189	0.333
1999	0.135	0.524	0.151	0.190	0.341
2000	0.142	0.514	0.154	0.191	0.345
2001	0.141	0.515	0.157	0.188	0.345
2002	0.140	0.509	0.157	0.194	0.351
2003	0.143	0.496	0.159	0.202	0.361
2005	0.141	0.414	0.149	0.296	0.445
2006	0.142	0.406	0.146	0.307	0.452
2007	0.148	0.397	0.142	0.313	0.455
2009	0.135	0.466	0.152	0.247	0.399

年份	生产税净额	劳动者报酬	固定资产折旧	营业盈余	固定资产折旧＋营业盈余
2010	0.129	0.450	0.152	0.269	0.421
2011	0.129	0.449	0.156	0.265	0.421
均值	0.136	0.484	0.147	0.232	0.379
调整均值	0.134	0.504	0.147	0.214	0.361

注：由于 2004 年的数据是奇异数据，故此处不列出。
资料来源：根据各年《中国统计年鉴》中的"地区生产总值项目结构"数据计算得出。

生产税净额、劳动者报酬、固定资产折旧、营业盈余等四个项目构成以收入法计算的 GDP。而黄金储蓄率模型只有营业盈余、固定资产折旧、劳动者报酬三部分，其中前两者由资本所有者占有，后者归属于劳动者。因此，可以采取一定的方法把归属于政府的生产税净额分配到资本与劳动中。当前我国税收以间接税为主，可以根据税收带来的价格上涨因素进行分解。根据欧拉定理，按劳动和资本的产出弹性，把产出在劳动和资本之间进行分配：

$$Y = \alpha Y + (1-\alpha)Y \tag{5.6}$$

加入政府税收因素 T 以后，商品价格上涨，式(5.6)变为

$$Y = \frac{\alpha Y}{1+T} + \frac{(1-\alpha)Y}{1+T} + \frac{T}{1+T} \tag{5.7}$$

建立恒等式 $\alpha = \alpha$，并且转化为

$$\alpha = \frac{\dfrac{\alpha Y}{1+T}}{\dfrac{\alpha Y}{1+T} + \dfrac{(1-\alpha)Y}{1+T}} \tag{5.8}$$

2005—2007 年的 GDP 数据与其他年份有很大差异，并且与数据序列趋势的差异较大。为保持数据稳定性，这里扣除这三年的数值后，进行平均值计算。

$$\alpha = \frac{0.362}{0.362 + 0.504} = 0.418$$

由此初步测算,我国现阶段的黄金储蓄率为 41.8%,最优消费率为 58.2%。

5.1.2 我国被抑制的消费规模与潜在消费规模

从黄金储蓄率的角度看,当投资率高于黄金储蓄率时,投资将处于动态无效的阶段,社会福利没有实现最大化。本书进一步用最优消费率与实际消费率的差距来分析宏观经济的动态无效性。从消费角度看,进入21 世纪以来,我国消费不足的问题开始日益突出。2003 年是一个拐点,实际消费率低于最优消费率,而且偏离程度总体上不断加大。

表 5.2 1995—2011 年我国被抑制的消费规模估算

年份	GDP 总量 (亿元)	消费率 (%)	低于最优消费率的程度 (%)	被抑制的消费规模 (亿元)
1995	63216.9	58.10	-0.10	-63.22
1996	74163.6	59.20	1.00	741.64
1997	81658.5	59.00	0.80	653.27
1998	86531.6	59.60	1.40	1211.44
1999	91125.0	61.10	2.90	2642.63
2000	98749.0	62.30	4.10	4048.71
2001	109028.0	61.39	3.19	3479.60
2002	120475.6	59.61	1.41	1699.71
2003	136613.4	56.86	-1.34	-1835.66
2004	160956.6	54.45	-3.75	-6038.94
2005	187423.5	53.01	-5.19	-9730.33
2006	222712.5	50.78	-7.42	-16514.56
2007	266599.2	49.61	-8.59	-22906.77
2008	315974.6	48.55	-9.65	-30475.97
2009	348775.1	48.53	-9.67	-33710.49
2010	402816.5	48.19	-10.01	-40325.31
2011	465731.3	49.08	-9.12	-42490.48

资料来源:笔者测算。

2011 年,我国消费需求被抑制了约 4.25 万亿元,占 GDP 比重约为 9.12%。2003—2011 年,累计被抑制的消费需求为 20.4 万亿元(见表 5.2)。

从投资角度看,尽管从 2003 年开始,实际投资有超过最优投资的趋势,但由于出口市场的不断扩大,投资过剩的问题相对来说不太突出,直到 2007 年美国次贷危机爆发。1995—2011 年的过度投资规模累计达到 4.6 万亿元,2011 年实际投资超过最优投资 3 万亿元左右,约占经济总量的 6.51%(见表 5.3)。

表 5.3 1995—2011 年的过度投资规模估算

年份	GDP 总量（亿元）	投资率（%）	超过最优投资率的程度（%）	过度投资规模（亿元）
1995	63216.9	40.30	−1.50	−948.25
1996	74163.6	38.80	−3.00	−2224.91
1997	81658.5	36.70	−5.10	−4164.58
1998	86531.6	36.20	−5.60	−4845.77
1999	91125.0	36.20	−5.60	−5103.00
2000	98749.0	35.30	−6.50	−6418.69
2001	109028.0	36.48	−5.32	−5804.30
2002	120475.6	37.82	−3.98	−4793.81
2003	136613.4	40.96	−0.84	−1150.17
2004	160956.6	43.02	1.22	1955.87
2005	187423.5	41.54	−0.26	−491.99
2006	222712.5	41.74	−0.06	−139.53
2007	266599.2	41.62	−0.18	−477.52
2008	315974.6	43.78	1.98	6246.80
2009	348775.1	47.16	5.36	18677.00
2010	402816.5	48.06	6.26	25225.55
2011	465731.3	48.31	6.51	30334.73

资料来源:笔者测算。

以 2011 年为预测基准,假设未来投资率保持在 48.31%。按照当前趋势,分别假定经济增长率为 6.5%、7%、7.5%,并考虑 3% 的通胀率,从黄金储蓄率的角度对未来潜在消费规模以及释放这种规模对有效投资拉动的作用进行测算(见表 5.4),得出以下初步结论。

表 5.4 我国被压抑的消费需求规模及其引致有效投资估算(单位:亿元)

年份	6.5% 经济增长率		7% 经济增长率		7.5% 经济增长率	
	被压抑的消费规模	可拉动的有效投资规模	被压抑的消费规模	可拉动的有效投资规模	被压抑的消费规模	可拉动的有效投资规模
2011	28670.5	20591.5	28801.4	20685.5	28932.3	20779.6
2012	31394.2	22547.7	31681.5	22754.1	31970.2	22961.4
2013	34376.6	24689.7	34849.7	25029.5	35327.1	25372.4
2014	37642.4	27035.2	38334.6	27532.4	39036.4	28036.4
2015	41218.4	29603.6	42168.1	30285.7	43135.2	30980.3
2016	45134.2	32415.9	46384.9	33314.2	47664.4	34233.2
2017	49421.9	35495.5	51023.4	36645.7	52669.2	37827.7
2018	54117.0	38867.5	56125.7	40310.2	58199.4	41799.6
2019	59258.1	42559.9	61738.3	44341.3	64310.4	46188.6
2020	64887.6	46603.1	67912.1	48775.4	71063.0	51038.4
总计	446120.7	320409.7	459019.8	329674.0	472307.5	339217.4

资料来源:笔者测算。

第一,到 2020 年,我国潜在消费规模将在 44.6 万亿～47.2 万亿元之间,其拉动有效投资规模在 32 万亿～33.9 万亿元之间。

第二,如果这些被压抑的消费需求得到完全释放,那么到 2020 年,我国消费总量将达到 54.3 万亿～59.5 万亿元,有效投资总量将达到 46.4 万亿～50.8 万亿元。

5.1.3 消费需求释放带来的增长效应估算

对式(4.30)进一步调整,可得

$$Y_t = Y_0 \cdot e^{\frac{\pi\beta-\alpha\beta}{1-\pi\beta} \cdot t} \cdot (\frac{\theta_t}{\theta_0})^{\frac{\pi\beta}{1-\pi\beta}} \tag{5.9}$$

如果我国经济增长方式实现了有效转变,消费率逐步回归到最优消费率水平 θ_p,那么新的经济规模(Y_P)将达到

$$Y_p = Y_0 \cdot (\frac{\theta_p}{\theta_0})^{\frac{\pi\beta}{1-\pi\beta}} \tag{5.10}$$

根据模型设定,β 代表人力资本的产出弹性。根据前面的估算,我国实物资本产出占比为 0.418,则 $\beta=1-0.418=0.582$。π 代表消费对人力资本的产出弹性。对美国、德国数据进行拟合,当 π 值与恩格尔系数相等时,模型拟合情况较好。因此,可以用城乡居民加权恩格尔系数来衡量 π。需要指出的是,π 仅是一个量纲数据,不具备经济意义,不能解释为城乡居民消费结构。2011 年,我国城镇居民恩格尔系数为 0.36,农村居民恩格尔系数为 0.40,加权平均恩格尔系数为 0.383。由此,式(5.10)可改写为

$$Y_p = Y_0 \cdot (\theta_p/\theta_0)^{0.297} \tag{5.11}$$

以 2011 年为起点进行估算,2011 年我国总和消费率为 49.1%,居民消费率为 35.7%。设定基准情景为 2020 年我国总和消费率达到 55%,同时考虑好情景与坏情景,利用式(5.11),可估算出消费释放不同程度下我国经济增长的前景(见表 5.5)。

表 5.5 不同消费率提升情景下的经济增长前景

	基准情景	好情景	坏情景
情景描述	转型顺利实现	转型取得重大突破	转型滞后,甚至倒退
总和消费率	达到 50% 左右	达到 55% 左右	只达到 45% 左右
居民消费率	达到 60%~65%	达到 65%~70%	只达到 55% 左右
经济增长实际速度	7.15%	9.20%	4.87%

考虑当前我国经济内生的技术增长动力以及其他因素,未来 5~10 年,我国经济增长在基准情景下实现 6.5%~7.5% 的中速增长是完全有可能的。也就是说,我国消费需求释放后,将为我国走向经济新常态奠定重要的基础。

5.2　消费释放与投资结构调整

消费需求总量扩张与消费结构升级,带来了经济总量与结构调整的动力。这一点本书在前面已经做了分析,本章将进一步进行实证分析。

5.2.1　消费需求与投资需求的格兰杰检验

1. 投资规模

——数据样本。为实证检验分析消费与投资的关系,解释变量为最终消费规模增长率、居民消费规模增长率、居民消费率以及用城镇化率加权的城乡平均恩格尔系数,被解释变量为投资规模增长率、固定资产投资增长率、第三产业固定资产投资占比。主要数据来自历年《中国统计年鉴》,采用 2005—2012 年我国 31 个省(区、市)的分省数据进行分析。[①]对于被解释变量和解释变量各代理变量的描述性统计见表 5.6。

表 5.6　各变量描述性统计

	变　量	观察数	均值	方差	极大值	极小值
被解释变量	投资规模增长率	248	0.2109	0.0886	0.5353	−0.0405
	固定资产投资增长率	248	0.2197	0.0935	0.5559	−0.0247
	第三产业固定资产投资占比	248	0.5542	0.1127	0.8981	0.3690
解释变量	最终消费规模增长率	248	0.1566	0.0565	0.6075	−0.1881
	居民消费规模增长率	248	0.1516	0.0457	0.2951	−0.0332
	居民消费率	248	0.3476	0.0639	0.6198	0.2288
	加权恩格尔系数	248	0.4009	0.0523	0.6372	0.3108

——单位根检验。对面板数据采用 ADF(Augment Dickey-Fuller)

---

① 本章后面的测算,数据均与此相同,不再重复说明。

方法进行平稳性检验。检验从数据序列本身开始,然后依此对其一阶、二阶的差分项进行检验。如果序列不存在单位根,则表明序列平稳,此时就停止检验。① 样本数据及差分项的检验结果在表 5.7 中列示。

由表 5.7 可以看出,第三产业固定资产投资占比、最终消费规模增长率以及居民消费规模增长率均为平稳序列,投资规模增长率、固定资产投资增长率、居民消费率、城乡居民加权恩格尔系数均为一阶单整序列。

表 5.7 单位根检验

变 量	缩写	序列 ADF 值	Prob.	检验结果	一阶差分序列 ADF 值	Prob.	检验结果
投资规模增长率	IIR	75.15	0.12	不平稳	111.75	0.00	平稳
固定资产投资增长率	FIR	55.38	0.71	不平稳	108.85	0.00	平稳
第三产业固定资产投资占比	TFA	119.52	0.00	平稳			
最终消费规模增长率	FCR	163.71	0.00	平稳			
居民消费规模增长率	HCR	179.74	0.00	平稳			
居民消费率	HCP	72.30	0.17	不平稳	84.73	0.03	平稳
加权恩格尔系数	WEI	55.08	0.72	不平稳	148.75	0.00	平稳

——格兰杰因果关系检验。格兰杰因果关系检验要求各变量均为平稳变量,因此,对所有平稳序列直接进行格兰杰因果检验;对一阶单整序列,用其一阶差分变量进行格兰杰因果检验。由于格兰杰因果检验可能存在对于滞后周期的敏感性,因此,本章综合了赤池信息量准则 AIC 以及施瓦兹准则 SC 以确定滞后期数。被解释变量与解释变量间的检验结果见表 5.8。

由表 5.8 可以看出:①居民消费规模增长率、居民消费率以及加权恩格尔系数都是投资规模增长率和固定资产投资增长率的格兰杰原因;②

---

① 本章后面关于单位根检验与格兰杰检验的方法与此相同,不再重复说明。

最终消费规模增长率与投资规模增长率和固定资产投资增长率互为格兰杰原因；③最终消费规模增长率、居民消费规模增长率和加权恩格尔系数都是第三产业固定资产投资占比的格兰杰原因。综上所述，检验结果支持"消费总量与消费结构是影响投资规模和投资结构的重要原因"这一论断。

表5.8　格兰杰因果关系检验

滞后期数	零假设	F-Statistic	Prob.	检验结果
2	FCR 不是 TFA 的格兰杰原因	3.332	0.038	拒绝
	TFA 不是 FCR 的格兰杰原因	0.096	0.908	不拒绝
	HCR 不是 TFA 的格兰杰原因	11.996	0.000	拒绝
	TFA 不是 HCR 的格兰杰原因	1.772	0.173	不拒绝
	HCP 不是 TFA 的格兰杰原因	1.168	0.314	不拒绝
	TFA 不是 HCP 的格兰杰原因	0.704	0.496	不拒绝
	WEI 不是 TFA 的格兰杰原因	5.145	0.007	拒绝
	TFA 不是 WEI 的格兰杰原因	1.252	0.289	不拒绝
3	FCR 不是 IIR 的格兰杰原因	6.217	0.001	拒绝
	IIR 不是 FCR 的格兰杰原因	4.466	0.005	拒绝
	HCR 不是 IIR 的格兰杰原因	3.546	0.017	拒绝
	IIR 不是 HCR 的格兰杰原因	1.971	0.122	不拒绝
	HCP 不是 IIR 的格兰杰原因	2.248	0.086	拒绝
	IIR 不是 HCP 的格兰杰原因	1.172	0.323	不拒绝
	WEI 不是 IIR 的格兰杰原因	2.481	0.064	拒绝
	IIR 不是 WEI 的格兰杰原因	0.836	0.477	不拒绝

续表

滞后期数	零假设	F-Statistic	Prob.	检验结果
4	FCR 不是 FIR 的格兰杰原因	8.981	0.000	拒绝
	FIR 不是 FCR 的格兰杰原因	2.103	0.088	拒绝
	HCR 不是 FIR 的格兰杰原因	4.066	0.005	拒绝
	FIR 不是 HCR 的格兰杰原因	1.230	0.304	不拒绝
	HCP 不是 FIR 的格兰杰原因	2.149	0.082	拒绝
	FIR 不是 HCP 的格兰杰原因	0.862	0.490	不拒绝
	WEI 不是 FIR 的格兰杰原因	4.554	0.002	拒绝
	FIR 不是 WEI 的格兰杰原因	1.182	0.325	不拒绝

2. 经济结构

——样本数据。主要解释变量为消费,主要被解释变量为产业结构,分别采用第三产业增加值占 GDP 比重的增长率、第三产业对 GDP 贡献率的增长率作为代理变量。消费作为解释变量,采用宏观数据中的最终消费率、居民消费率以及城乡居民加权恩格尔系数作为代理变量进行分析。对于被解释变量和解释变量的各代理变量的描述性统计见表 5.9。

表 5.9 各变量描述性统计

	变量	代理变量	观察数	均值	方差	极大值	极小值
被解释变量	产业结构	第三产业增加值占 GDP 比重的增长率	32	0.007	0.011	0.039	−0.010
		第三产业对 GDP 贡献率的增长率	22	0.013	0.049	0.134	−0.076
解释变量	总量指标	最终消费率	32	−0.005	0.012	0.016	−0.031
		居民消费率	32	−0.005	0.011	0.017	−0.027
	结构指标	加权恩格尔系数	32	−0.007	0.013	0.029	−0.034

——单位根检验。对样本数据及其差分项的检验结果显示,以上所

有变量均可以视为平稳变量,其变量的显著程度很高(见表5.10)。

表 5.10 单位根检验

变量	缩写	序列 ADF 值	Prob.	检验结果
第三产业增加值占 GDP 比重的增长率	TGR	−4.12733	0.0031	平稳
第三产业对 GDP 贡献率的增长率	TGB	−6.48766	0.0000	平稳
最终消费率	FCR	−3.77847	0.0075	平稳
居民消费率	HCR	−3.56666	0.0136	平稳
加权恩格尔系数	WEI	−4.73634	0.0006	平稳

——格兰杰因果关系检验。如果以第三产业增加值占 GDP 比重的增长率作为代理变量,则消费率和居民消费率上升是产业结构升级的格兰杰原因;如果采用第三产业对 GDP 贡献率的增长率为代理变量,则消费结构升级是产业结构升级的格兰杰原因。因此,检验支持了消费总量和消费结构是产业结构调整的重要原因(见表5.11)。

表 5.11 格兰杰因果关系检验

滞后期数	零假设	F-Statistic	Prob.	检验结果
2	FCR 不是 TGR 的格兰杰原因	2.73456	0.0843	拒绝
	TGR 不是 FCR 的格兰杰原因	1.22166	0.3117	不拒绝
	HCR 不是 TGR 的格兰杰原因	2.54469	0.0986	拒绝
	TGR 不是 HCR 的格兰杰原因	0.65767	0.5268	不拒绝
	WEI 不是 TGR 的格兰杰原因	0.12678	0.8815	不拒绝
	TGR 不是 WEI 的格兰杰原因	0.00161	0.9984	不拒绝

滞后期数	零假设	F-Statistic	Prob.	检验结果
3	FCR 不是 TGB 的格兰杰原因	1.43812	0.2804	不拒绝
	TGB 不是 FCR 的格兰杰原因	0.68369	0.5789	不拒绝
	HCR 不是 TGB 的格兰杰原因	1.18871	0.3553	不拒绝
	TGB 不是 HCR 的格兰杰原因	0.50113	0.6885	不拒绝
	WEI 不是 TGB 的格兰杰原因	3.04098	0.0705	拒绝
	TGB 不是 WEI 的格兰杰原因	1.98629	0.1699	不拒绝

5.2.2　消费需求与引致投资的估算

1. 投资规模

——数据样本。主要解释变量为居民消费规模增长率以及城乡居民加权恩格尔系数,分别作为消费总量和消费结构的代理变量;主要被解释变量为投资规模增长率和第三产业固定资产投资占比,分别作为投资总量和投资结构的代理变量。对于被解释变量和解释变量的各代理变量的描述性统计见表5.12

表 5.12　各变量描述性统计

	变量	观察数	均值	方差	极大值	极小值
被解释变量	投资规模增长率	248	0.2109	0.0886	0.5353	−0.0405
	第三产业固定资产投资占比	248	0.5542	0.1127	0.8981	0.3690
解释变量	居民消费规模增长率	248	0.1516	0.0457	0.2951	−0.0332
	加权恩格尔系数	248	0.4009	0.0523	0.6372	0.3108

——回归分析。为较好地考察解释变量与被解释变量的关系,计量模型控制了省份固定效应;此外,为了更充分地考虑解释变量与被解释变量的短期和长期关系,加入了一阶自回归模型 $AR(1)$ 的因素。计量方程如下:

$$IIR_{it} = \alpha + \beta_1 HCR_{it} + \beta_2 WEI_{it} + \lambda_i + \beta_3 AR(1) + \varepsilon_{it} \qquad (5.12)$$

其中,下标 i 代表省份; t 代表年份; IIR_{it} 代表第 i 省第 t 年投资规模增长率; HCR 代表居民消费规模增长率; WEI 代表城乡加权恩格尔系数; λ_i 为不可观测的地区效应,目的在于控制省份的固定效应; $AR(1)$ 为被解释变量上一年的值,即 IIR_{it-1}; ε_{it} 为随机挠动项,它服从独立同分布。

将面板数据放入回归分析,其回归结果如下:

$$IIR_{it} = -0.393 + 0.538 HCR_{it} + 1.312 WEI_{it} + 0.008 AR(1) + \lambda_i + \varepsilon_{it}$$

$$(5.13)$$

$$Std. Err = (0.126) \quad (0.120) \quad (0.338) \quad (0.073)$$

$$t. test = (-2.89) \quad (4.49) \quad (3.87) \quad (0.116)$$

回归分析显示,在消费总量上,居民消费规模的增长率每上升 1%,短期内导致投资规模增长率上升 0.538%;居民加权恩格尔系数每下降 1%,短期内导致投资规模增长率下降 1.312%。对于长期效应而言,其 $AR(1)$ 上的系数较小,仅为 0.008,且未通过显著性检验。这表明,消费对于投资总量的冲击在较短时期内就被吸收完毕,长期内影响不大。

2. 投资结构

将投资结构,即第三产业固定资产投资占比与解释变量代入同样的方程进行回归分析,其结果如下:

$$TFA_{it} = 0.723 - 0.043 HCR_{it} - 0.416 WEI_{it} + 0.670 AR(1) + \lambda_i + \varepsilon_{it}$$

$$(5.14)$$

$$Std. Err = (0.040) \quad (0.029) \quad (0.106) \quad (0.042)$$

$$t. test = (17.94) \quad (-1.49) \quad (-3.94) \quad (15.87)$$

回归分析显示,对于居民消费规模而言,其系数仅为 0.043,且显著性不高,无法通过检验,计量上不能肯定消费规模与产业结构的关系,本章放弃这一角度。而在消费结构上,居民加权恩格尔系数每下降 1%,短期内带来第三产业固定资产投资占比上升 0.416%。在长期内,由于 $AR(1)$ 项上的系数为 0.670,因此长期效应为短期效应的 $3.03 \times \dfrac{1}{1-0.670}$ 倍,即居民加权恩格尔系数每下降1‰，长期内将导致第三产业固定资产投资占比上升1.26%。根据这一估算，未来5~7年，如果城乡居民恩格尔系数下降10个百分点左右，第三产业固定资产投资占比将上升12.6个百分点左右。

3. 产业结构

——数据样本。主要解释变量为居民消费率与城乡加权恩格尔系数，主要被解释变量为第三产业增加值占GDP比重。被解释变量和解释变量的各代理变量的描述性统计见表5.13。

表5.13　各变量描述性统计

	变量	观察数	均值	方差	极大值	极小值
被解释变量	第三产业增加值占GDP比重	248	0.4071	0.0835	0.7646	0.2830
解释变量	居民消费率	248	0.3476	0.0639	0.6198	0.2288
	加权恩格尔系数	248	0.4009	0.0523	0.6372	0.3108

——计量分析。为较好地考察解释变量与被解释变量的关系，计量模型控制了省份固定效应。此外，为了更充分地考虑解释变量与被解释变量的短期和长期关系，加入了一阶自回归模型$AR(1)$的因素。基本计量方程如下：

$$TGP_{it} = \alpha + \beta_1 HCR_{it} + \beta_2 WEI_{it} + \lambda_i + \beta_3 AR(1) + \varepsilon_{it} \quad (5.15)$$

其中，下标i代表省份；t代表年份；TGP_{it}代表第i省第t年第三产业增加值占GDP比重；HCR代表居民消费率；WEI表示城乡加权恩格尔系数；λ_i为不可观测的地区效应，意在控制省份的固定效应；$AR(1)$为被解释变量上一年的值即TGP_{it-1}；ε_{it}为随机扰动项，服从独立同分布。

将面板数据代入模型进行回归分析，其回归结果如下：

$$TGP_{it} = 0.357 + 0.299 HCR_{it} - 0.117 WEI_{it} + 0.735 AR(1) + \lambda_i + \varepsilon_{it}$$

$$(5.16)$$

$$Std.\,Err = (0.032) \quad (0.068) \quad (0.051) \quad (0.045)$$

$$t.\,test = (11.28) \quad (4.37) \quad (-2.32) \quad (16.20)$$

模型表明,居民消费率每提高 1%,短期内第三产业增加值占 GDP 比重将提高 0.299%;加权恩格尔系数每减少 1%,短期内第三产业增加值占 GDP 比重将提高 0.117%。在长期内,由于 $AR(1)$ 项的系数为 0.735,即居民消费率与加权恩格尔系数的短期影响将以 0.735 的比例逐年递减,其长期影响力应为短期影响力的 3.77 倍。换言之,居民消费率每提高 1%,长期内将带来第三产业增加值占 GDP 比重提高 1.128%;加权恩格尔系数每下降 1%,长期内第三产业增加值占 GDP 比重将提高 0.442%。

到 2020 年,如果我国居民消费率有望提高 10 个百分点,第三产业增加值占 GDP 比重将有望提高 11.28 个百分点,达到 60% 左右;如果加权恩格尔系数下降 8～10 百分点,第三产业增加值占 GDP 比重将有望提高 3.5～4.2 个百分点。

5.3　消费释放与城乡结构调整

城乡结构调整是我国经济增长中的重大挑战之一。这既有发展中国家面临的农业劳动力向二、三产业转移的共性问题,更有我国特有的城乡二元制度结构的特殊问题。消费需求释放与城乡结构存在密切的关系,农村消费需求、消费结构与城镇趋同,奠定了人口城镇化的坚实基础;而人口城镇化的加快推进,又成为消费需求释放的重要推动力。

5.3.1　消费水平差距缩小成为城乡一体化的标志之一

经济增长的最终目的是提高城乡居民消费水平。从国际经验看,成熟市场经济国家的城乡一体化,最终表现之一就是城乡居民消费水平差距的不断缩小甚至趋同。尤其是在公共消费上,城乡之间将没有明显差距。

比如,城乡基础设施消费水平基本趋于一致。以美国和挪威为例,美国人口规模不足 1 万的一些小城镇,相当于我国的农村区域。尽管人口少,但是其居民的生活方便程度并不亚于城市。这些地方的基础设施建设与城市基本是一致的,包括供水、供电、通讯、绿化、道路建设、垃圾与污水处理,等等。① 在挪威,农村即使只有单独一户家庭,政府也会把基础设施修到其门口,不会因为人口少而导致居民生活不便捷,这使得城乡间的消费公平程度明显提高。再比如,城乡公共服务水平趋于一致。以挪威为例,挪威在文化以及地区认同感方面是个多样化的社会,但就教育水平和城乡生活水平而言,挪威却是一个比较趋同的社会,其教育政策的基本原则是"人人平等",不管生活在城市还是农村,人人都可享受平等的教育机会。②

因此,城乡结构调整、城乡一体化最为核心之处在于城乡消费水平的差距逐步缩小。当然,城乡消费水平的趋同,需要一系列的约束条件,比如,农村市场化程度的不断提高、城乡公共服务体制的对接等,但这些制度与政策条件最终的体现就是城乡消费水平差距。在这方面,我国当前面临的主要挑战是城乡消费差距长期保持在较大水平,而且超过了城乡居民收入差距水平。这表明我国城乡居民在享受增长成果时,还存在比较大的差距。

随着城乡居民收入水平的提高,城乡居民消费水平反而在一个时期内持续扩大。1990 年城乡居民消费水平比超过 2.85∶1,到 2004 年达到 3.84∶1,也就是近四个农民的消费才相当于一个城市居民的消费。这几年随着农村政策调整和体制变革,城乡居民消费水平差距开始缩小,2012 年城乡居民消费水平比下降到 3.24∶1,但也超过了城乡收入差距(见图 5.1)。

---

① 刘志扬.借鉴美国经验提升城乡一体化水平[N].青岛日报,2013-02-23.
② 中国(海南)发展改革研究院.中国基本公共服务建设路线图[M].北京:世界知识出版社,2009.

图表数据（城乡居民消费水平差距）：2.75、2.59、2.40、2.23、2.15、2.19、2.3、2.37、2.58、2.67、2.85、3.06、3.29、3.63、3.71、3.76、3.40、3.38、3.53、3.63、3.68、3.64、3.63、3.83、3.84、3.61、3.60、3.62、3.50、3.58、3.52、3.26、3.24

图表数据（城乡居民收入差距）：2.50、2.24、1.98、1.82、1.84、1.86、2.13、2.17、2.17、2.28、2.20、2.40、2.58、2.80、2.86、2.71、2.51、2.47、2.51、2.65、2.79、2.90、3.11、3.23、3.21、3.22、3.28、3.33、3.31、3.33、3.23、3.13、3.10

年份：1980—2012

图例：—◆— 城乡居民收入差距　　—■— 城乡居民消费水平差距

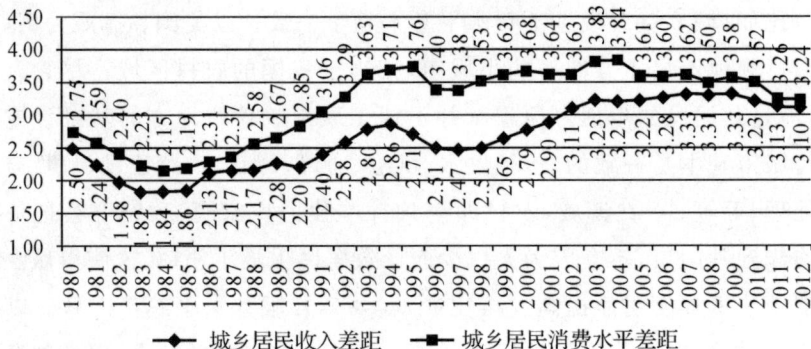

图 5.1　城乡居民收入差距与消费水平差距

数据来源：国家统计局. 中国统计年鉴 2013〔M〕. 北京：中国统计出版社，2013.

5.3.2　农村消费潜力释放将形成城乡结构调整的强大动力

第一，消费需求释放将扩大农村市场，形成农村发展的原动力。我国城乡发展差距大，很重要的一点是农村市场化程度不高。一些偏远地方的农村并不是没有资源，而是无法让这些资源有效地进入市场，从而带动农村经济持续发展。可以说，目前在我国农村经济社会发展中，尤其是在农村经济发展中存在的各种问题和矛盾，与农村经济市场化并没有充分的密切关系。城乡结构调整，基本出路在于"农副产品要通过市场买卖、农业和农村发展需要的资金来源要通过市场来筹集、农村剩余劳动力的转移也要靠市场来进行合理的配置实现有序转移"。[①] 从过去几年的情况看，消费需求释放，尤其是农村消费需求释放，将形成一个巨大的农村大市场。

第二，消费需求将释放农村产业结构调整的原动力。当前，依靠种植业和农业自我积累推进农村产业结构调整比较困难。随着城乡居民消费需求的升级，尤其是农民需求的不断升级，农业需求已不再是简单的种植

---

① 习近平. 中国农村市场化研究〔D〕. 北京：清华大学，2001.

需求,而是包括绿色农业、生态农业等在内的多种产业需求。这方面的投资空间巨大,回报率较高,能够吸引社会资本进入农村,在严格土地用途的基础上加快农村产业结构调整,使农业从单一种植业结构逐步优化调整为大农业结构,再继续上升到多元化产业结构。由此也使农业更加紧密地与二、三产业联系在一起,形成城乡一体化的产业基础。

第三,农村大市场的释放,将形成农民增收、城乡收入差距缩小的新途径。例如,在收入方面,当前农民收入来源主要由四部分组成:务农收益、打工收益、转移支付收益、财产性收入。消费需求释放带动农业产业化和农村经济结构调整。从不同区域的农村发展情况看,越是发达地区,农民务农收入比重越低,而非农产业的收益则不断提高。这些年,农民非农收入的快速增长,是城乡收入差距缩小的重要原因。1990年,农民工资性收入占纯收入的20.22%,仅为家庭经营收入的26.76%;而到了2012年,工资性收入占比达到43.55%,只比家庭经营收入占比低一个百分点多一些(见表5.14)。预计未来几年,农民的工资性收入比重将超过家庭经营收入的比重,成为农民收入的主要来源,这将是经济结构调整的一个重要标志。此外,在城乡居民工资性收入差距上,统计表明,1990年农村居民的工资性收入仅占城镇居民的12.07%,但到2012年,这一比重提高到19.89%(见表5.15)。如果农村居民的工资性收入占比达到城镇居民的50%,那么农村居民纯收入还将有约1.5倍的增长空间。

表5.14   农民年人均纯收入构成 　　　　　　　　　　(单位:%)

年份	总额(元)	工资性收入	家庭经营收入	财产性收入	转移性收入
1990	686.40	20.22	75.55	4.22	0.00
2000	2253.49	31.16	63.34	2.00	3.50
2010	5910.00	41.14	47.78	3.42	7.66
2011	6977.30	42.47	46.18	3.28	8.07
2012	7916.70	43.55	44.63	3.15	8.67

数据来源:国家统计局.中国统计年鉴2013[M].北京:中国统计出版社,2013.

表 5.15　城乡居民年工资性收入差距

年份	农村居民(元)	城镇居民(元)	农村/城镇(%)
1990	138.80	1149.70	12.07
2000	702.30	4480.50	15.67
2010	2431.10	13707.70	17.74
2011	2963.40	15411.90	19.23
2012	3447.50	17335.60	19.89

数据来源:国家统计局.中国统计年鉴 2013[M].北京:中国统计出版社,2013.

5.3.3　消费需求释放与城乡结构前景

从发展趋势看,我国消费需求释放正在形成城乡结构调整的强大动力,并不断淡化城乡经济社会意义,使城乡仅是一个单纯的地理概念。初步估算,到 2020 年农村消费需求释放与农村发展趋势将趋于一致。从当前城乡消费水平的差距看,根据收入绝对数,城乡差距约为 12~15 年;从恩格尔系数看,农村落后约 10 年;根据消费结构,农村落后 10 年;根据家庭彩电和电冰箱数量,农村分别落后城市 12 年和 16 年。如果农村消费需求加快释放,2020 年的农村消费需求市场有可能达到 2010—2012 年的城镇水平。初步测算表明,到 2020 年,农村居民人均消费有望达到 21120 元,按 60%的城镇化率测算,农村消费市场有望接近 12 万亿元,是当前农村 4.2 万亿元消费规模的 3 倍左右。这将使城乡消费需求结构发生巨大改变,农民消费水平提高的趋势将部分对冲农村人口比重下降的趋势,使我国农村成为一个大市场。到 2020 年,我国的城乡结构就有可能调整为如下格局:

第一,城镇化率达到 60%;人口城镇化率达到 45%~50%;人口城镇化格局初步形成。

第二,城镇居民消费水平按年均 10%速度增长,2020 年达到 45273 元;农村居民消费水平达到 21133 元。城乡居民消费水平差距从 2012 年的 3.24 倍缩小为 2.14 倍左右。

第三,农村大市场被有效激活,8亿左右的城镇居民消费总额达到38万亿元(2012年不变价);6亿左右的农村居民消费总额达到11.7万亿元。居民消费总额达到49.7万亿元;农村居民消费占比从2012年的21.67%上升到2020年的23.31%(见表5.16)。

表5.16　城乡消费结构调整前景

年份	城镇居民消费水平(元)	城镇居民人口规模(万人)	城镇居民消费总额(亿元)	农村居民消费水平(元)	农村居民人口规模(万人)	农村居民消费总额(亿元)	农村居民消费占比(%)
2012	21120.00	71181.88	150336.10	6475.00	64222.12	41583.82	21.67
2013	23232.00	72862.33	169273.80	7506.79	63150.98	47406.13	21.88
2014	25555.20	74556.47	190530.50	8703.00	62068.91	54018.56	22.09
2015	28110.72	76264.37	214384.60	10089.82	60975.82	61523.51	22.30
2016	30921.79	77986.14	241147.10	11697.63	59871.63	70035.64	22.51
2017	34013.97	79721.86	271165.70	13561.65	58756.27	79683.21	22.71
2018	37415.37	81471.62	304829.10	15722.70	57629.66	90609.40	22.91
2019	41156.91	83235.52	342571.60	18228.11	56491.72	102973.80	23.11
2020	45272.60	85013.64	384878.80	21132.76	55342.38	116953.70	23.31

5.4　消费需求释放与内外结构调整

我国经济增长中,面临的一个突出挑战是"双顺差"的内外结构失衡。从现实情况看,实现内外结构平衡,需要多方面的体制政策调整,但调整的根本动力,仍来源于国内消费需求的有效释放。

5.4.1　消费需求抑制与内外结构失衡

我国在经济增长中出现了长期的"双顺差",在世界经济发展历史上非常罕见。自1982年我国具有完整的国际收支记录以来,截至2012年

消费主导经济转型初探

年底,在这 31 个年度中,国际收支平衡表同时出现经常项目、资本和金融项目顺差已达 19 次。1996 年推进人民币汇率形成机制改革以来,国际收支平衡表两大账户开始出现持续性顺差,由此形成我国特有的国际收支"双顺差"现象。即便在 2008 年国际金融危机爆发后,我国国际收支也未受到太大影响,仍然保持"双顺差"格局,直到 2012 年,在资本和金融项目差额上才又出现逆差(见表 5.17)。

表 5.17　1982—2012 年我国"双顺差"的基本情况(单位:亿美元)

年份	经常项目差额	资本和金融项目差额	年份	经常项目差额	资本和金融项目差额
1982	56.74	−17.36	1998	314.71	−63.21
1983	42.40	−13.72	1999	211.14	51.80
1984	20.30	−37.52	2000	205.19	19.22
1985	−114.17	84.85	2001	174.05	347.75
1986	−70.35	65.40	2002	354.22	322.91
1987	3.00	27.31	2003	430.52	548.73
1988	−38.03	52.69	2004	689.41	1081.52
1989	−43.18	64.28	2005	1323.78	953.49
1990	119.97	−27.74	2006	2318.43	493.05
1991	132.71	45.81	2007	3531.83	942.32
1992	64.01	−2.51	2008	4205.69	401.26
1993	−119.04	234.74	2009	2432.57	1984.70
1994	76.58	326.44	2010	2378.10	2868.65
1995	16.18	386.75	2011	1360.97	2654.70
1996	72.42	399.67	2012	1931.39	−168.16
1997	369.63	210.15			

数据来源:国家统计局.中国统计年鉴 2013[M].北京:中国统计出版社,2013.

1. "双顺差"构成了内外结构失衡的风险与挑战

一般来说,发展中国家在经济起飞中如果能够借助国际市场扩大生产,则可以有效地弥补低收入时期国内市场不足的缺陷。但长期的经常账户顺差,客观上形成了出口导向的增长方式,使外贸依存度明显提高。作为一个有着 13 亿多人口的大国,过度依靠国际市场,不可避免地面临外部冲击的系统性风险。这个冲击在 2008 年国际金融危机期间得到充分体现。此外,长期依赖国际市场,尤其是在汇率低估的情况下,出口主要依靠低成本优势,不利于我国出口产业结构的调整与升级。

而在资本和金融项目差额上,短期顺差有利于弥补我国资金短缺。但出现长期顺差,势必带来贸易摩擦、资本频繁跨境流动、高额外汇储备积累以及国际市场形成的汇率调整压力。尤其是在我国人民币汇率形成机制改革之前,在结售汇制下,为了维持汇率稳定,央行必须卖出本币并买入外币,因此外汇储备的增加就带来了高额的外汇占款,在高额外汇占款成为基础货币投放的主渠道的情况下,基础货币不断增加,货币乘数作用带来数倍的货币供给扩张,导致内部流动性过剩加剧。国际金融危机之前我国经济面临的股市泡沫、楼市泡沫等资产泡沫和通胀压力等,与外汇储备增加有着直接的关系。

2. "双顺差"的根源在于国内消费需求没有充分释放出来

我国之所以出现世界上很少见的长期"双顺差",有多方面的原因。但从根源上看,在于国内消费需求没有充分释放出来,不断增长的生产能力难以在国内得到有效化解,导致对出口的过度依赖。

第一,储蓄—消费失衡。按照两缺口模型,储蓄缺口 $(S-I)$＝外汇缺口 $(X-M)$。如果一国的储蓄 S 不能满足投资 I 的需求,即 $S<I$,那么就需要一个规模相等的国际收支赤字来平衡,即通过进口增加和资本流入途径,利用外国资源来平衡国内的储蓄缺口;反之,当国内储蓄大于投资时,外部均衡上必然表现出净出口的增加或资本的净流出,从而出现国际收支顺差。根据双缺口模型,储蓄过剩和引进外资是不能同时存在的。但从我国现实情况看,我国储蓄过剩和引进外资趋势同时存在。一方面,

储蓄规模超过投资规模的趋势逐步扩大,储蓄投资缺口造成了中国长期的贸易顺差,外汇储备急剧增长,而外汇储备增长和货币发行是直接正相关的,最后造成市场流动性过剩。另一方面,我国吸引外资的规模又持续扩大。这实质上反映出两个深刻问题:一是我国收入转化为消费的机制不健全;我国消费不足的状况形成了高储蓄,而高储蓄则带来了高贷款和高投资,这种结构性失衡在国际收支账户上表现为居民将收入过多地存入银行,导致对消费品的进口逐渐减少。二是相对于高投资和高产出,消费率过低使得国内产品到国外寻找销售出路,导致经常项目持续出现大规模顺差。

第二,产业失衡。余永定(2006)指出,由于国内产业结构失衡,我国吸收的 FDI 主要并不是用于进口,而是用于发展出口加工业,致使国际收支出现不平衡。[①] 国民经济出现持续较大顺差是国民经济外部失衡的一种表现。换言之,我国吸引的 FDI,主要目标市场还是国际市场,而不是国内市场,由此便形成了"双顺差"。其中一个突出方面是我国服务业发展不足,特别是教育、旅游、金融、医疗、家政等服务业发展滞后。目前,我国第三产业占 GDP 的比重甚至低于许多发展中国家的水平。即使制造业发展迅速,但是由于产品缺乏个性,种类少,附加值难以提高。上述两者的共同作用在一定程度上抑制了我国居民的消费增长。与货物贸易相比,我国的服务贸易发展相对滞后。在全球服务贸易量较大的金融、保险、咨询、计算机信息服务等技术密集型和知识密集型的高附加值服务行业,我国仍然处于初级发展阶段。

第三,消费不足引发"双顺差"的传导途径。在我国过去几年经济增长的情况下,"双顺差"的根源在于国内消费需求没有得到有效释放出来,导致消费不足的基本格局。其基本传导途径是:

从外部市场看,我国的"双顺差"与美国的"双逆差"形成了互补,并形成了"相互依赖"的关系,但这种均衡是无法持续的。正如罗奇(2014)指

---

① 余永定.从"双顺差"看我国经济增长模式调整[N].人民日报,2006-08-21.

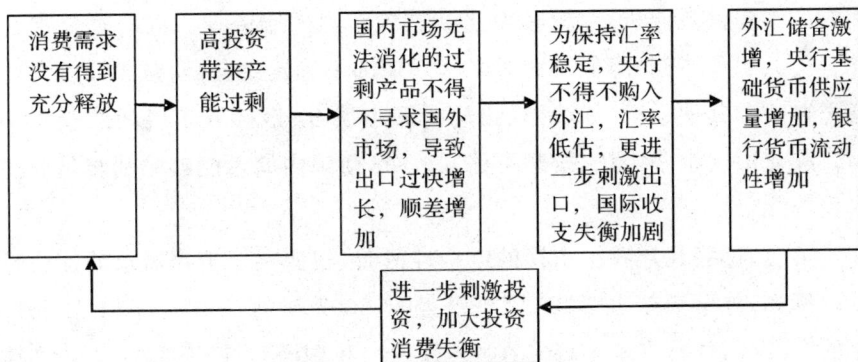

图 5.2　消费不足与内外结构失衡

出的，"几十年来，美国和中国过于依赖双方建立的一种权宜婚姻，它确保了中国的出口商品拥有巨大的市场。作为交换，中国给美国消费者提供了大量廉价商品，并心甘情愿购买美国政府激增的债务"。① 但是罗奇也认为，这样的"婚姻"已经走到尽头；它扭曲了这两个经济体，不利于两国关系的进一步发展。

因此，从上面的分析可以看出，我国经济内外失衡的关键在于国内消费市场没有得到充分释放。现行的汇率制度、出口刺激等政策，又进一步加剧了"双顺差"的程度（见图 5.2）。

5.4.2　中国走向消费大国与内外结构均衡动力

要有效调整内外结构，除了在外汇制度、出口制度等方面做出有效调整外，更重要的是加快释放消费需求。

第一，我国消费需求释放有望打破"双顺差"的锁定。从以上分析可以看出，我国内外结构失衡，根子在"内"，即消费不足。"外"的因素，尤其是国际金融危机，只是凸显了"内"的问题。要理顺内外均衡，根本出路在于加快释放国内巨大的消费潜力。罗奇给中国转型开出的药方是，加快建立消费社会，有效激活大众消费。尤其是要为涌入城市寻找工作的众

① ［美］史蒂芬·罗奇.失衡［M］.易聪，等译.北京：中信出版社，2014.

多农民工提供就业机会,就必须建立充满活力的服务业。同时也要加快完善公共服务体制,降低居民对未来预期的不确定性,从而减少储蓄。可通过财政和其他手段(如法律、法规),缩小城乡、地区和阶层间的收入差距。深化国内金融市场、投融资体系改革,使国内储蓄能够顺利转化为国内投资。

第二,过去几年我国出现的结构性改善,根源在于消费需求的加快释放。例如,外贸顺差占 GDP 比重已经从 2007 年的 7.61% 下降到 2012 年的2.82%,并且基本上稳定在 4% 以内。我国经常账户顺差占 GDP 比重也在下降,从金融危机前最高的 9.4% 降到了 2011 年 1.4% 的水平。这几年我国外贸顺差下降的主要原因并不是出口增速的下降,更多的是进口的加速,是国内需求加快释放带来的对外部商品与服务需求的增加。一个指标是消费贡献率开始稳定,2011 年最终消费对经济增长的贡献率为 55.5%,6 年来首次超过投资成为拉动经济增长的第一动力。李稻葵和徐翔(2012)[1]的研究表明,从 2007 年开始,进口上升中有 71.2% 来自进口消费品的增加,进口消费品占比和总数都在较快上升,成为顺差下降的重要动力。这表明我国内需的上涨事实上是外部结构改善的主要原因,内因是外部失衡缓解的主要因素。

5.4.3 消费需求释放与内外结构均衡调整前景

有学者曾经做过预测,如果把居民消费率从 35% 提高到 50%,就意味着每年将会有 5 万亿元左右的商品由现在用于投资和出口转变为让老百姓消费。[2] 如果这个预测成立,那么将实质性地转变我国的内外结构。初步预测表明,我国 2020 年的内需规模将达到 45 万亿~50 万亿元,如果这个需求能够得到有效释放,那么到 2020 年我国内外结构的前景有可能是:

---

[1] 李稻葵,徐翔.市场机制是中国经济结构调整的基本动力[J].比较,2012(6).
[2] 郑新立.扩大内需就要提高居民消费率[N].经济参考报,2009-04-01.

第一,随着国内需求的释放,我国"双顺差"的失衡格局有望得到实质性转变。例如,我国巨大的消费需求要求进口更多的国际商品和服务,未来几年我国有可能出现贸易逆差。按 2013 年我国进出口情况,如果未来几年进口增速超过出口增速 2~3 个百分点,那么我国最快将在 2018 年出现贸易逆差,在 2020 年出现贸易逆差的可能性也比较大。一旦出现贸易逆差,那么我国巨额的外汇储备将停止增长,在推进汇率浮动改革下,人民币被动超发的压力将明显减轻(见表 5.18)。

表 5.18　我国贸易顺差的四种情景估算

年份	情景一：出口增长7%	情景1：进口增长10%		情景2：进口增长9%		情景二：出口增长8%	情景3：进口增长11%		情景4：进口增长10%	
		进口估算	贸易顺差估算	进口估算	贸易顺差估算		进口估算	贸易顺差估算	进口估算	贸易顺差估算
2013	2.21	1.95	0.26	1.95	0.26	2.21	1.95	0.26	1.95	0.26
2014	2.36	2.15	0.22	2.13	0.24	2.39	2.16	0.22	2.15	0.24
2015	2.53	2.36	0.17	2.32	0.21	2.58	2.40	0.18	2.36	0.22
2016	2.71	2.60	0.11	2.53	0.18	2.78	2.67	0.12	2.60	0.19
2017	2.90	2.85	0.04	2.75	0.14	3.01	2.96	0.05	2.85	0.15
2018	3.10	3.14	−0.04	3.00	0.10	3.25	3.29	−0.04	3.14	0.11
2019	3.32	3.45	−0.14	3.27	0.05	3.51	3.65	−0.14	3.45	0.05
2020	3.55	3.80	−0.25	3.56	−0.02	3.79	4.05	−0.26	3.80	−0.01

数据来源:课题组测算。

第二,我国将从"制造大国"变成"消费大国"[①],消费需求将成为我国参与国际竞争的突出优势。如果我国巨大的消费潜力得到释放,不仅会给自身发展带来深刻变化,也将给世界带来积极影响。最大的变化是,我国有可能从传统的"制造大国"转变成"消费大国"。在这种情况下,我国与世界的关系也将发生实质性转变。我国参与国际竞争,将摆脱单纯的

---

① 迟福林.全面深化改革,"中国消费"有望取代"中国制造"[N].新华每日电讯,2014-04-03.

低成本优势,而基于可持续的消费规模优势。有调研表明,过去进入我国的跨国企业,更多的是看中我国的低成本优势;而在我国转变成"消费大国"后,巨大的市场潜力将成为吸引更多跨国公司进入的原因。尽管我国制造业成本上涨,但是83%的制造商还是选择继续留在中国的经营,而吸引它们的是中国庞大的消费市场。78%的受访公司表明中国庞大的市场是它们欲维持现状的原因。大部分决定进入中国市场的跨国公司认为,将中国市场加入自己全球供应链的公司比仅将中国市场作为低成本及出口导向型生产基地的公司更具有竞争优势。①

① 沈威风.从中国制造到中国消费[N].经济观察报,2008-03-21.

6 走向消费主导的经济转型

从理论与计量分析看,我国经济转型的核心目标是从投资主导走向消费主导,这决定了经济社会领域其他方面转型的实际进展。本章提出我国经济转型的核心目标,分析消费主导的基本特征,明确阶段性的目标要求。

6.1 经济发展方式转变的实质

1995 年中共十四届五中全会通过的《关于制定国民经济和社会发展"九五"计划和 2010 年远景目标的建议》,提出了推进经济增长方式从粗放型向集约型转变的战略目标。中共十七大又提出转变经济发展方式的三条路径。尽管这些年我国经济增长方式转变取得了一定成效,但与经济社会发展的要求还有比较大的差距。"十一五"时期服务业增加值与服务业的就业比重未实现预计目标,产能过剩问题还相当突出。究其原因,并不是政策调整力度不够,而是经济发展方式转变的核心问题没有抓准。无论是产业结构调整还是投入结构调整,关键都在于消费的有效释放。也就是说,我国经济转型、经济发展方式转变的内核是消费主导。

6.1.1 超越"粗放"与"集约"的范畴

粗放型增长方式主要依靠生产要素投入规模的扩大来促进经济增长。以这种方式带动经济增长,高投入、高消耗、高污染、低效益"三高一低"的特点明显。集约型增长方式主要依靠提高生产要素的质量和利用效率来实现经济增长。以这种方式实现经济增长,消耗较低,经济效益较高。

从经济生活实际看,从粗放型增长转向集约型增长很重要,但其并不是增长方式转变最核心的任务。"集约"与"粗放"的分析只涉及生产方式的改进,其基本目标是提高投资效率和生产力。如果存在有效消费需求,提高生产力就能形成"生产—消费"和"投资—消费"的良性循环;反之,投资效率越高,投资消费失衡就越明显,产能过剩问题就越突出。

例如,我国重化工业在20世纪90年代进入快速发展时期。重化工业的一个特点就是生产的集约化,但集约化的过程却伴随着产能过剩的不断恶化。以粗钢为例,近年来我国粗钢产量增加主要是由大型钢厂贡献的。2009年我国粗钢产量约为5.74亿吨,排名前十的公司产量合计2.71亿吨,占47.21%;2010年粗钢产量约为6.27亿吨,排名前十的公司产量为3.05亿吨,占48.64%,产能集约化程度提高约1.4个百分点(见表6.1)。在5300万吨新增产能中,前十大公司产能新增约3400万吨,约占64.15%。这表明,随着钢铁行业集约化程度的不断提升,我国粗钢产能过剩问题日益严重。

表 6.1 2009—2010 年全国粗钢产量情况 （单位:百万吨）

排名	公　司	2010	2009
	全国粗钢总产量	626.70	573.60
1	河北钢铁集团	52.86	49.69
2	上海宝钢集团	44.50	38.87
3	鞍钢新轧钢股份有限公司	40.28	37.36
4	武汉钢铁集团	36.55	30.34

续表

排　名	公　　司	2010	2009
5	江苏沙钢集团	30.12	26.39
6	中国首钢集团	25.84	19.48
7	山东钢铁集团	23.15	21.31
8	河北新武安钢铁集团	18.59	16.71
9	天津渤海钢铁集团	17.44	15.95
10	马鞍山钢铁(集团)控股有限公司	15.40	14.83

资料来源:"2010 年全国粗钢产量排行以及 2010 年度钢产量前十钢厂排名",笔者梳理。

把增长方式聚集在由集约到粗放的转变,也不涉及分配问题。一般来说,资本的深化进程改变了资本有机构成(资本—劳动比),其结果是工业化生产越集约,劳动者报酬占比越低,消费与供给矛盾越突出,形成"生产越集约—消费越节约—产能越过剩"的恶性循环。

6.1.2　政策调整与体制变革

1998 年亚洲金融危机爆发后,扩大内需、释放居民消费需求成为基本的政策导向,我国连续四年实施扩大内需的方针,主要是实行积极的财政政策,并配合以稳健的货币政策,以期"把四万亿居民存款的老虎"赶出笼子。但由于简单地把消费作为增长的"三驾马车"之一,刺激消费的效果并不明显。应对 2008 年国际金融危机的冲击时,中央强调要扩大消费的作用,并且采取了"家电下乡"等刺激消费的政策,这些政策在短期内发挥了拉动消费的重要作用,但没有形成制度和机制,没有从根本上解决消费需求不足的矛盾。与之对应的是,两次反危机和保增长手段仍然严重依赖于投资,结果导致增量资本产出率的巨幅波动,拉动一个单位的 GDP 需要新增更多的投资,投资拉动经济增长的成本不断走高、效益不断走低。由此,解决投资消费失衡的矛盾,关键是打破投资主导,推进消费释放的体制变革。

6.1.3 需求端与供给端变革

消费主导的经济转型,实质是由投资拉动、政府主导转向消费拉动、市场主导。古典经济学与新古典经济学认为,供给自动创造需求,需求端不需要专门研究,需要研究的是如何通过改进供给端的效率以促进经济增长。在大萧条背景中诞生的凯恩斯主义则认为,短期内有可能出现需求不足的情况,从而出现产能过剩与经济危机。因此,短期内需求管理应当成为政府的基本职能。

我国经济增长面临的挑战和约束与成熟市场经济国家有着明显的不同。在成熟市场经济国家,随着工业化和城镇化进程的推进,投资和消费在经济增长中的比例会自动调整。但由于体制机制的掣肘,我国工业化和城镇化很难自动带来投资消费关系的自动调整。我国不但面临着工业化和城镇化的挑战,而且面临着经济转轨的挑战。一方面,在供给端,我国市场化改革远未完成,市场在资源配置中的决定性作用和地位往往会受到行政力量的干扰,许多投资反映了行政意图而非市场驱动。为此,消费主导的一项重大任务是推进市场化改革,提高供给端的效率。另一方面,在需求端,由于城镇化滞后于工业化,消费需求增长速度滞后于投资扩张速度。消费主导的一项重大任务是尽快释放潜在消费需求。

因此,释放消费,扩大内需,既不是简单的"新需求管理",也不是简单的"新供给管理",而是包涵了需求端与供给端两方面的变革,涉及全面的体制制度创新。

6.2 消费主导的基本特征

只有初步形成消费主导的基本格局,才能有效地解决需求结构失衡的矛盾,增强我国中长期经济增长的内生动力。消费主导与投资主导有着不同的结构性特征和制度性特征。为此,需要深入研究消费主导的基本特征,明确走向消费主导的目标选择。

6.2.1   结构性特征

从经济社会发展阶段的变化趋势看,投资主导型和消费主导型经济增长方式的主要区别体现在最终目标、经济发展方式、经济结构、经济增长动力、生产组织方式、消费结构、居民消费倾向等方面(见表6.2)。

表 6.2   投资主导与消费主导的结构性特征

	投资主导	消费主导
最终目标	追求 GDP 的高增长,追求经济总量的增长	追求人的全面自由发展
经济发展方式	"生产—消费"模式,生产为主导。生产带有盲目性,易导致资源或财富的浪费	"消费—生产"模式,消费为主导。生产以社会需求为目标,促进社会总福利增长
经济结构	经济结构重型化(产业结构中以第二产业为主)	经济结构轻型化(产业结构中以第三产业为主)
经济增长动力	以要素投入型为主,包括资金、资源、环境的高投入	以智力投入为主,主要是人力资源投入
生产组织方式	大规模的工业化生产	批量生产与个性化生产
消费结构	以满足私人消费为主,重点在于购买大众化的私人产品。物质消费、生存消费	在通过保障公共服务满足公共需求的基础上,重点在于满足小众化的私人产品。服务消费、发展消费、享受消费
居民消费倾向	居民消费倾向偏低,储蓄率高	居民消费倾向较高,储蓄率偏低
社会结构	金字塔型	橄榄型
生活方式	围绕生产,以服务生产为主	围绕发展,以满足消费为主
发展阶段	起飞阶段和趋向成熟阶段	高度消费阶段和追求生活质量阶段

6.2.2 制度性特征

从制度性特征的角度看,投资主导型发展模式和消费主导型发展模式在基本理念、政府定位、财政制度、税收体制、金融制度、贸易政策、产业政策、分配制度和社会体制等方面存在明显差异(见表6.3)。

表 6.3 投资主导型发展模式与消费主导型发展模式的制度性特征

	投资主导型发展模式	消费主导型发展模式
基本理念	投资主导	消费主导
政府定位	经济建设型政府,政府主导	公共服务型政府,市场主导
财政制度	建设财政,财政支出以经济建设为主	公共财政,财政支出以公共服务为主
税收体制	投资型税收体系(如生产型增值税)	消费型税收体系(消费型增值税)
金融制度	以投资、生产为目的的信贷	为消费服务的金融
贸易政策	出口导向战略,大力开拓国际市场,有巨额贸易顺差	国内外市场并重,进口、出口并重,贸易平衡
产业政策	农业为基础、工业为主导	鼓励服务业发展
分配制度	向资本倾斜	向劳动者倾斜
社会体制	以个人或家庭保障为主,公共服务短缺	较为健全的社会保障体制,推进城乡基本公共服务均等化

根据表6.2和表6.3可以进一步总结,消费主导涉及三大结构调整:(1)投资消费结构的调整,即以消费为导向来组织和实施投资;(2)产业结构的调整,即形成以服务业为主导的经济结构;(3)政府与市场关系的调整,即以市场决定为核心,从政府主导走向市场主导。这三大结构调整构成了我国现阶段消费主导经济转型的重大任务。本书将在本章及第7、8章中分别阐述。

6.2.3 消费主导经济转型的核心指标

从消费主导的结构性和制度性特征来看,在消费结构升级的趋势下,消费主导经济转型的核心目标主要有三个。

(1)消费率。消费率是衡量经济发展方式的核心指标,一个经济体拥有较高的消费率才能称为消费主导。为此,迟福林(2011)[1]曾提出,把消费率作为一个硬性指标,并且将其作为考核政府的约束性指标。

(2)居民消费率。我国早在"十五"计划中就提出了居民消费率要达到50%的目标,但这个目标一直没有实现。在消费中,政府消费很重要,但衡量一个经济体生活水平、发展水平更重要的是居民消费规模及其水平。为此,可以把居民消费率作为衡量消费主导经济转型进程的重要指标。

(3)消费贡献率。从时间序列上看,消费贡献率波动比较大。但近10年来消费贡献率波动幅度在缩小。走向消费主导基本标志之一就是消费在增长中的贡献率基本上趋于稳定。

6.3 消费主导经济转型的基本目标

6.3.1 提高居民消费率

(1)到2016年,初步实现消费主导。其基本标志是:最终消费率提高到55%左右;居民消费率提高到45%左右;消费初步成为经济稳定增长的内生动力。秦晖(2009)[2]指出,从国际经验看,出口主导型国家最终消费率要比一般国家偏低一些,但没有低于50%。例如,日本1980年最终消费率为55%,韩国1990年的最终消费比例为52.3%,马来西亚1990年为51.8%,泰国1990年为56.6%。我国初步实现消费主导,最终消费率至少要达到出口主导国家的低位水平。

---

[1] 迟福林.扩大消费需求是转变发展方式的重点[J].传承,2011(3):48—49.

[2] 秦晖.中国居民消费率为什么奇低? [J].凤凰周刊,2009-07-15.

（2）到 2020 年，基本实现消费主导。其基本标志是：最终消费率进一步提高到 60% 左右；居民消费率提高到 50% 左右；消费成为经济增长稳定的内生动力。市场经济国家的最终消费率没有低于 60% 的，我国基本实现消费主导，至少应当能够使最终消费率达到市场经济国家的最低水平。

6.3.2　实现基本消费公平

保障基本消费不但是经济行为的重要目标之一，而且是个人基本能力、人力资本形成的重要条件。现代市场经济条件并不追求，也不能保证个人在所有产品和服务上的消费平等，但要确保基本公共产品的消费公平，从而避免因公共消费不公平导致个人发展能力和发展机会的不平等。在这方面，要求公共财政在结构上做出重要调整。

（1）到 2016 年，基本实现城乡义务教育、基本医疗与公共卫生、基本社会保障、公共就业服务等基本公共服务制度的统一。用于教育、医疗卫生、社保就业、保障性住房四项基本公共服务的支出占国家财政总支出的比重由 2012 年的 35% 提高到 50% 左右，占 GDP 的比重由 2012 年的 8.48% 提高到 12%；将国家财政用于城乡个人基本公共服务支出水平差距控制在 40% 以内。

（2）到 2020 年，用于教育、医疗卫生、社保就业、保障性住房四项基本公共服务的支出占国家财政总支出的比重提高到 60% 左右，占 GDP 的比重提高到 15%；将国家财政用于城乡个人基本公共服务支出水平差距控制在 30% 以内。

6.4　消费主导经济转型与形成新的发展优势

在全球进入工业化阶段后，决定一个国家竞争力的，既有供给能力和投资能力的因素，更有市场规模的因素。从发展趋势看，在促进经济增长的因素中,尽管技术和生产仍很重要,但更重要的是市场与需求:谁拥有不断增长的市场,谁拥有不断增长的居民需求,谁就拥有真正的竞争优势。正如波特(2002)的国家竞争优势理论中提到的:一个国家需要实现的是具有稳定消费需求的消费型社会,消费拉动型经济增长方式才是真正健康的可持续的增长方式。① 当前,成熟市场经济国家正在苦苦寻找新的消费点,而我国城乡居民新的消费点不断涌现,消费结构升级和消费规模扩大,使我国有着其他国家无法比拟的消费大市场的优势。

6.4.1 规模优势

未来5~8年,随着消费主体的不断扩大和消费预期的改善,我国消费需求规模将呈现快速增长的态势。而这个不断增长的消费需求规模,将明显缩小我国与发达国家之间的差距。

从这些年我国居民消费规模的增长看,我国与美国、日本、欧盟之间消费规模的差距在明显缩小。1978—2011年,美国、日本、欧盟居民消费年均增长速度分别为6.30%、5.92%和5.89%,同期我国居民消费增长速度为11.52%。1978年,中国居民消费支出为715亿美元(现价美元),仅为美国的5%,而且在较长时期内一直保持在这一水平上下。直到1995年才达到6.81%,并且呈现加速提高态势。2005年突破10%,2011年突破24%。2011年,我国消费市场规模达到日本的73.28%和欧盟的25.49%(见表6.4)。

按这一增长速度下去,我国与发达经济体在居民消费总额上的差距将进一步缩小。如果我国消费需求增长保持在15%的水平,其他经济体消费增速保持不变,初步预测,到2020年,我国消费市场规模与发达经济体的差距将明显缩小。与日本相比,近几年我国消费市场规模占日本消费市场规模比重每年提高5~10个百分点,预计在未来3~5年我国消费市场规模将超过日本消费市场规模。与美国相比,按当前我国消费市场

---

① [美]迈克尔·波特.国家竞争优势[M].李明轩,邱如美译.北京:华夏出版社,2002.

规模占美国比重每年增长 3～5 个百分点的速度,到 2020 年我国消费市场规模有望达到美国的 50%。考虑到人民币升值因素,这一比重甚至有可能进一步提高到 60%～70%。与欧盟相比,到 2020 年我国消费市场规模有望达到欧盟的 50% 以上(见表 6.5)。

表 6.4　1978—2012 年中国、美国、日本、欧盟居民消费总额比较

(单位:亿美元)

年份	中国	美国	日本	欧盟	中国/美国(%)	中国/日本(%)	中国/欧盟(%)
1978	715	14276	5348	15511	5.01	13.37	4.61
1979	875	15912	5666	19022	5.50	15.44	4.60
1980	971	17559	5949	21867	5.53	16.32	4.44
1981	1043	19395	6508	19550	5.38	16.03	5.34
1982	1108	20755	6184	18849	5.34	17.92	5.88
1983	1238	22885	6828	18222	5.41	18.13	6.79
1984	1336	25011	7178	17397	5.34	18.61	7.68
1985	1594	27176	7556	17962	5.87	21.10	8.87
1986	1537	28967	11139	24475	5.31	13.80	6.28
1987	1374	30970	13583	30354	4.44	10.12	4.53
1988	1619	33500	16187	33582	4.83	10.00	4.82
1989	1784	35945	16082	34224	4.96	11.09	5.21
1990	1807	38354	16534	42204	4.71	10.93	4.28
1991	1869	39801	18665	43943	4.70	10.01	4.25
1992	2041	42369	20616	48158	4.82	9.90	4.24
1993	2046	44836	23966	44168	4.56	8.54	4.63
1994	2535	47508	26808	46777	5.34	9.46	5.42

年份	中国	美国	日本	欧盟	中国/美国 （%）	中国/日本 （%）	中国/欧盟 （%）
1995	3397	49873	29529	53371	6.81	11.50	6.36
1996	4084	52736	26114	54799	7.74	15.64	7.45
1997	4454	55707	23967	51652	8.00	18.58	8.62
1998	4738	59185	21966	53493	8.01	21.57	8.86
1999	5064	63428	25361	53625	7.98	19.97	9.44
2000	5539	68304	26740	49877	8.11	20.71	11.11
2001	5973	71488	23845	50483	8.36	25.05	11.83
2002	6410	74391	23052	54828	8.62	27.81	11.69
2003	6965	78041	24800	66832	8.92	28.08	10.42
2004	7880	82706	26674	76832	9.53	29.54	10.26
2005	8866	88035	26414	80518	10.07	33.57	11.01
2006	10297	93010	25231	85004	11.07	40.81	12.11
2007	12568	97722	24978	97138	12.86	50.32	12.94
2008	15924	100355	28256	104753	15.87	56.36	15.20
2009	17735	98459	30238	95229	18.01	58.65	18.62
2010	20791	102157	32566	94417	20.35	63.84	22.02
2011	26148	107290	35683	102574	24.37	73.28	25.49
2012	29842	—	—	95883	—	—	31.12

注：表中数据以现价美元计。

数据来源：世界银行数据库。

表 6.5　2011—2020 年中国、美国、日本、欧盟消费市场规模的估算

（单位：亿美元）

年份	中国消费市场规模估算	美国消费市场规模估算	日本消费市场规模估算	欧盟消费市场规模估算	中国/美国（％）	中国/日本（％）	中国/欧盟（％）
2011	26148.00	107290.00	35683.00	102574.00	24.37	73.28	25.49
2012	30070.20	114049.30	37795.43	108615.60	26.37	79.56	27.68
2013	34580.73	121234.40	40032.92	115013.10	28.52	86.38	30.07
2014	39767.84	128872.10	42402.87	121787.30	30.86	93.79	32.65
2015	45733.02	136991.10	44913.12	128960.60	33.38	101.83	35.46
2016	52592.97	145621.50	47571.98	136556.40	36.12	110.55	38.51
2017	60481.91	154795.70	50388.24	144599.60	39.07	120.03	41.83
2018	69554.20	164547.80	53371.22	153116.50	42.27	130.32	45.43
2019	79987.33	174914.30	56530.80	162135.00	45.73	141.49	49.33
2020	91985.43	185933.90	59877.42	171684.80	49.47	153.62	53.58

注：如果 2020 年我国消费规模达到 9.2 万亿美元，按美元兑人民币 1：5 的汇率估算，消费规模将达到 46 万亿元。这个估算在本书前面估算的区间内。

数据来源：课题组估算。

6.4.2　速度优势

我国消费增长速度远高于发达国家，居民消费呈现快速增长态势，与三大经济体（日本、美国、欧元区）消费低速增长甚至负增长形成鲜明对比。从 2011 年 9 月到 2013 年 12 月，我国社会消费品零售总额增长率均为两位数，即便 2013 年上半年增长速度有所回落，也达到 12％ 以上。在三大经济体中，美国月度社会消费品零售总额增长相对较快，但尚未达到两位数，日本和欧洲则大多在 3％ 以下或者负增速之间（见表 6.6）。我国快速增长的社会消费品零售总额，形成了我国强有力的优势。

表 6.6　2011 年 9 月—2013 年 12 月四大经济体社会消费品零售总额增长率

（单位：%）

时间	中国	日本	美国	欧元区	时间	中国	日本	美国	欧元区
2011 年 9 月	17.7	−1.1	8.5	−1.1	2012 年 11 月	14.9	0.9	4.2	−2.0
2011 年 10 月	17.2	1.9	8.0	−0.7	2012 年 12 月	15.2	0.2	4.8	−2.7
2011 年 11 月	17.3	−2.2	7.5	−1.4	2013 年 1 月	—	−1.1	4.2	−2.1
2011 年 12 月	18.1	2.5	6.8	−1.8	2013 年 2 月	—	−2.2	4.2	−2.1
2012 年 1 月	—	1.8	6.2	−1.1	2013 年 3 月	12.6	−0.4	2.8	−2.4
2012 年 2 月	—	3.5	6.8	−2.3	2013 年 4 月	12.8	−0.2	3.7	−1.3
2012 年 3 月	15.2	10.3	6.5	−0.1	2013 年 5 月	12.9	0.8	4.3	−0.2
2012 年 4 月	14.1	5.7	5.3	−3.6	2013 年 6 月	13.3	1.5	5.8	−1.6
2012 年 5 月	13.8	3.6	5.2	−0.7	2013 年 7 月	13.2	−0.3	5.4	−0.9
2012 年 6 月	13.7	−0.2	3.5	−1.0	2013 年 8 月	13.4	0.8	4.6	−0.2
2012 年 7 月	13.1	−1.3	4.0	−1.5	2013 年 9 月	13.3	3.0	3.4	−0.2
2012 年 8 月	13.2	1.3	4.9	−0.8	2013 年 10 月	13.3	2.4	4.2	−0.4
2012 年 9 月	14.2	0.4	5.4	−1.9	2013 年 11 月	13.7	4.0	3.9	1.3
2012 年 10 月	14.5	−1.2	3.9	−3.2	2013 年 12 月	13.6	2.5	3.2	−1.0

数据来源：日本、美国、欧元区三大经济体月度数据，国家统计局网站。

6.4.3　影响优势

我国内需优势在促进世界经济增长中具有拉动作用。国际金融危机爆发以来，我国内需成为世界经济增长的重要动力源。根据世界银行数据库的统计资料，2012 年我国 GDP 总量占世界 GDP 总量的比重已提高到 11.6%。同时，我国对世界经济增长的贡献率继续上升。2003 年，中国对世界 GDP 增量的贡献率是 4.6%，2009 年上升到 14.5%，成为全球第一大贡献国。根据高盛研究，2000—2009 年，中国对世界经济的累计贡献率已经超过 20%，高于美国。近几年来我国进口量持续提高，这意味着我国开始向全球购买商品和服务,开始成为全球主要消费板块。因此,走向消费大国,开启 13 亿多人口大市场的消费能量,将为世界经济再平衡做出巨大贡献。

7 消费结构升级与投资转型

在消费拉动经济增长中,一个重要因素是消费—投资的动态平衡。消费是决定投资的根本因素,投资总量与结构能否适应消费总量与结构,形成投资—消费动态平衡,是经济能否实现平稳增长的关键。本章重点分析以下几个问题:(1)消费结构是如何影响投资结构的?(2)我国投资消费结构错配的根源何在?(3)要实现投资—消费的动态平衡,需要如何推动投资转型?

7.1 消费结构升级与供给结构调整

7.1.1 消费结构与投资结构

消费结构升级意味着收入需求弹性低的商品的市场需求下降,而收入需求弹性高的商品的市场需求开始增长。在其他条件不变的情况下,即使消费总量不变,消费结构升级也将带来新的市场空间。基本分析逻辑如下:假设市场有两种商品,分别是低收入需求弹性的商品 A_1 与高收入需求弹性的商品 A_2。

(1)市场规模的变化带来了投资回报的相对变化。市场规模的扩大以及市场结构的调整(尤其是商品结构),使得不同商品的投资回报出现了变化。随着消费需求的释放,高收入需求弹性的商品 A_2 的需求将增加,从而使其投资回报呈现递增态势。需求变化后释放出来的消费(即效用不变情况下节约的收入),将主要用于 A_2 的消费。在其他条件不变的情况下,新增 A_2 的市场需求将使现有 A_2 的生产厂商的预期投资回报提高,从而使 A_1 和 A_2 的投资回报发生相应变化。

(2)投资回报的相对变化将引导投资结构调整。A_2 投资回报的变化将刺激新的投资流入。如果没有行政垄断等非市场因素,A_2 的投资将增加。在投资总额一定的情况下,A_1 的投资额将减少,A_1 和 A_2 的投资结构会发生变化。这表明,消费需求释放带来投资回报相对变化,并且带来资源配置的重新调整。

(3)投资结构调整将带来经济结构的调整。①产业结构出现变化。A_2 产业的比重将不断提高,A_1 产业的比重将不断下降甚至有可能降至 0。②就业结构发生变化。A_1 和 A_2 产业发展的不同态势,将吸引更多的劳动力流入 A_2 产业,引发就业结构的调整。③内外结构发生变化。如果过去国内无法生产 A_2(或者生产 A_2 不具有比较优势),在引入国际贸易因素后,就可以通过进口满足对 A_2 的需求,由此将带来经济体进出口结构的调整。

(4)结构调整形成经济增长方式转变的坚实基础。一方面,如果产业结构、城乡结构、内外结构都随着消费需求释放而不断得到优化调整,则经济增长方式将开始发生变化;另一方面,结构调整将形成有效供给,使 A_2 的消费需求得到有效满足,从而为进一步的需求升级奠定条件(比如从 A_2 提升到 A_3)。也就是说,结构调整又形成了消费需求释放的基础,两者将呈现良性循环的关系。

以上是从正反馈角度展开的分析(见图7.1)。如果消费需求得不到释放,以上过程就可能形成负反馈,即"消费需求被抑制→投资空间缩小与投资回报下降→投资结构固化→经济结构固化",其结果就是"增长陷阱"。

7.1.2 消费投资结构变化的背离

利用投入产出表,可以把我国城乡居民消费需求由八大需求的形式

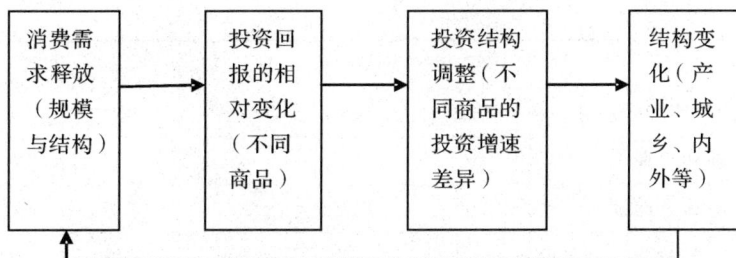

图 7.1　消费需求释放与结构调整

转化为产业需求形式,并且整理成城乡居民对三大产业的需求比重。对比同一时期的投资结构,可以看出,服务业的投资增长与居民服务需求增长速度严重不适应。2002—2007 年的 5 年间,第三产业需求比重提高了1.8 个百分点,但第三产业投资比重却下降了 5.6 个百分点,产业投资结构变动与产业需求结构变动呈现反方向(见表 7.1、表 7.2)。

表 7.1　1987—2007 年居民需求的产业结构趋势　　　(单位:%)

产业	1987 年	1992 年	1997 年	2002 年	2007 年
农业	34.6	27.8	29.7	19.9	9.8
食品工业	17.2	16.4	14.0	12.5	15.2
纺织工业	9.1	9.7	5.6	6.5	7.5
烟草制品业	3.1	3.3	3.0	1.5	2.1
木材加工家具制造业	0.5	0.7	1.2	0.8	0.6
造纸及纸制品业	0	0.2	0.2	0.2	0.1
文教体育用品制造业	0.3	0.4	0.6	0.6	0.4
化学工业	2.4	3.7	1.7	2.3	2.7
非金属矿物制品业	0.1	0.8	1.5	1.1	0.3
金属制品业	0.5	0.8	0.8	0.7	0.5
机械工业	2.8	3.6	6.0	6.0	9.2
其他制造业	0.8	1.2	1.4	1.0	1.5
能源工业	1.8	2.0	2.4	3.1	3.6

续表

产业	1987 年	1992 年	1997 年	2002 年	2007 年
水的生产和供应业	0.2	0.1	0.3	0.3	0.3
建筑业	0	0	0	0	0.9
运输仓储业	2.9	3.0	2.3	3.0	2.5
邮政业	0.4	0.3	0.3	0.3	0.1
批发和零售业	5.4	6.9	6.0	5.8	8.3
住宿和餐饮业	3.3	3.2	4.3	6.2	6.0
金融保险业	2.6	2.8	2.7	3.0	3.6
房地产业	5.6	6.4	6.9	8.2	6.3
其他服务业	6.3	6.5	8.4	16.8	18.3

资料来源:根据 1987 年、1992 年、1997 年、2002 年、2007 年投入产出表的原始数据整理。

表 7.2　2002—2007 年产业需求结构与投资结构的变动情况(单位:%)

产业	产业需求结构			产业投资结构			产业投资结构与产业需求结构变动的匹配情况
	2002 年	2007 年	变动	2003 年	2007 年	变动	
第一产业	19.90	9.80	−10.10	2.97	2.48	−0.49	产业投资结构变动幅度小于产业需求结构变动幅度
第二产业	36.60	44.40	7.80	38.42	44.53	6.11	产业投资结构变动幅度小于产业需求结构变动幅度
第三产业	43.30	45.10	1.80	58.60	53.00	−5.60	产业投资结构变动与产业需求结构变动呈现反方向

资料来源:笔者整理。

7.1.3　消费投资失衡的国际比较

投资消费结构变化的背离,带来了投资消费的严重失衡。无论从哪个角度进行比较,我国投资消费失衡都是比较严重的。

1.与世界平均水平比较

——从世界银行的数据看。1970—2011 年,世界平均居民消费率从

59.83％上升到61.95％,我国则从63.32％下降到34.39％。除1970年和1975年外,无论与哪个收入组别的国家比,我国居民消费率都是最低的(见表7.3)。

表7.3 1970—2011年各经济体居民消费率变化趋势 (单位:％)

年份	1970	1975	1980	1985	1990	1995	2000	2005	2010	2011
世界平均水平	59.83	60.16	59.69	60.42	60.08	60.75	61.41	61.13	61.58	61.95
高收入国家	58.32	59.13	59.10	59.97	59.85	60.83	61.55	61.93	62.62	63.06
中低收入国家	68.07	65.74	63.11	63.02	61.23	60.39	60.75	57.17	56.23	56.29
低收入国家	—	—	—	81.88	81.05	81.17	78.68	79.79	78.51	79.59
中低收入国家	73.95	70.67	70.71	68.99	67.52	67.82	67.63	64.53	63.91	64.79
中等收入国家	67.90	65.29	62.59	62.51	60.72	59.81	60.25	56.53	55.66	55.70
中国	63.32	62.29	50.29	51.32	46.73	42.68	46.69	38.10	34.58	34.39

资料来源:世界银行数据库。

——宾大世界表。按现价美元计,我国居民消费率2010年下降为34.79％,经过PPP调整后,轻微上升到35.26％。我国的居民消费率不仅明显低于除了新加坡外的发达国家,在新兴经济体中也是最低的(见表7.4)。

表7.4 宾大世界表1980—2010年人均GDP与居民消费率

(单位:美元,％)

年份			1980	1985	1990	1995	2000	2005	2010
中国	现价	人均GDP	277.03	594.92	863.78	1633.31	2441.52	4335.12	8124.92
		居民消费率	42.69	51.05	46.38	42.89	44.03	38.35	34.79
	2005年不变价	人均GDP	563.57	961.92	1156.52	1929.91	2823.29	4335.12	7129.74
		居民消费率	43.17	51.22	47.94	44.56	43.31	38.35	35.26
巴西	现价	人均GDP	3491.80	3931.27	4531.33	5581.17	6025.11	7234.05	9754.69
		居民消费率	61.77	63.39	67.20	67.87	68.93	67.66	69.00
	2005年不变价	人均GDP	6943.08	6140.16	6162.65	6649.07	6834.34	7234.05	8324.70
		居民消费率	63.90	65.84	68.39	69.93	69.13	67.66	71.90

续表

年份			1980	1985	1990	1995	2000	2005	2010
加拿大	现价	人均GDP	11531.43	15500.07	19941.50	22714.09	28764.72	36653.90	42678.60
		居民消费率	70.58	69.68	69.89	68.96	65.09	64.91	69.91
	2005年不变价	人均GDP	23590.37	25407.93	27585.08	28516.01	33565.19	36653.90	37110.40
		居民消费率	70.97	68.97	69.92	67.43	63.46	64.91	71.50
法国	现价	人均GDP	10405.33	13796.52	19057.38	21936.67	26231.58	31230.27	35222.51
		居民消费率	70.85	72.96	69.89	70.50	69.26	71.31	73.85
	2005年不变价	人均GDP	21421.43	22410.45	25766.23	26491.98	29657.84	31230.27	31299.30
		居民消费率	70.80	72.87	71.54	71.66	69.68	71.31	73.90
德国	现价	人均GDP	10309.82	13764.00	19481.63	23650.50	27254.95	31657.47	38288.92
		居民消费率	70.75	70.53	66.65	69.27	69.66	69.33	67.77
	2005年不变价	人均GDP	21697.64	22893.00	26495.19	28473.07	30988.23	31657.47	34085.35
		居民消费率	69.16	68.80	67.82	70.62	69.69	69.33	67.70
印度	现价	人均GDP	492.36	742.28	1047.95	1349.48	1717.32	2491.53	3995.61
		居民消费率	71.79	68.47	64.88	63.67	64.58	61.29	59.69
	2005年不变价	人均GDP	1029.93	1194.61	1428.64	1608.10	1921.45	2491.53	3476.78
		居民消费率	70.60	69.02	65.86	65.59	65.65	61.29	61.00
日本	现价	人均GDP	9169.98	13898.30	21069.35	24565.35	26720.92	31379.77	34655.04
		居民消费率	62.66	60.06	56.59	59.80	61.81	63.73	67.44
	2005年不变价	人均GDP	18744.75	21920.50	27638.50	28949.29	29777.70	31379.77	31453.08
		居民消费率	63.06	61.78	59.71	62.28	63.10	63.73	66.08
韩国	现价	人均GDP	2487.98	4681.95	9223.46	14222.91	17207.63	22577.33	28768.22
		居民消费率	66.78	59.24	52.03	52.50	53.68	54.88	55.88
	2005年不变价	人均GDP	5203.74	7220.59	11633.13	15850.57	18723.83	22577.33	26613.77
		居民消费率	65.69	62.32	57.10	57.82	56.12	54.88	53.71
马来西亚	现价	人均GDP	2086.65	2831.55	3977.45	6617.81	7917.35	10482.20	13992.54
		居民消费率	57.57	55.48	53.94	47.54	43.79	47.21	49.91
	2005年不变价	人均GDP	4249.59	4685.31	5814.66	8460.10	9474.39	10482.20	11961.50
		居民消费率	58.15	54.40	51.07	45.65	41.63	47.21	51.92

续表

年份			1980	1985	1990	1995	2000	2005	2010
墨西哥	现价	人均GDP	5110.83	6213.80	6914.17	7484.76	9988.35	11641.86	13430.03
		居民消费率	69.88	70.24	74.76	75.51	72.07	76.07	76.33
	2005年不变价	人均GDP	10225.06	9655.91	9427.19	9157.66	11379.90	11641.86	11939.77
		居民消费率	71.86	73.34	75.88	75.75	71.95	76.07	76.35
俄罗斯	现价	人均GDP	—	—	9218.84	6128.03	7612.83	12214.86	17004.97
		居民消费率	—	—	43.85	64.60	56.97	63.21	65.56
	2005年不变价	人均GDP	—	—	12393.59	8061.45	8525.83	12214.86	15062.24
		居民消费率	—	—	45.14	60.27	57.86	63.21	65.82
新加坡	现价	人均GDP	6860.73	10792.58	17403.83	25963.26	32807.55	41988.62	59615.24
		居民消费率	45.37	39.66	38.40	34.33	35.39	35.50	31.68
	2005年不变价	人均GDP	15341.07	18001.02	23546.70	31132.22	37052.95	41988.62	55838.63
		居民消费率	41.74	38.58	39.28	35.14	35.64	35.50	30.08
南非	现价	人均GDP	3146.40	3537.57	3973.11	4363.34	5042.65	6766.79	8907.70
		居民消费率	59.89	66.30	71.25	73.02	72.72	72.36	68.89
	2005年不变价	人均GDP	6017.05	5520.06	5407.73	5385.30	5873.62	6766.79	7508.78
		居民消费率	64.43	68.94	72.45	72.61	71.02	72.36	72.68
英国	现价	人均GDP	8148.30	11930.40	16755.11	20011.48	26510.82	33982.91	38463.11
		居民消费率	72.24	71.03	74.48	74.69	76.54	77.83	77.08
	2005年不变价	人均GDP	16655.20	19219.80	23160.80	24707.67	30152.06	33982.91	34266.97
		居民消费率	72.70	71.54	74.57	74.25	76.56	77.83	76.94
美国	现价	人均GDP	12180.01	17589.25	23053.98	27637.62	35080.38	42482.39	46568.57
		居民消费率	72.11	72.11	72.11	72.56	72.35	74.71	76.24
	2005年不变价	人均GDP	24985.43	28288.14	31451.99	33597.71	39643.50	42482.39	41376.08
		居民消费率	72.31	72.75	73.15	73.27	72.82	74.71	76.30

资料来源:宾大世界表。

2. 与同一发展阶段经济体比较

我国消费率偏低,一个解释是与我国特定的发展阶段相关。这种解释认为,当一国的人均 GDP 水平极低、经济尚未起飞、工业化和城镇化水平都很低时,投资率很低,消费率却很高,即存在"贫困型高消费"。当一国的经济开始起飞、工业化和城镇化开始加速时,经济发展需要大规模的基础设施投资、城镇化建设,这个阶段投资率将上升,而消费率将下降;当工业化、城镇化基本完成,经济进入比较发达的阶段后,投资率将逐步下降,消费率将逐步上升,并形成相对稳定的状态。也就是说,随着人均GDP的不断提高,投资率将呈现"倒 U 型"的变化趋势,消费率则呈现"U型"的变化趋势。但是根据表 7.4,从人均 GDP 与居民消费率的变动趋势中,看不出居民消费率随着人均 GDP 变化而发生系统性变化的趋势。在各个收入水平上,我国居民消费占 GDP 比重都明显低于世界平均水平,超出了可以用特定发展阶段解释的合理水平。

进一步利用世界银行的数据分析当前我国人均 GDP 与消费率的关系。2011 年、2012 年,我国人均 GDP 分别突破 5000 美元、6000 美元大关,这大致相当于 2002 年、2003 年的世界平均水平,日本 1976 年、1977年的水平,韩国 1989 年、1990 年的水平,新加坡 1981 年、1982 年的水平,美国 1971 年、1973 年的水平,德国 1974 年、1975 年的水平。在人均GDP 达到 5000~6000 美元的时期,我国的消费率均处于最低水平,其中,与美国相差近 32 个百分点,与新加坡相差近 10 个百分点;而投资率则高于美国近 30 个百分点,比新加坡也高出近 4 个百分点。因此,发展阶段的变化并不能完全解释我国消费率偏低的趋势(见表 7.5)。

表 7.5　人均 GDP 5000~6000 美元阶段时消费率和投资率的国际比较

国别	年份	人均 GDP（美元）	消费率（%）	投资率（%）	消费率－投资率
中国	2011	5445	49.10	48.30	0.80
	2012	6100	49.20	48.10	1.10
世界平均	2002	5323	——	20.60	——
	2003	5918	——	20.70	——

续表

国别	年份	人均GDP（美元）	消费率（%）	投资率（%）	消费率－投资率
日本	1976	5111	67.58	31.70	35.88
	1977	6230	67.74	30.70	37.04
韩国	1989	5438	64.01	33.90	30.11
	1990	6153	63.56	37.50	26.06
新加坡	1981	5579	58.67	44.80	13.87
	1982	6051	55.60	46.20	9.40
美国	1971	5360	80.86	19.10	61.76
	1973	6461	78.98	20.70	58.28
德国	1974	5457	75.73	24.68	51.05
	1975	6035	78.93	22.78	56.15
俄罗斯	2005	5337	66.23	20.08	46.15
	2006	6947	66.10	21.17	44.93
巴西	2006	5793	80.34	16.76	63.58
	2007	7197	80.15	18.33	61.82

注：以现价美元计。
资料来源：世界银行数据库。

3.与文化相近的经济体比较

我国消费率偏低,还有可能的解释是受特定的文化影响。东亚、东南亚国家和地区受历史和文化传统的影响,一直有比较高的国民储蓄倾向,消费率相对较低。但与东亚、东南亚国家1960—2010年消费率进行横向比较看,即便考虑文化因素,我国消费率偏低的程度也超出了东亚、东南亚国家的平均水平。从各国消费率的最低点看,马来西亚消费率最低点出现在2000年(53.92%),日本消费率最低点出现在1970年(59.95%),韩国消费率最低点出现在1990年(63.56%)。这些国家都没有低过50%,而我国2010年消费率就跌破了50%。因此,我国消费率明显偏低,不能完全用文化因素来解释(见表 7.6)。

表 7.6 1960—2010 年部分国家消费率和投资率变化的国际比较

年份	国家	人均 GDP（美元）	消费率（%）	投资率（%）	国家	人均 GDP（美元）	消费率（%）	投资率（%）
1960	中国	92	—	35.54	泰国	101	85.92	15.41
1970		112	71.07	29.02		192	78.83	25.58
1980		193	65.17	35.19		681	77.11	29.14
1990		314	60.87	36.14		1495	66.16	41.35
2000		949	62.47	35.12		1943	68.53	22.84
2010		4433	47.87	48.22		4614	66.63	25.94
1960	日本	479	—		马来西亚	299	74.53	13.77
1970		2004	59.95	38.84		392	75.71	20.19
1980		9308	68.85	32.10		1803	70.19	27.40
1990		25124	66.60	32.49		2418	65.52	32.36
2000		37292	73.45	25.10		4006	53.92	26.87
2010		43063	79.03	19.77		8691	59.69	23.15
1960	韩国	155	98.13	11.43	新加坡	15788	91.15	9.74
1970		279	84.84	25.36		23815	80.66	38.21
1980		1674	76.09	31.81		32641	61.97	44.98
1990		6153	63.56	37.51		33530	54.88	35.05
2000		11347	66.58	30.56		15788	53.97	33.18

注:以 2000 年不变美元价格计。
资料来源:世界银行数据库。

4.考虑并修正统计误差

我国消费率偏低,还有一种可能的解释,即我国转型时期统计资料的不完善带来了对消费率数据的低估。不少研究持这一观点。然而,分析表明,即便考虑统计误差,也很难解释我国消费率的偏低。即便服务消费被低估,也有可能带来服务业增加值的更大低估。在这种情况下,居民消费率不仅可能没有被低估,反而有可能被高估。例如,2012年居民消费规模为 188370.1 亿元,GDP 为 527607.7 亿元,居民消费率约为 36.55%。不能排除可能出现以下情况:居民服务消费被低估 5000 亿元,服务业增加值被低估 15000 亿元,则重估后的居民消费率约为 36.55%,即(188370.1+5000)/(527607.7+15000)。

表 7.7　2006—2009 年修正后的居民消费率

年份	统计局			估算居民居住虚拟租金	修正后数据		
	GDP（万亿元）	居民消费（万亿元）	居民消费率（%）		居民消费（万亿元）	GDP（万亿元）	居民消费率（%）
2006	22.2	8.2	36.9	2.2	9.8	23.8	41.2
2007	26.6	9.6	36.1	2.6	11.5	28.5	40.4
2008	31.5	11.1	35.2	2.4	12.7	33.2	38.3
2009	34.6	12.1	35.0	2.8	14.1	36.6	38.5

资料来源:彭文生,等.经济转型的消费轨道(上篇)——消费长周期的逻辑[J].金融发展评论,2012(07):34-52.

　　一方面,从现实情况看,我国服务业增加值被低估的可能性相当大;另一方面,即便对统计误差进行修正,投资消费关系也不会有实质性的改变。彭文生等(2012)[①]考虑了居民居住消费被低估的可能并进行了修正,只是把居民消费率提高了 3 个百分点左右,修正后的居民消费率仍然明显偏低,没有实质性变化(见表 7.7)。2015 年 6 月国家统计局对支出法国内生产总值数据进行了系统修订,结果显示 2000—2010 年我国的消费率与居民消费率确实存在下降趋势,而且确实远低于国际平均水平。

　　综合以上各个方面,无论是与世界平均水平相比,还是与人均 GDP 和我国处于相似水平的其他国家相比,或者与历史文化因素和我国相似的国家相比,我国消费率不断走低并且明显偏低是一个客观事实(见图 7.2)。

---

① 彭文生,等.经济转型的消费轨道(上篇)——消费长周期的逻辑[J].金融发展评论,2012(07):34-52.

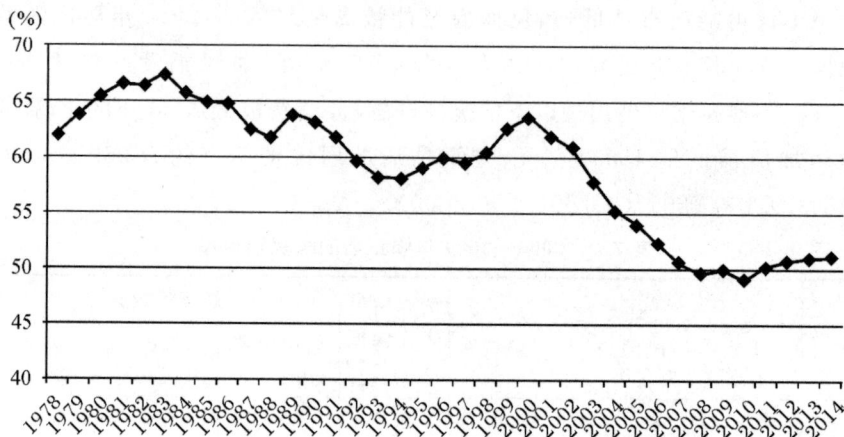

图 7.2　1978—2014 年我国修订后的消费率

7.2　我国投资消费结构失衡的影响

投资消费结构失衡,成为我国经济增长中最为突出的结构性挑战。在结构失衡下,产能出清难以推进,企业效益提升困难,经济下行压力不断加大。

7.2.1　宏观层面

主要表现为投资拉动经济增长的效率递减。投资与消费的脱节,导致投资整体效益下降,表现为增量资本产出率递增。国际上以 3 作为增量资本产出率的阈值。根据我国统计数据测算,1980 年我国的增量资本产出率为 1.98,即每增加 1 元 GDP 需要 1.98 元的投资。此后这一指标尽管有所波动,不过大都在 4% 以下,不过在 2009 年却飙升到 9.25% 的历史高位。虽然随后两年有所回落,但 2012 年仍然在 7.94% 的高点(见图7.3)。

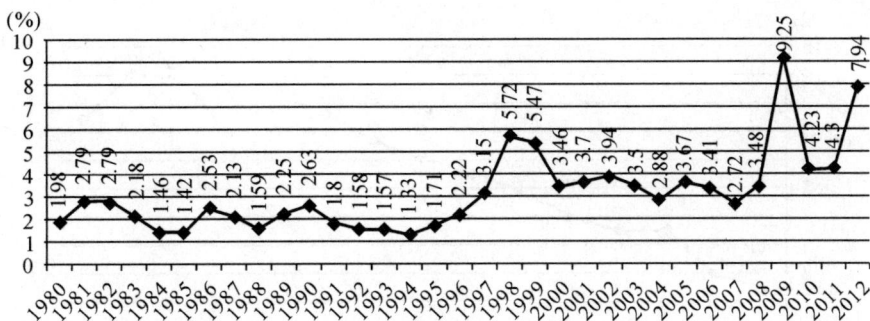

图 7.3　1980—2012 年增量资本产出率①

7.2.2　中观层面

主要表现为投资拉动的工业投资回报率走低。有研究表明,如果把被管制的价格考虑在内,我国相当多的重化工业投资带来的高盈利是有很大水分的(刘海影,2010)②,规模以上工业企业利润面临较大的下行压力。1998—2012 年,企业静态平均资产回报率为 6.93%,而同期 1 年期的贷款基准利率波动区间为 5.31%～7.92%。这意味着在这 15 年中,数十万亿元的工业企业资产所获得的投资回报仅能弥补基准利率。如果再考虑到通货膨胀因素,工业企业投资回报将无法弥补用于银行放贷的机会成本。③

7.2.3　微观层面

主要表现为企业投资效益递减,即企业资本回报率不断下降。夏斌(2013)④的测算表明,2012 年银行的加权贷款利率是 7%,规模以上企业的资产收益率仅为 8.8%。考虑到银行理财等成本因素,企业资产收益

---

① 增量资本产出率＝投资增加量/生产总值增加量。

② 刘海影.产能泡沫与金融风险隐忧[EB/OL].搜狐网,2010-09-16.

③ 在 1997 年、2007 年、2011 年,规模以上工业企业的统计口径发生了较大的变化。本章选用 1998 年基点的数据,在比较时采取分段分析的方法规避统计口径调整带来的影响。

④ 夏斌.勇于捅破经济泡沫[J].资本市场,2013(9):8—9.

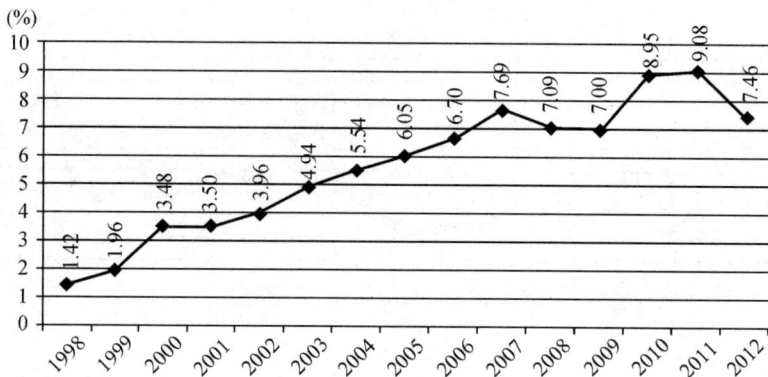

图 7.4　1998—2012 年规模以上工业企业资产利润率变化情况

实际上已经接近甚至超过融资成本(见图 7.4)。刘海影(2013)①的研究
表明,非金融上市公司的资本回报率(ROA)的平均值为 6%,其中 2007
年高达 8.9%,而到 2012 年第一季度低至 3.5%,甚至低于 1 年期的贷款
利率,表明企业投资回报覆盖债务利息的能力严重不足。

7.3　我国投资消费失衡的根源

7.3.1　市场垄断与投资冲动

(1)政府主导。政府主导型增长强调政府在经济增长中的主导作用。
作为一个发展中的国家,受传统历史影响和特殊国际政治经济环境的影
响,我国客观上采取了政府主导的经济增长方式。在我国经济起飞阶段,
强调政府的主导作用有着积极意义。政府制定不同的产业政策,通过利
率、信贷配给等方式使稀缺资源配置向重要产业和部门倾斜,促进相关产
业和部门的形成、发展和壮大。这也是日本、韩国等国家在经济起飞阶段
的通行做法。

---

① 刘海影.中国经济未来不确定性的主要来源[J].中国对外贸易,2013(12):14-16.

然而,在经济起飞后,过于强调政府作用的经济增长模式的弊端开始暴露出来,集中体现为政府与市场关系的错位。政府干预资源配置,对市场资源配置的功能产生噪音,形成挤出效应,不利于市场在资源配置中决定性作用的发挥,也不利于政府有为作用的发挥。更重要的是,供给导向的市场经济难以获得可持续的内生增长动力。如果不及时转变这种增长方式,经济增长就有可能掉入"中等收入陷阱"。

(2)行政垄断。国有垄断企业,特别是石油、天然气、煤炭、电力、电信、金融、保险、烟草等领域的央企和地方大型国企,凭借对重要公共资源的优先占用和低价甚至免费使用权,获取超额利润,把本应由全社会共享的发展红利异变成企业利益,异变成市场利润。此外,由于收租分红制度的不完善,国有企业和垄断行业积累了大量可供投资的未分配利润,成为其投资冲动的重要来源。"十一五"期间,国有企业获得的累计利润达到7.3万亿元,成为再投资资金的主要来源。这些资金和地方政府的投资冲动结合在一起,形成了体制性的投资过热。

7.3.2　社会保障与消费抑制

在社会安全网覆盖率不足、基本公共服务供给不平等的背景下,中低收入群体的预防性储蓄倾向更为明显。尽管中低收入者有较高的消费倾向,但随着医疗、教育、住房等成本和失业风险的上升,中低收入者不得不提高储蓄、压缩消费,从而降低了社会总体有效需求。

以农民工为例。农民工是我国重要的消费群体,但其消费抑制现象明显。《2013年全国农民工监测调查报告》显示,2013年外出农民工参加养老保险的比重仅为15.7%,远远低于城镇职工63%左右的参保率;参加医疗保险的比重为17.6%,参加工伤保险和失业保险的比重分别为28.5%和9.1%,参加生育保险的比重仅为6.6,都远低于城镇职工参保率。这些缺乏社会保障的劳动者为了应对未来的失业、养老、疾病等风险,被迫减少当前消费,提高储蓄率。笔者的测算表明,2011年监测流动人口的边际消费倾向为0.5665,低于同期城乡居民的0.6256和0.7931。

7.3.3　有效供给短缺

（1）服务业发展的滞后导致了服务有效供给的不足。服务业投资与消费出现明显背离。例如，2005—2010年，城市和农村居民的教育、卫生、社会保障和社会福利业、文化体育和娱乐业三大需求在总消费的比重分别超过15％和32％，但这三大领域的投资在固定资产投资中的比重却长期徘徊在4％左右（见表7.8）。

表7.8　2005—2010年全社会三项服务需求结构与投资结构对比

（单位：％）

	2005 年	2009 年	2010 年
城镇居民三项需求比重	33.93	32.71	33.29
农村居民三项需求比重	18.14	15.73	15.81
固定资产投资中三项投资比重	4.32	3.64	3.28

资料来源：根据《中国统计年鉴2011》测算整理。

（2）绿色产品有效供给严重短缺。杜会永（2011）[①]的研究表明，2000—2008年，我国城乡居民对绿色食品和有机食品的消费需求增加明显。在这方面的人均支出年均增速分别达到22.02％和45.15％，远高于10.66％的人均消费支出年均增速和10.20％的人均食品支出的年均增速（见表7.9）。但从供给侧看，《2012年绿色食品统计年报》显示，2012年经认证的绿色大米产量为1130.04万吨，仅为同期全部大米（稻谷）产量的5.5％；绿色猪肉产量为19.64万吨，仅为同期猪肉总产量的0.36％；绿色鲜果产量为1042.62万吨，为同期水果产量的4.3％。绿色产品供不应求的矛盾还比较突出。

---

① 杜会永.我国居民食品消费升级与食品产业结构优化研究[D].哈尔滨：哈尔滨商业大学,2011.

表 7.9 2000—2008 年我国城镇居民人均可支配收入、人均消费支出、人均食品支出、人均 GDP 情况

年份	人均 GDP（美元）	人均可支配收入（元）	人均消费支出（元）	人均食品支出（元）	人均有机食品消费（元）	人均绿色食品消费（元）
2000	949.2	6280.0	4998.0	1958.3	—	87.1
2001	1041.7	6859.6	5309.0	2028.0	—	104.0
2002	1135.4	7702.8	6029.9	2271.8	—	118.9
2003	1273.6	8472.2	6511.0	2416.9	—	138.0
2004	1490.4	9421.6	7182.0	2709.6	66.1	158.4
2005	1715.5	10493.0	7943.0	2914.4	66.2	183.2
2006	2027.8	11759.0	8697.0	3111.9	107.0	259.9
2007	2567.6	13785.8	9997.0	3628.0	177.2	324.9
2008	3268.2	15781.0	11242.9	4259.8	293.4	428.1
增加额	2319.0	9501.0	6244.9	2301.5	227.3	341.0
增长速度（%）	244.31	151.29	124.95	117.53	343.87	391.50
年均增速（%）	16.71	12.21	10.66	10.20	45.15	22.02

资料来源：根据 2000—2009 年历年《中国统计年鉴》和 2004—2008 年历年《中国绿色食品统计年报》整理。

（3）垄断提高了供给价格。例如，2012 年我国出境旅游超过 8000 万人次，海外消费额高达 850 亿美元。我国之所以成为海外购物消费的主要客源地，既有质量、品牌等多方面的原因，也有国内税后产品价格过高的原因。如果能够有效降低流通环节税收，或进一步降低进口关税，就可以拉动国内相关产业的投资需求，解决"内需外流"的问题。

7.3.4 消费基础设施问题

（1）与新兴产业相关的基础设施发展滞后影响了产业有效供给水平。尤其是需求潜力巨大的产品与服务消费的基础设施不配套，导致有效供给严重不足。例如，我国对新能源汽车的需求在不断增长，但是新能源汽

车充电网络等基础设施建设严重不足,制约了其推广使用。2014 年 1—2 月,我国新能源汽车推广总量尚不足 3000 辆。再例如,信息消费成为我国消费的热点,但我国农村宽带人口普及率仅为 6.3%,城市仅为 18.9%。在宽带普及率和上网速率方面,我国与发达国家还有比较大的差距。有 40%用户的宽带速度为 4Mb/s,远低于发达国家 18Mb/s 的主流速率。

(2)消费成本过高。例如,物流成本过高问题突出。中国物流与采购联合会的数据表明,2010 年我国物流总费用占 GDP 的比重为 18%左右,比发达国家高出一倍,我国的流通成本占到物价的 50%~70%,而美国的同一指标由 20 世纪 90 年代的 12%下降到 10%以下。

(3)消费信用体系建设滞后。发达国家在走向消费型社会的进程中,普遍经历了由投资型金融向消费型金融的转型。从我国的现实看,银行业目前仍呈现为投资型金融的格局。中国社科院(2013)①的研究表明,截至 2012 年年末,全国消费信贷余额达 10.27 万亿元,占金融机构信贷余额的比重仅为 16.42%,投资型信贷余额的占比高达 83.58%。在消费信贷结构上,商业银行住房按揭贷款余额约为 7.8 万亿元,占消费信贷余额的比重约为 76.3%。如果扣掉住房按揭和汽车贷款,我国消费信贷占比不到 20%。

7.4 走向投资消费动态平衡的投资转型路径

　　未来 5~8 年,促进投资消费动态平衡的关键在于推进投资转型,在投资转型中扩大投资规模,使投资率回归最优投资率区间。②

---

① 中国社科院.去年全国消费信贷余额已超过 10 万亿元[N].经济参考报,2013-07-25.
② 本部分主要内容已经公开发表。参见匡贤明.我国消费结构升级:生存型消费转向服务型消费[N].上海证券报,2015-04-04.

7.4.1　投资消费的动态平衡

（1）使投资率与消费率回归合理的区间。一个国家或地区，在一定的时期和一定的约束条件下，存在一个黄金储蓄率（黄金投资率）和最优消费率。拉姆齐模型的重要结论之一就是，在平衡增长路径上存在一个黄金律资本存量，这意味着存在最优投资率及其相对应的最优消费率。经济增长向最优投资率收敛的过程，将逐步实现平衡增长；反之，增长短期可能出现发散，中长期则可能出现系统崩溃。当然，不同的国家在不同的发展阶段，最优投资率和消费率不一样，并且会以最优区间的形式而不是一个孤立点的形式出现，但长期偏离黄金律（或黄金区间）的增长，无疑是不可持续的增长。

（2）把扩大投资建立在消费需求的基础上。消费主导并非不要投资，也不是排斥投资，更不是"恐投症"。一个经济体的成员的消费需求是一个不断扩大的过程。按照马斯洛的理论，人们在较低层次的需求得到满足后，会希望满足更高层次的需求，这个动态的过程给投资带来了巨大空间。例如，人们往往担心传统产业的消失会加剧失业问题，但有经验表明，随着新的需求的出现，新创造出来的就业岗位是消失的就业岗位的数倍。塞勒（2013）[①]认为，互联网每消灭一个工作，就会创造 2.6 个新工作，其背后无疑是有效投资的进一步扩大。我国未来投资仍然有较大的增长空间。比如，我国总资本存量规模等指标相比于发达国家还有较大差距。屈宏斌（2012）[②]的测算表明，我国资本存量（按当前价格计算）于2010 年年底达到 93.3 万亿元人民币，约合 13.8 万亿美元，仅为美国资本存量（2010 年年底为 44.7 万亿美元）的 30%；人均资本存量明显低于发达国家，2010 年人均资本存量为 1 万美元左右，不足美国的 8%，仅为韩国的 17% 左右；平均劳动力资本存量与发达国家差距更大，仅相当于

---

① ［美］迈克尔·塞勒. 移动浪潮［M］. 邹韬译. 北京：中信出版社，2013.
② 屈宏斌. 中国何来过度投资？［EB/OL］. 财经网，2012-03-01.

美国的 6％和韩国的 15％。从现实看,我国的投资消费失衡,不仅不适应消费需求过多形成产能过剩的问题一面,也有有效投资不足导致"内需外流"的问题一面。例如,服务业方面的投资明显低于社会需求,从而形成服务供给的明显短缺。如果把投资建立在消费基础上,服务业的有效投资需求将明显扩大。

(3)把调节投资与消费结构建立在有效的市场机制的基础上。无论是古典经济学、新古典经济学还是凯恩斯经济学,一个前提假设是高度市场化的经济体系。市场经济是以消费需求为导向的经济。投资消费的动态平衡,基本前提是"消费自由表达、投资自由决策",消费者有自由表达消费意愿的权利,并且能够在市场上通过货币竞价的方式表现其"显示性偏好";投资者能够通过市场价格信号,了解消费者需求变化,自由做出投资决策。与计划经济有明显不同的是,市场经济下,消费者需求可以得到充分、真实的反映,从而成为引导投资和资源配置的重要信号。从这个意义上说,市场是投资消费动态平衡的基础性制度。市场扭曲程度越大,投资消费失衡的可能性与程度就越大。投资消费动态平衡是市场机制下的动态平衡而不是计划体制下的动态平衡。

7.4.2 加快投资转型

1. 调整投资结构

一是调整以重化工业和基础设施为重点的投资结构。尽管短期内投资结构变化可能不明显,但在中长期投资结构必然会有显著变化:公共需求投资总量将快速扩大,投资比重快速上升;在保持基础设施适度投资总量的同时,投资比重将稳步下降。

二是加大公益性项目投资比重。随着发展型需求的快速增长,为满足发展型需求的基本公共服务投资也将快速增长。为适应这一客观趋势,应把投资的重点转向教育、医疗、社会保障等公共产品领域。这不但能够改善国内消费预期,而且能够有效缩小城乡差距和化解社会矛盾。比如,扩大优质教育的投资,以适应居民对优质教育需求的不断增长,可以减少"消费外流"。再比如,加大文化产业的投资,不仅可以将潜在的文化消费需求转化为现实的经济增长,还有望在加快服务业主导的经济结构转型升级方面取得重要突破。

2.优化投资来源

一是政府主导的投资不能作为投资主渠道。从现实情况看,政府主导的投资模式越来越难以持续。比如,出现了产能过剩加剧、投资的边际效益递减、金融风险增大等问题。为此,不能把政府投资作为继续扩大投资的主渠道。这就需要:一方面,调整政府投资的存量,重点是调整国有资本的战略配置,以公益性为导向加大对社会领域的投入;另一方面,重点是释放社会资本活力,扩大民间资本投入。

二是支持并鼓励社会资本进入公益性领域和垄断行业。这样做不仅能缓解经济增长的短期困难,而且还能提高投资效率,促进经济结构调整。此外,通过打破垄断,鼓励社会资本进入一些相关的产业。在石油、铁路等垄断行业,营造公平竞争的环境,让各类资本尤其是民间资本能够无障碍进入。

三是打破利益掣肘。民营经济发展既面临"政策玻璃门"的阻碍,更面临"利益玻璃门"的阻力。需要尽快打破这一利益掣肘,确保社会资本顺利进入垄断行业。

3.提高投资效率

一是投资方式由政府主导转向市场主导。当前,我国投资增长过快的主要原因就在于政府主导的经济增长方式,政府既是投资调控者又是直接的投资主体。政府一方面出台政策对经济活动进行监管和调控,以促进经济的健康发展;另一方面,又以各种方式直接或间接参与到具体的投资活动中。这种双重角色直接影响了政府调控政策的实际效果。

二是改变地方政府竞争性的经济增长模式。地方政府以扩大经济总量为目标,这是特定历史阶段的产物。尽管在推动我国经济高速增长中发挥了重要的历史性作用,但其已经带来土地财政、债务风险、产能过剩、资源环境污染等一系列问题。这就要求加快中央、地方关系的调整与改革,尽快改变地方政府竞争性的经济增长模式。

三是提高政府投资的效率。城乡居民的公共需求仍在持续快速释放中,公共领域投资的空间和缺口仍然很大。政府投资公共服务的效率有多高,决定了公共需求释放的程度有多高和速度有多快。尤其是在经济不景气导致政府财政收入增长趋缓的背景下,迫切需要提高政府投资的效率。未来,需要在政府承担最终责任的前提下,以政府投资引导撬动社会资本投入公益性领域和项目;充分发挥市场机制的作用,采取合同外包、政府采购、公共服务券、特许经营等方式鼓励社会力量参与,增强基本公共服务供给的可持续性。

7.5 构建投资转型的基础制度

推进消费拉动的投资转型,核心是实现投资与消费的动态平衡,使投资结构适应于消费结构变化的趋势,减少无效投资和低效投资。未来几年,需要在加大改革力度中形成能推动投资消费动态平衡的体制与政策。

7.5.1 改变政府主导的投资体制

(1)避免政府干预资源配置引起投资与消费需求脱节。政府干预容易引起资源要素价格扭曲,错误引导资本流向,导致投资与消费的结构失衡。政府通过压低资源要素价格降低了所扶持产业的成本,不但造成与消费需求脱节的产能过剩,而且降低了其他行业对资本的吸引力,导致有效消费需求的投资不足。例如,拥有巨大潜在消费需求的服务业要素价格扭曲严重。商业服务用地价格明显高于工业用地价格,2013 年,全国105 个重点监测城市的商业服务用地价格和工业用地价格每平方米分别为 6306 元和 700 元,商业服务用地价格比工业用地价格高出 8 倍。①

(2)避免行政审批和准入制引起有效供给不足。教育、医疗、通信、金融、运输等服务部门大都对社会资本和外资设立了准入限制。许多行业的市场准入仍需要烦琐的资质和认证,存在投资审批效率不高和过程不透明等问题。为此,要尽快放宽服务业准入,释放服务业领域中的社会资本活力,增加有效供给。

(3)弱化地方政府投资冲动的内在激励。例如,许多地方以远低于实际土地价值的价格吸引投资,这不可避免地损害了投资消费动态平衡的市场调节机制,带来产能过剩、地方债务风险、房地产泡沫等一系列问题。应尽快改变总量导向的政绩考核制度和财政体制安排,改变地方政府通过刺激投资拉动经济增长的内在激励机制。

(4)加大对基本公共服务的投资。政府加大对教育、医疗、社会保障等公共产品和公共服务的投入不仅能改善消费预期,还能创造需求。为此,第一要确保政府基本公共服务的投入资金落实到位;第二,要在公共产品和公共服务出现价格过高的情形时,明确政府有平抑公共产品与公共服务价格的职责,以避免有效供给不足导致消费抑制;第三,要探索以财政性投入撬动社会资本进入公共产品和公共服务领域的体制机制,增加公共服务的有效供给。

7.5.2 发挥市场在促进投资消费动态平衡中的决定性作用

(1)形成消费需求引导投资需求的市场传导机制。把投资建立在消费基础上,使投资结构随着需求结构的调整而调整,重要的前提在于有一个能够及时、灵活反映供求变化的价格体系。在资源要素价格实现市场化的条件下,资本要素的流动会受到真实成本的约束和收益的激励,资本会从回报率低的行业流向回报率高的行业,投资与消费有其内在的动态

---

① 国土资源部.全国 105 个主要监测城市住宅地价 5033 元/平方米[EB/OL].人民网,2014-02-11.

平衡机制。经济主体会通过有效的价格机制发现生产的真实社会需求，从而根据需求变化动态调整投资决策和资源配置。

（2）加快利率市场化进程。要改变当前实际利率偏低、储蓄者补贴投资者的金融格局，需要尽快取消利率管制和利率歧视，在加快放开贷款利率下限的同时逐步放开存款利率，用 5 年左右时间，基本实现以上海银行间同业拆放利率为基准的市场化利率。

（3）建立自然资源和环境的价格市场化形成机制。这是还原企业真实生产成本进而影响投资决策的重要手段。尽快形成成品油、天然气市场价格形成机制，完善煤电价格联动机制，全面实行水电气梯级价格制度，加快资源税改革；建立完善的碳源碳汇监测与调控机制，建立全国性的碳交易市场体制，全面开展排污权交易。尤其是，要形成约束和规范地方政府扭曲资源要素和环境价格的体制与制度。

7.5.3 保障企业的投资主体地位

（1）保障各类所有制企业平等的市场主体地位。在资本、土地等生产要素的使用上，在税收金融政策上，在法律地位上，政府对待不同的所有制企业不应有任何差别，使不同所有制企业的投资和投资收益受到同等的法律保护。

（2）清理和取消破坏公平竞争市场环境的产业政策。产业政策应以不扭曲公平竞争的市场环境为前提，可以服务业开放为重点向社会资本放开准入条件，引导社会资本进入需求潜力巨大但有效供给不足的产业和领域。发展新兴产业的优惠政策不应以所有制、规模大小为标准或以特定市场主体为扶持目标，而应当对国有资本和民间资本一视同仁，对大中小企业一视同仁。

7.5.4 改变投资需求刺激型的财政政策

（1）刺激投资需求的财政政策加剧了投资消费失衡。财政政策无论是对出口产业的投资激励（如出口退税政策），还是对国有企业的投资激励(如高额补贴),都扭曲了企业真实的成本约束,容易导致过度投资。

(2)从改善有效需求和有效供给的角度重新考虑财政政策。从扩大有效需求的目标看,财政政策的重点应放在提高居民消费能力、改善消费预期等方面;从促进有效供给的角度看,财政政策的重点应当放在降低服务业税负水平、提高公共服务供给能力、改善投资与消费环境等方面。目前,地方政府各类税收优惠政策都是针对投资者,应加快清理地方政府招商引资的财政补贴和税收优惠政策,规范与约束地方国企和政府投融资平台的财政贴息贷款等,使财税政策在维护全国统一大市场,在更广范围内实现公平竞争的市场秩序上扮演重要角色。

(3)以消费者导向的补贴政策引导投资转型。改变当前政府各类政策主要补贴生产者的做法,以消费券的形式补贴中低收入者,消费者可以自由选择产品和服务的提供商,有序引导消费释放拉动经济增长的投资。除了发放一般性消费券外,重点针对教育、文化、医疗保健、旅游、新能源汽车等领域发放消费券,以鼓励这些产业的发展。通过税收来鼓励消费者选择绿色环保产品,从而拉动绿色工业、绿色农业和服务业的投资。

7.5.5　以投资消费动态平衡为重点改革金融体系

(1)金融政策要避免刺激过度投资。以往的高投资率依赖宽松的金融信贷政策。尤其是以国有银行为代表的金融体系为国有企业、地方融资平台的投资扩张提供了大量低成本的信贷。2003—2013年,金融机构贷款余额由16.98万亿元上升到71.9万亿元,名义规模在11年间扩张了3.2倍,贷款年均增长率远高于GDP增长率,2009年受"四万亿元"投资计划带动,当年投资增长率甚至达到33%的历史高位。[①] 如果不是信贷扩张刺激了投资需求,在资本回报率逐步下降成为一个客观趋势的背景下,很难保持如此高的投资率。因此,未来金融政策的重心应当放在优化资本要素配置和提高资金使用效率而不是扩大资金投放上。

---

① 数据来源:国家统计局. 中国统计年鉴 2013[M]. 北京:中国统计出版社,2013.

（2）大力发展多层次、健康、高效的资本市场。提高金融资源配置的效率,使适应市场需求变化的投资项目获得融资,从而促进投资消费的动态平衡。加快银行体系改革,改变民间融资依赖影子银行的局面;鼓励更多的民间资本进入金融机构,促进民间金融业的健康发展;在提高股票市场服务于中小企业融资力度的同时,发展面向中小企业的债券市场;在风险可控的前提下,降低沪港通的投资门槛,倒逼国内股票市场改革;促进债券市场发展,为企业筹措资金,提高债券市场的风险管控水平。

8　消费结构升级与服务业主导转型

　　进入发展型新阶段后,城乡居民消费需求规模不断扩大,消费结构快速升级。其中,最重要的特征就是服务需求不断扩大,占比不断提高。与此同时,服务供给尚不适应服务需求变化的趋势,形成了巨大的供给缺口。在这个发展趋势下,继续工业主导的增长方式,很难根除经济生活中包括产能过剩在内的问题,需要明确从工业主导向服务业主导转型的基本思路。本章将重点分析产业结构的动态平衡。匡贤明和田光明(2014)①提出的基本思路是:促进消费释放的关键在于加快服务业发展,明确服务业的主导地位,推进服务业对内对外开放,以此扩大有效的服务供给,满足被抑制的服务消费需求。

8.1　消费的本质与服务的享受

　　消费的实质在于满足人的需求,不管是消费物质产品还是消费服务产品,购买的都是一种专业化、便捷化、特色化甚至体验化的服务。在消费新时代,消费作为服务享受的本质特征表现得尤为突出。

---

　　① 匡贤明,田光明.消费新时代:技术进步与服务业发展[N].上海证券报,2014-05-09.

8.1.1　消费带来的服务享受是发展的基本目的

法国古典经济学先驱者布阿吉尔贝尔认为,消费是一切财富的要素,财富是人们全部的享受。世上的一切财富,只是由消费组成,地上最美味的果实和最珍贵的食物若未被消费,服务未被享受,就与废物无异。① 例如,消费者购买粮食,并不是为了购买粮食本身,而是为了购买食物带来的享受;消费者购买电器,并不是为了购买电器的零配件,而是为了购买电器给日常生活带来的便捷服务;消费者购买服务类产品,更是为了享受到相应的服务。

消费不仅仅是物质或产品消耗,它也是个体享受服务的过程。在享受服务的过程中,消费者得到了两方面的益处:一是通过服务享受补偿了劳动力损耗;二是服务使社会成员的分工进一步专业化,从而提高了效率。从国际经验看,一个经济体的服务业越发达,其分工程度越高,劳动生产率越高,经济增长的动力也就越强。

从消费就是享受服务这个角度看,从农业文明进入工业文明,最大的变化就是由于专业化和分工的细化,社会成员很难再通过自给自足来满足所有的服务需求,而必须通过市场来获得满足其消费的产品和服务。②

8.1.2　消费升级与服务升级的直接融合

(1)消费升级首先带来的是服务升级。从发展的阶段看,伴随着经济发展水平的不断提高,社会成员消费需求的变化,主要表现为对服务品质追求的元素增多。也就是说,消费升级主要表现为服务升级。

(2)在生存型阶段,城乡居民以吃饱为主要目标。由于供给短缺,我

---

① ［法］布阿吉尔贝尔.布阿吉尔贝尔选集［M］.伍纯武,梁守锵译.北京:商务印书馆,1984.

② 消费需求与生产供给在时间与空间上的不匹配,在提高生产效率的同时,也潜伏着出现危机的可能。也就是说,一旦消费需求与生产供给出现脱节,商品很难在市场中"变现"(即成功销售出去),这就会出现产能过剩,导致危机。

国在改革开放之初还存在凭票供应的现象,食物消费最大的享受就是温饱。

——随着温饱问题的解决,居民食品消费开始向着"吃好"提升,开始对食品的营养价值提出新的要求。越有营养的食品,越能够适销对路。

——更多地注重食品的特色。随着全民营养水平的普遍提高,甚至在某些人群已经出现营养过剩的情况下,人们开始注重饮食环境,希望尝试不同特色的饮食。

——享受特色食品的优质服务。在尝试了不同特色的环境后,人们对餐饮服务提出了更高要求,能够更好地满足消费者的餐饮服务更加受到市场欢迎。比如"海底捞",就是凭借优质的服务,成长为一家大型企业。

——更加注重绿色食品消费。随着食品安全问题的日益突出,消费者愿意支付更高的价格来购买绿色食品。类似"社区农场"之类的集果蔬种植、农场体验、绿色食品供给为一体的新型企业,迎来了巨大的发展空间。

8.1.3 技术升级与服务需求的直接融合

(1)技术进步以需求导向和市场导向为主要动力。在内生增长理论看来,技术进步是经济增长的主要动力。但技术进步不是随机的,而是有着明确的需求导向和市场导向。世界科技史表明,几次工业革命,基本的出发点都是满足不断扩大的市场需求。有效的技术创新路径是以市场消费需求为导向的创新,创新只有植根于有需求的市场,才能获得市场回报。

以软件开发为例,当前软件开发已经过了单纯为硬件配套的时代。尽管一些硬件生产商对软件开发仍有比较大的需求,但软件开发最大的需求是适应消费者最直接的服务需求。例如,苹果手机的核心就是采取新的软件开发模式,把服务变成软件,创新消费者服务模式,使消费者能更便捷、更舒适地使用功能更强大的手机。乔布斯的过人之处在于,他能够直接以消费者需求为目标,绕开中间环节,强调技术创新服务于消费者,而不是相反。

(2)大数据服务于新的消费需求。当前大数据已成为一个基本趋势。大数据的本质并不单纯是超量数据的处理能力,而是利用大数据来服务于新的消费需求,包括直接为社会成员提供健康保健服务。目前,一些国家与地区已经采取远程医疗服务技术,可远程提供诊疗和健康咨询服务。随着我国老龄化进程的加快,利用云数据等手段开发新型软件,应用于老龄产业的市场空间巨大。

(3)以需求为导向的制造业升级。在制造业中,技术升级与消费者服务需求也越来越紧密地结合在一起。有望形成重大技术突破的3D打印技术,就是以数字模型文件为基础,运用粉末状金属或塑料等可黏合材料,通过逐层打印的方式来构造物体的技术。这种快速成型技术的产生,重要的特征是把生产环节与消费环节无缝连接在了一起。

技术升级的过程与服务升级的过程是高度融合的。服务升级为技术升级提供导向,技术升级为服务升级提供支撑。无论是在服务业还是在制造业领域,技术升级与服务需求都呈现出了相互融合的趋势。

8.1.4 企业竞争力与服务质量的直接融合

在商品供不应求的时代,企业的商品一经生产出来就能够销售出去,企业并不关注消费者服务与体验;而随着商品供给的不断增加,市场竞争的加剧,消费者对商品有了更多的选择权,企业竞争力的强弱就不仅仅取决于商品质量的高低,而是越来越取决于服务质量的好坏。有调查表明,一个企业的消费者从这个企业转向另一个企业,10人中有7人是因为服务问题,而不是因为产品质量或产品价格问题。这也是大部分企业均成立了客户服务部门的重要原因。因此,一个企业,不管它是零售业企业、制造业企业还是咨询企业,能否为消费者提供高品质的服务,决定了该企业竞争力水平的高低。在买方市场,离开这个基本点,在市场竞争中就有可能陷入被动的状态。

8.2 消费结构升级与产业结构调整

8.2.1 消费结构升级与服务业主导

(1)消费结构升级与服务结构升级。主流经济学把消费者偏好视为既定的,不研究偏好变化。然而,从发展阶段角度看,经济发展水平不断提高,表现为社会成员需求结构的明显变化,对服务品质追求的元素不断增多,消费升级主要表现为服务升级。

菲利普·科特勒等(2001)[①]将消费者的服务享受划分为三个阶段:①量的阶段,消费者更注重商品买得到和买得起;②质的阶段,消费者要求商品有特色、质量好;③感性阶段,消费者注重消费过程及商品消费带来的体验,包括精神愉悦、个性体现等。在这个阶段,个人喜好成为消费者的决策标准,消费者对商品"情绪价值""服务价值"的重视超过了对"使用价值"的重视。应当说,科特勒的分析反映了消费者随着收入提高而对服务要求不断提高的过程。从我国的发展实践看,消费结构升级实际上在很大程度上表现为服务升级。

(2)服务型消费需求释放推动传统产业的转型升级。例如,在生存型阶段,城乡居民以温饱为主要目标,随着温饱问题的解决,人们对饮食的环境、安全、服务提出了更高的要求,这在不断推动饮食服务业创新发展的同时,也推动着传统农业向绿色农业转型。在人们越来越注重绿色食品消费的情况下,由传统农业向绿色农业转型升级的压力和动力将越来越大。再如,当前软件开发已经过了简单为硬件配套的阶段,尽管一些新的硬件设计和开发对软件还有比较大的需求,但软件开发最大的需求来源是满足消费者最直接的服务需求,比如 APP 的开发。

---

① ［美］科特勒,等.营销管理［M］.王永贵,等译.北京:中国人民大学出版社,2001.

8.2.2　消费结构升级与服务业市场空间

(1)消费结构升级可为服务业的创新发展提供巨大的市场空间。以电子商务为例,虽然阿里巴巴、京东商城的发展,有其自身在服务、技术、营销、管理等方面不断创新的原因,但更根本的是抓住了我国居民消费结构升级与消费需求释放带来的历史机遇,再加上与现代信息技术的结合,适应了现代城市居民消费模式的改变,进一步拓展了释放消费需求的有效途径。随着消费结构升级与消费需求释放的不断加快,服务业创新发展的市场空间会越来越大。

(2)消费需求增长推动服务业快速增长的趋势正在形成。消费结构升级既提供了中国走向消费大国的动力,又提供了中国走向服务业大国的动力。2008年国际金融危机以来,我国产业结构升级趋势明显,开始从生产大国走向消费大国。一些人担心我国走向消费大国会降低我国经济的竞争力。但从现实情况看,我国走向消费大国,不仅给阿里巴巴,同时也给美国的苹果公司等现代服务业企业带来了巨大的市场空间,我国消费潜力的释放不仅是国内经济增长的重要条件,对世界经济增长也是一种贡献。

(3)消费结构升级为服务业创新发展提供源源不断的动力。服务创新的出发点是满足市场需求,由此才能获得市场回报。在商品供不应求的阶段,商品只要生产出来就能够销售出去,企业并不关心消费者的体验与售后服务。而进入买方市场阶段后,消费者对商品的选择权不断扩大,企业竞争力的强弱不仅仅取决于商品的质量,而且越来越取决于服务质量的好坏。无论是零售业企业、制造业企业还是咨询企业,能否有效适应消费者需求变化并不断创新服务,决定了这个企业的竞争力水平。这就要求企业不断创新服务,由此便为服务业自身的创新发展提供了根本动力。

8.3   产业结构调整的趋势

我国改革开放之初的经济增长中,工业主导发挥了重要作用,它扩大了私人产品供给,满足了生存型需求。进入发展型新阶段后,随着服务需求的不断扩大,工业主导的增长模式带来的弊端越来越多,迫切需要推进服务业主导的经济增长转型。客观地看,我国服务大发展的趋势已经形成,关键在于顺应这一历史趋势,明确服务业在发展中的主导地位。

8.3.1   我国服务业的发展特点

(1)服务业规模不断扩大。从 1994 年到 2012 年,我国服务业增加值从 1.6 万亿元扩大到 23.2 万亿元,年均实际增长 10.4%。服务业增加值占比不断提高。2013 年我国服务业增加值占比达到 46.15%,比 2012 年提高约 1.5 个百分点,比第二产业高 2.2 个百分点,在历史上首次超过第二产业占比。2014 年服务业增加值占比进一步提高到 48.2%。服务业贡献率在 21 世纪的前 10 年期间徘徊在 30%~40%,但 2012 年开始明显提升,稳定在40%~45%,成为经济增长的重要动力(见表 8.1)。

表 8.1   1994—2012 年服务业增加值、占比与贡献率

时间	国内生产总值 (亿元)	第三产业增加值 (亿元)	第三产业占比 (%)	第三产业对经济 增长贡献率(%)
1994	48197.86	16179.76	33.57	45.6
1995	60793.73	19978.46	32.86	25.5
1996	71176.59	23326.24	32.77	26.6
1997	78973.03	26988.15	34.17	27.5
1998	84402.28	30580.47	36.23	33.5
1999	89677.05	33873.44	37.77	31.5

续表

时间	国内生产总值（亿元）	第三产业增加值（亿元）	第三产业占比（%）	第三产业对经济增长贡献率（%）
2000	99214.55	38713.95	39.02	36.2
2001	109655.17	44361.61	40.46	34.8
2002	120332.69	49898.90	41.47	48.2
2003	135822.76	56004.73	41.23	45.7
2004	159878.34	64561.29	40.38	38.1
2005	184937.37	74919.28	40.51	39.9
2006	216314.43	88554.88	40.94	43.3
2007	265810.31	111351.95	41.89	45.2
2008	314045.43	131339.99	41.82	46.3
2009	340902.81	148038.04	43.43	45.0
2010	401512.80	173595.98	43.24	43.6
2011	473104.05	205205.02	43.37	39.3
2012	519470.10	231934.48	44.65	43.8

资料来源：国家统计局.中国统计年鉴2013[M].北京：中国统计出版社,2014.

（2）服务业结构加快调整。一般来说,随着经济发展水平的不断提高,服务业内部也将出现结构调整和升级。从各国经验看,一是批发、零售、交通运输仓储和邮电业等流通类服务业增加值占GDP比重逐渐下降。二是金融保险、房地产、专业技术服务等高技术含量的生产性服务业快速增长。比如日本生产性服务业增加值占GDP比重由20世纪70年代初期的16.9%上升到90年代末期的27%,美国由20世纪70年代的21%上升到2007年的32.4%。三是住宿餐饮业、娱乐文化业及其他私人服务业呈缓慢下降趋势。

在服务业总量不断提升的过程中,服务业的自身结构也在加快改善。从1994年到2012年,住宿和餐饮业占比从6.23%下降到4.51%;金融业从约0.22万亿元扩大到约2.87万亿元,比重略有下降;以新型服务业为主的"其他行业"的服务业规模从约 0.45 万亿元增长到约 8.93 万亿元,占比从 27.60% 提高到 38.52%(见表 8.2、表 8.3)。整个服务业的结构呈现出优化态势。

表 8.2　1994—2012 年第三产业增加值情况　　（单位:亿元）

时间	第三产业增加值	交通运输、仓储和邮政业	批发和零售业	住宿和餐饮业	金融业	房地产业	其他行业
1994	16179.76	2787.89	3773.38	1008.46	2234.84	1909.34	4465.85
1995	19978.46	3244.30	4778.61	1200.10	2798.50	2354.01	5602.93
1996	23326.24	3782.16	5599.66	1336.83	3211.69	2617.56	6778.35
1997	26988.15	4148.57	6327.39	1561.34	3606.76	2921.09	8423.00
1998	30580.47	4660.90	6913.23	1786.94	3697.67	3434.46	10087.28
1999	33873.44	5175.17	7491.10	1941.21	3816.46	3681.79	11767.71
2000	38713.95	6160.95	8158.59	2146.26	4086.69	4149.06	14012.40
2001	44361.61	6870.25	9119.41	2400.13	4353.46	4715.07	16903.30
2002	49898.90	7492.95	9995.35	2724.75	4612.80	5346.35	19726.70
2003	56004.73	7913.19	11169.47	3126.06	4989.40	6172.68	22633.94
2004	64561.29	9304.39	12453.85	3664.80	5392.97	7174.13	26571.20
2005	74919.28	10666.16	13966.18	4195.72	6086.83	8516.43	31487.96
2006	88554.88	12182.98	16530.72	4792.59	8099.08	10370.46	36579.05
2007	111351.95	14601.04	20937.84	5548.11	12337.55	13809.75	44117.66
2008	131339.99	16362.50	26182.34	6616.07	14863.25	14738.7	52577.12
2009	148038.04	16727.11	28984.47	7118.17	17767.53	18654.88	58785.89
2010	173595.98	19132.19	35746.08	8068.47	20980.63	22782.01	66886.60
2011	205205.02	22432.84	43445.20	9172.85	24958.29	26783.87	78411.97
2012	231934.48	24660.00	49394.40	10464.21	28722.68	29359.73	89333.45

资料来源:国家统计局. 中国统计年鉴 2013[M].北京:中国统计出版社,2013.

表 8.3　1994—2012 年我国服务业构成　　（单位：%）

时间	住宿和餐饮业	批发和零售业	交通运输、仓储和邮政业	金融业	房地产业	其他行业
1994	6.23	23.32	17.23	13.81	11.80	27.60
1995	6.01	23.92	16.24	14.01	11.78	28.04
1996	5.73	24.01	16.21	13.77	11.22	29.06
1997	5.79	23.45	15.37	13.36	10.82	31.21
1998	5.84	22.61	15.24	12.09	11.23	32.99
1999	5.73	22.11	15.28	11.27	10.87	34.74
2000	5.54	21.07	15.91	10.56	10.72	36.19
2001	5.41	20.56	15.49	9.81	10.63	38.10
2002	5.46	20.03	15.02	9.24	10.71	39.53
2003	5.58	19.94	14.13	8.91	11.02	40.41
2004	5.68	19.29	14.41	8.35	11.11	41.16
2005	5.60	18.64	14.24	8.12	11.37	42.03
2006	5.41	18.67	13.76	9.15	11.71	41.31
2007	4.98	18.80	13.11	11.08	12.40	39.62
2008	5.04	19.93	12.46	11.32	11.22	40.03
2009	4.81	19.58	11.30	12.00	12.60	39.71
2010	4.65	20.59	11.02	12.09	13.12	38.53
2011	4.47	21.17	10.93	12.16	13.05	38.21
2012	4.51	21.30	10.63	12.38	12.66	38.52

资料来源：国家统计局.中国统计年鉴 2013[M].北京：中国统计出版社,2013.

（3）服务业供给短缺严重。尽管过去服务业发展比较快，但客观来看，我国服务业与城乡居民消费需求不适应，服务业供给在某些领域还严重短缺。2014 年，尽管服务业增加值占比已经达到 48.2%，但是这不仅低于高收入与中等偏上收入国家，而且低于中等偏下收入国家。例如，随着人口老龄化的加快推进,城乡居民对健康养老服务的需求不断增长,但长期护理服务和老年医疗保健的需求之间还有明显差距。当前,我国有237.66万人是65岁以上且生活完全不能自理的老人,有594.16万老人需要间断性护理,需要床位154.48万张。然而,我国护理院的总床位数仅能满足实际需求的31.06%,缺口巨大。

江小涓(2011)①的研究发现,服务业发展滞后使得服务业就业比重偏低。2012年我国第三产业的就业比重为36.1%,低于服务业增加值占比10个百分点。从国际比较看,不仅低于中等偏上收入国家和高收入国家,而且明显低于中等偏下收入国家。

表 8.4 不同类型国家服务业增加值比重与服务业就业比重(单位:%)

	低收入		中等偏下收入		中等偏上收入		高收入	
	服务业增加值占比	服务业就业占比	服务业增加值占比	服务业就业占比	服务业增加值占比	服务业就业占比	服务业增加值占比	服务业就业占比
平均值	44.1	27.3	53.5	44.5	60.4	58.3	68.0	69.8
中位数	44.9	25.5	55.0	41.8	62.5	59.9	71.1	71.3
最大值	63.4	44.3	79.0	61.9	78.3	75.2	98.0	85.6
最小值	21.3	8.6	19.6	24.7	20.0	28.4	—	54.4
标准差	11.0	12.9	13.8	10.1	13.1	9.3	16.9	8.2
样本数	33.0	8.0	49.0	20.0	45.0	31.0	44.0	51.0

资料来源:江小涓.服务业增长:真实含义、多重影响和发展趋势[J].经济研究,2011(04):4—14.

8.3.2 形成服务业主导的基本趋势

(1)稳步提高服务业占比。在进入工业化中后期后,服务业替代工业成为主导产业是一个客观趋势,也只有服务业的快速发展才能确保经济速度降下来之后,就业形势不至于恶化。从我国发展的现实需求出发,结合这两年服务业快速发展的趋势,建议适度提高服务业发展目标。

---

① 江小涓.服务业增长:真实含义、多重影响和发展趋势[J].经济研究,2011(04):4—14.

到 2020 年，即"十三五"末期，服务业占 GDP 的比例接近 60%，初步形成服务业主导的基本格局；服务业贡献率超过 50%，服务业就业占比超过 45%。这样，在确保经济增速保持 7%～8% 的同时，新增 1 亿个左右的就业岗位，大大缓解产业结构调整过程中的就业压力。

（2）优化服务业结构。未来十年，在居民收入水平提升和消费结构升级的影响下，我国服务业比重可能会缓慢下降，金融保险业、房地产业和住宿餐饮业、社会服务业等服务业比重将持续上升，科技、法律、商务、租赁等生产性服务业以及私人教育、医疗保健、文化娱乐等私人服务业将进入快速发展期，甚至衍生出一系列的新兴服务业领域。这将促进整个产业结构的不断优化。适应服务消费需求不断增长的趋势，需要加快服务业结构的优化调整。

到 2020 年，金融业比重争取达到或者接近 18%，房地产业稳定在10%，其他行业比重达到 45% 左右。

通过服务业内部的结构调整，释放服务业发展的巨大潜力，在满足社会需求的同时形成经济增长的强大动力。

8.4 推进服务业主导的转型

客观地看，当前我国服务业供给不能满足社会需求，不是资本短缺形成的投资缺口，而是由于服务业对内对外开放滞后形成的投资缺口。大力发展服务业，关键在于加快开放进程，打破行政垄断与行政管制，激发社会资本的活力。

8.4.1 服务供给短缺与行政垄断管制

我国服务业开放的进程，客观上滞后于制造业开放的进程。张斌

(2013)①指出,我国工业部门80%以上属于制造业,已经高度市场化,而服务业50%以上仍是行政垄断。教育、医疗、通讯等服务领域的市场准入受到较为严格的限制,服务业的对外开放也相对滞后。

服务业行政垄断与管制导致了服务业要素价格扭曲。例如,政府在管住基本教育服务价格标准的同时,也管住了社会资本提供高质量教育的价格。再如,医疗卫生领域的劳动力价格受到行政管制,医疗服务价格与医生的人力资本回报明显偏低,不但导致医疗市场扭曲,形成药品回扣、医疗红包等不合理现象,而且导致了医患关系紧张,影响国内医疗市场的健康发展。

8.4.2　加快推进服务市场开放

(1)加快对内开放。把服务业作为新兴产业发展,关键在于对服务业采取最宽松的市场准入条件,加快服务业对社会资本的开放。

——全面放开社会资本的准入限制。对银行、证券、保险、电信、邮政快递等行业,需要进一步放开市场准入,逐步取消经营范围限制;打破教育、医疗、文化等领域对社会资本的限制;尽快出台服务业向社会资本全面开放的实施细则,鼓励社会资本加大对文化娱乐、医疗教育等公共服务领域的投资,释放社会投资的活力。

——加快垄断行业改革。在石油、电力、铁路等垄断行业尽快推出一批向社会经济开放的重大项目。对于互联网等新型金融业态,在规范监管的基础上,鼓励和支持发展,尽快形成金融业多元竞争的新格局。

——把中小企业作为新兴服务产业发展的主体。在发挥大企业优势的同时,要更加注重中小企业的创造力和活力,使之成为新兴产业的重要主体。为此,需要加大对中小型服务业企业的支持力度,鼓励更多的社会资本进入。

---

① 张斌. 中国经济趋势下行的逻辑[N]. 21世纪经济报道,2013-10-14.

（2）加快对外开放。

——改革外资管理体制，放宽投资准入。①加快建立负面清单和外商投资准入前国民待遇标准。在服务业领域采取最宽松的市场准入条件，依法依规以"开放"为服务业松绑。凡法律法规未禁入的服务业领域，尽快向外资和社会资本开放，实现内外资、内外地企业同等待遇。完善负面清单配套政策，进一步细化项目核准、行政管理、金融支持等相关规定；建立负面清单动态调整机制，不断缩小受限制和被禁止领域。对外商投资实行准入前国民待遇，加快外资法律调整，统一内外资法律法规，保持外资政策稳定、透明、可预期。同时，调整服务业用地政策，创新服务业政策体系。

②逐步扩大服务业外商投资登记备案制范围。重点把好环境安全评估、事后监管两道关，只对投资主体资格、投资领域行业等基本信息进行相应备案。按照"工商注册便利化"的要求，除涉及公民生命财产安全、重大安全许可等需要取得前置审批外，其余全部实行后置管理。在上海等地自由贸易试验区率先试行外资的"先照后证"，试点成熟后，在全国全面推行。

——把教育、医疗健康、金融和文化娱乐作为加快服务业开放的重点。2013年，我国正式设立了中国（上海）自由贸易试验区，目的在于进一步扩大服务业对外开放，显著提高金融服务、商务服务、文化娱乐教育等过去管制较多的领域的对外开放水平。2014年我国又把自贸区范围扩大到广东、天津、福建三个地方。下一步开放的重点是：

①加快金融业的有序开放。把构建国际金融市场作为中国（上海）自由贸易试验区改革的重要目标，使境内外投资者可以自由开展投资交易；在形成可复制经验后加快推广；在CEPA（《关于建立更紧密经贸关系的安排》）框架和海峡两岸经济合作框架下进一步降低港澳台金融机构的准入条件，优先批准港澳台知名金融机构在国内开设分支机构或参股地方金融机构。

②扩大教育服务市场的开放。逐步扩大教育市场开放试点，允许和

支持国外和我国港澳台地区知名大学、职业教育机构进入内地教育市场，既可以以控股也可以以独资等方式设立分校；将相关的审批权切实下放给地方；加快民办教育综合改革的试点建设；落实非营利性民办教育机构同等政策待遇，在税收、财政、土地、招生、福利、政府购买服务等方面享受与公办教育机构的同等优惠政策。

③扩大医疗健康服务的市场开放。在扩大医疗健康服务业开放的试点省份，允许并支持外商独资创办医疗机构；将地方引进的先进医疗技术、医疗设备等，纳入《鼓励进口技术和产品目录》，给以财政、税收等方面的优惠政策支持；对于在国外的国家级药监部门依法注册的医疗器械和药品，可以考虑免办进口注册许可、简化通关程序；扩大医疗保险的市场开放，探索与主要客源国家医疗保险支付系统的直接对接。

④推进文化体育娱乐服务市场的开放。进一步放宽对国际影视等大型国际性文化会展和娱乐节庆活动的微观限制；在 CEPA 框架下，允许港澳台地区有实力的文化服务企业进入内地市场，开展文化业务。

着力扩大双边和区域服务贸易协定。服务贸易协定是影响后危机时代全球经济格局的关键所在。为适应我国服务消费需求扩大的趋势，需要积极主动地推进双边与多边服务贸易协定谈判进程。

①把 CEPA 框架逐步拓展到现有的双边和区域自由贸易区。利用 CEPA 框架下服务业开放的成熟经验，可以考虑把对香港特区企业开放的优惠承诺运用到《海峡两岸服务贸易协议》及中国—东盟自由贸易区、中国—智利自由贸易区等区域自由贸易协定中，提升现有区域服务贸易协定的开放程度，同时也增强我国的区域话语权。

②加快推进新的双边和区域服务贸易安排。重点是加快拓展与新兴经济体在金融、信息、物流等服务领域的开放合作；在与海湾合作委员会、澳大利亚等国的自由贸易区谈判中，把服务业开放和服务贸易自由化作为重点，争取双方在更大的范围内实现服务业的相互开放。

③积极参加服务贸易协定谈判。服务贸易协定（Trade in Services Agreement, TiSA）有 48 个成员，覆盖了全世界 70% 的服务贸易，年贸易

规模达 4 万亿美元。加入该协定对我国扩大服务贸易规模、优化对外贸易结构意义重大。应当尽快客观评估国有企业、政府采购等敏感领域的影响,及时总结上海自由贸易试验区推行负面清单、外资国民待遇等的经验,为尽快取得 TiSA 谈判突破做好准备,同时也为应对 TPP(《跨太平洋伙伴关系协定》)和 TTIP(《跨太平洋贸易与投资伙伴协定》)做好准备。

8.4.3 推进价格改革,理顺服务价格

由于行政垄断与行政管制,我国服务业领域的价格体系中面临两个比较突出的矛盾:一方面,由于供给不足,金融、教育和医疗服务等价格过高,客观上影响了中低收入者的福利水平。社会普遍存在的"上学贵、就医贵"本质上反映了教育与医疗服务价格过高。另一方面,服务品的要素价格过低,医疗、教育等领域的人力资本回报偏低,客观上影响了专业人员的福利水平。服务要素价格偏低而服务品价格偏高,既抑制了服务的有效供给,又抑制了城乡居民的服务需求,形成恶性循环。因此,促进服务业发展,需要以"市场决定"为基本原则,尽快理顺服务业及服务要素的价格。

(1)通过市场开放,理顺服务品价格。打破服务业的行政垄断,吸引社会资本进入,通过市场竞争尽快理顺服务价格。政府在承担基本公共服务最终责任、保基本的同时,逐步放开非基本服务需求市场,由企业主体提供,让市场决定价格。市场越开放,竞争越充分,最终产品价格扭曲就越少。这就需要加快市场开放,鼓励各类资本进入,形成公平公开的竞争环境;缩小政府直接定价的范围,主要限定在重要公用设施、公益性服务和网络型自然垄断环节;加大对服务价格和服务质量的监管力度。

(2)以公益机构改革为重点,理顺服务要素价格。医护人员提供医疗服务价格严重偏低,尤其是处方费,作为承载医生人力资本的重心,长期被压低。其根源在于:政府行政定价,医疗等公益机构没有自主定价权;内部管理行政色彩浓,对专业性重视不够;不同专业级别的报酬档次不大。因此,理顺服务要素价格,关键在于两个方面:一是政府逐步放开对

服务要素价格的管制，由公益机构根据专业性自主确定服务要素价格；二是推进公益机构的去行政化，按照"公益性—专业性—独立性"的原则，把公益机构改造为真正的社会主体，成为公共事业的执行主体，政府通过服务采购等方式予以支持。

8.4.4　加快财税改革与政策调整

（1）加快调整财税政策。

——逐步缩小出口退税范围，加大消费者补贴力度。与生产者补贴相比，消费者补贴更有利于增强消费能力、释放消费需求，同时也可以尊重消费者自由选择权，倒逼企业提高服务水平，促进技术创新。补贴消费者也体现了公共财政的本质。尽快出台财政补贴调整计划，逐步减少出口退税，将出口退税节省下来的财政资金重点用于国内居民消费升级以及绿色消费的基础设施建设，并对国家优抚对象，城乡低保、"五保"对象以及城镇失业者等低收入者发放消费券。

——逐步取消重化工业税收优惠，加大对服务业投资的支持力度。近年来，地方政府层面出台了各种各样的税收优惠政策。这些税收优惠政策在鼓励投资的同时，也导致了市场竞争的不公平，以及资源配置的低效率。例如，太阳能光伏产业全面过剩背后就有税收优惠推波助澜的作用。为此，需要尽快出台清理和取消各种不合理税收优惠的行动方案，使财税政策在促进全国统一市场建设、保障公平竞争的市场秩序上发挥重要作用。

——建立鼓励绿色消费的财政政策支持体系。通过税收来鼓励消费者选择绿色环保产品。提高消耗能源资源、易造成环境污染产品的税率，鼓励消费者选择更加绿色环保的产品；根据环境污染程度实行差别税率，对绿色产品消费可以减免税收。

（2）推进税制改革。

——尽快完成"营转增"改革，逐步调整增值税税率。营业税转增值税改革是促进服务业发展的重要举措。过去几年我国营转增已有明显进展，扩容加快。从现实情况看，争取进一步提速营转增改革，提前一年左右完成。在营转增基本完成后，着手调整增值税税率：①对非基本生活用品，尤其是高端消费品，包括烟酒、化妆品类等，税率保持17％不变；②对于与生产、生活紧密相关的货物劳务，可以考虑从17％的税率降到13％；③将农副产品税率从13％降低到10％以下。

——启动消费税改革。着手启动消费税立法程度，修订《消费税暂行条例》。改革方向是，由向企业征收改为向居民征收，由"价内征收"转向"价外征收"。区分以特定商品为征税对象的选择性消费税和以普通消费品为征税对象的一般性消费税，推进税率的结构性调整。降低普通消费税的税率，包括曾经作为奢侈品但目前已成为日常生活必需品产品的税率；提高选择性消费税的税率，尤其是过度消耗资源、污染环境的产品，需要实施高税率。

（3）尽快建立消费券制度。消费券的"乘数效应"可促进企业扩大再生产，进而形成扩就业、增税收的良性循环。近几年来，为了鼓励消费，一些地方政府和企业开始发放"消费券"，但基本属于临时性举措，缺乏制度性安排。想从根本上促消费、扩内需，需要将这种临时性举措上升到制度层面。建议借鉴我国香港等地的做法，根据经济形势，定期给老百姓发放消费券。一是重点针对中低收入群体，二是重点针对新型消费，重点针对教育、文化、医疗保健、旅游、新能源汽车等消费发放消费券，以鼓励这些产业的发展。

8.4.5　加快金融体制改革与金融政策调整

（1）发展消费型金融。消费金融并不等于消费者金融，它是以投资消费动态平衡为重点的金融转型目标，既涉及消费者，也涉及生产者。在消费金融下，只有符合消费需求变化趋势的投资项目才能获得融资，从而保障了投资消费平衡。比如，鼓励利用现代信息技术发展小额消费信贷。在互联网快速发展的今天，利用电子商务平台发展小额消费信贷更便利，也可以节省消费者交易成本，促进消费。在美国，P2P信贷作为一种建立在电子商务平台上的小额信贷方式已经相当普遍。

尽快出台优惠政策支持各大电商发展小额消费信贷业务;鼓励金融机构与电商合作开发相应的小额消费信贷产品,以适应不同层次消费者的消费需求;逐步放宽消费金融创新业务的限制,并予以相应的政策扶持;加强电商网站监管,保障消费者的消费安全;将银行存款准备金率与信贷消费额度挂钩,增加银行承担消费信贷的能力;鼓励流通企业与银行合作,共同开展低利率分期付款业务,双方共同分担交易成本,减少消费者的消费成本。

(2)加快小微金融发展。小微金融发展有利于激活社会资本,扩大就业和缩小收入分配差距,要大力发展民营担保公司、小额信贷公司。对已存在的民间借贷,建立合理的退出和转型机制,进行政策引导;拓展抵押品、质押品等形式,有效解决民营企业融资难的问题;加快建立健康、合理、多层次的金融发展新体系。

一是减少对社会资本发起设立民营信贷机构的限制,简化程序,降低门槛,鼓励更多社会资本进入金融领域,以有效缓解民企融资难问题。

二是重点发展面向中小企业的债券市场。当前,中小企业直接融资比例为5%左右,而国际平均比例达到70%左右。需要尽快出台专项改革方案,在促进股票市场服务中小企业的同时,积极探索非吸收存款类放贷机构,如小额贷款公司等的债券融资方式;鼓励中小企业私募债发展,通过债券市场提高中小企业直接融资比例。

(3)建立绿色金融体系。近年来,发达国家的一些银行把环境因素纳入贷款、投资和风险评估等程序中,绿色会计报表得到推广应用,环境报告从边缘内容变为必不可少的要件。环保产品生产企业、节能减排服务公司、有良好环保记录的普通企业可以从银行获得较为优惠的贷款。应总结相关经验,尽快建立起切实可行的环境风险评估标准和绿色信贷指导目录,建立信息共享的长效机制。鼓励设立环保基金。可以通过环境税、财政划拨或向中央银行申请再贷款的方式,成立国家"环保专项基金",用于发展环境保护事业以及对环境污染重大事件的受害人进行赔偿;各级地方政府可适当设立类似的绿色专项基金。发行"绿色证券",鼓励企业发行"绿色企业债券",为节能减排企业、环保项目和生态工程在发行债券时提供"绿色通道",简化审批手续,缩短审批时间。

9　消费结构升级与国有资本结构调整

适应公共需求全面快速增长的大趋势,将一部分国有资本配置在公益性领域,不仅可以使国有资本加大对公益性企业的投入,在提供公共服务方面做出更大贡献,还有利于为社会资本投资创造更大的制度空间。

9.1　公共产品短缺时代国有资本的公益性角色

9.1.1　公共产品短缺时代国有资本公益性不足的矛盾逐步凸显

中央早在 2003 年的十六届三中全会上就曾明确提出,"完善国有资本有进有退、合理流动的机制,进一步推动国有资本更多地投向关系国家安全和国民经济命脉的重要行业和关键领域"。我国进入以人的自身发展为重点的发展型新阶段,公共产品短缺取代私人产品短缺成为突出的社会矛盾。在公共产品短缺时代,需要重新思考国有资本的职能与定位。

(1)公共产品短缺背景下国有资本公益性不足制约消费释放。

从间接层面来看,国有资本公益性不足在一定程度上导致公共服务供给不足,从而导致预防性储蓄,制约消费释放和消费需求的扩大。邓春宁(2011)①利用 1986—2008 年的数据,研究了城镇居民未来收入、未来支出、未来流动性约束等不确定性因素对城镇居民消费需求的影响,提出了缓解居民对未来不确定性预期和增强居民消费意愿的政策导向建议。于文涛和张烨(2008)②、游克斌等(2010)③也研究了城镇居民不确定性预期对其消费意愿的影响。包明华和倪晓宁(2009)④的研究认为,社会保障体制不健全、社会贫富分化加剧、风险防范机制不健全等一系列问题,都使得消费驱动经济增长的作用不能充分发挥。

从直接层面来看,国有资本抑制了居民消费。陈志武(2009)⑤指出,国有经济抑制了民间消费,"国进民退"不利于我国内需的扩大。刘振彪(2011)⑥认为,从体制上来分析,国有及国有控股企业功能变异是导致我国内部经济失衡(高投资率、低消费率),进而引发外部经济失衡的一个重要原因。不合理要素价格下的国有及国有控股企业的利润迅速增长且不愿意分红,导致了我国储蓄—消费比例的失衡。孙剑(2011)⑦指出,在市场经济体制完善阶段,资源配置呈现出市场职能弱化、计划职能强化的趋势,由此引发了市场主体趋于国有化,国民收入分配失衡,形成粗放型的投资增长模式。构建新经济发展模式需要完善市场经济体制,优化资源配置方式,由此才能形成产业结构合理、消费主导经济增长的新模式。

王雨飞和丁浩(2012)⑧建立了国企全民分红对拉动内需的直接和间接影响模型,发现国有企业全民分红对改善国内需求结构、拉动内需增长

① 邓春宁.不确定性预期与居民消费需求——中国的经验证据[J].西安财经学院学报,2011(1).
② 于文涛,张烨.当前拉动消费需求应注意的问题及建议[J].宏观经济管理,2008(11).
③ 游克斌,陈先林,任治俊.着力扩大消费需求确保经济持续快速增长——以四川为例[J].经济体制改革,2010(7).
④ 包明华,倪晓宁.流动性、流动性资产和流动性过剩[J].财经科学,2009(3).
⑤ 陈志武.国有经济抑制了民间消费[J].商周刊.2009(16).
⑥ 刘振彪.中国内外经济失衡与国有及国有控股企业功能财政化[J].湖南大学学报(社会科学版),2011(1).
⑦ 孙剑.中国经济发展的隐忧与化解[J].江南论坛,2011(12).
⑧ 王雨飞,丁浩.国有企业全民分红对国内需求的影响分析[J].经济问题探索,2012(2).

具有重要作用。假设国有企业给全民分红,分给每位公民 100 元,则会使内需增长 2363.66 亿元。

(2)现有的国有资本配置与投资主导的增长方式密切相关。我国投资主导模式的形成与国有资本配置有着密切关系。国有企业投资是投资过剩的主要根源之一。由于产权因素,国有企业投资仍然存在比较明显的"预算软约束"。地方政府追求 GDP 增长,这是导致其盲目吸引投资、鼓励投资的重要因素。资源要素价格的行政控制造成了投资的低成本扩张,尤其是资金市场和土地市场在很大程度上仍然受行政控制。例如,银行信贷资金大部分为政府投资者和国有企业投资者所运用;土地可以很便宜地从农民那里征收过来进行开发,搞"政绩工程"建设;企业债券市场主要服务于国有企业。这些相关的制度安排,事实上鼓励了国有企业扩大投资和生产的行为,对投资主导的形成起到了重要的推动作用。

与此同时,一方面,在国有资源收租和国有资本分红机制不健全的情况下,国有企业积累了大量利润,形成了强烈的投资冲动;另一方面,国有资本仍然大量配置在竞争性领域,难以充分发挥国有资本在公益性投资和消费生产能力投资等方面的积极作用,使释放消费所高度依赖的公共服务体系建设、城镇化和服务业发展相对滞后,消费释放缺乏坚实基础。

(3)国有资本长期配置在市场领域不适应发展型阶段的要求。国有资本在 2005—2010 年的 5 年时间从 23 万亿元增长到 53 万亿元,提高了一倍以上①,总体上看国有资本尚未在公共产品供给方面发挥重要作用。2002—2010 年,全国国企数量平均每年减少 7500 家左右,但同时销售收入年均增长 18%,利润年均增长 23%。2002—2011 年,中央企业的资产总额从 7.13 万亿元增加到 28 万亿元,营业收入从 3.36 万亿元增加到 20.2 万亿元。从国有资本规模扩展和利润增长的指标看,这 10 年来国有资本战略性重组取得了显著的成绩。主要的问题在于,国有资本在一般竞争性领域规模过大、范围过宽的矛盾仍然比较突出。例如,2003—

---

① 迟福林.消费主导的经济转型与战略选择[EB/OL].中国改革论坛网,2012-01-16.

2008年,国有资产在房地产业的扩张最快,年均增长33.5%;2009年国务院国资委分管的129家央企中,超过70%的企业涉足房地产业。而央企开发建设的保障性住房,到2011年仅占全国已建成保障性住房面积的13%~15%。从现实情况看,国有资本长期配置在市场领域,更多地用于做大做强GDP,这是适应生存型阶段需求的。但在进入发展型阶段后,国有资本的大头配置在市场竞争领域,不可避免地会带来一定的负面影响。当前,不应当简单地讨论"国进民退"还是"国退民进",而应当"国进""民进"并举。问题的关键在于,国有资本前进的方向在哪里。

从社会公共需求出发,一方面,在市场主体基本形成的背景下,国有资本不应当也没有必要大量配置在市场领域,与民争利;另一方面,在公共产品短缺的大背景下,国有资本应当强化其公益性。国有企业不是不要盈利,营利性是一个企业的基本属性。但对国有企业来说,需要把营利性建立在公益性的基础上,在营利的基础上促进国民福祉的最大化。换言之,国有资本可以通过股份制的形式配置于经济的关键领域和重要行业,起到"四两拨千斤"的杠杆作用,也可以通过特许经营等方式配置于社会公益领域,在实现公益性目标的前提下,实现保值增值。

9.1.2 强化国有资本公益性对扩大消费有特殊作用

(1)强化国有资本公益性有利于改变利益失衡的格局,促进社会公平。使国有资本从竞争性领域退出,也有利于缓解行业收入差距。在利益格局严重失衡的背景下,如何通过强化国有资本公益性,改变国有垄断行业不合理的收入分配格局,使国有企业成为"社会稳定器",已成为新阶段市场化改革不可回避的重大任务。

(2)国有资本的公益性配置有利于提升公共服务水平,改善社会消费预期。我国进入发展型新阶段,社会需求结构发生了深刻变化。全社会对人的自身发展所高度依赖的教育、医疗卫生、社会保障等基本公共服务

的需求全面增长。张二鑫等(2012)①利用 1990—2010 年我国中部地区
8 省(市)的省级面板数据,构建了我国中部地区消费与经济增长关系的
结构方程模型,并运用极大似然估计方法对我国中部地区消费与经济增
长关系进行实证分析。结果表明,中部地区消费和经济增长之间的路径
系数均为正值,这说明我国中部地区的消费对经济增长有明显的促进作
用,其中民生消费对经济增长的促进作用最大。因此,要促进经济发展,
就要想办法增加民生消费。促进国有资本更多地向公益性领域配置,有
利于克服公共服务供给不足,降低居民预防性储蓄,改善居民消费预期,
提高居民边际消费倾向。

(3)强化国有资本公益性有利于为民营经济和中小企业创造良好的
政策环境和制度环境。为民营经济和中小企业创造良好的政策环境和制
度环境,成为未来 5～10 年转变经济发展方式的重大任务。由于国有企
业在某些行业的强势地位,非公经济在许多行业的"玻璃门"始终难以打
破。近几年来,银行贷款大约有 80% 给了国有企业,民营中小企业融资
难的问题越来越突出。为此,要加大力度落实非公经济"新 36 条",逐步
将更多的国有资本配置在公益性领域,使竞争性领域的国有资本进一步
减少,为民营经济腾出更大的发展空间。只有把国有经济和非公经济两
者各自的优势发挥好,才能为民营经济和中小企业发展开辟更大的政策
空间和制度空间。

(4)强化国有资本公益性有利于更好地发挥国有资本的主导作用。
目前,国有资本占绝对优势地位的行业主要在自然资源类产业等上游产
业或基础领域。在石油石化、电力工业和通信三大行业,2009 年国有资
本占全部央企资本总额的 68.13%。现实的突出问题是,这些行业价格
不合理的现象比较普遍。以基础电信运营领域为例,国有股占比为
71%,但截至 2010 年,我国宽带上网平均速率排名全球第 71 位,不及美

---

① 张二鑫,等.基于结构方程模型的我国中部地区消费与经济增长关系研究[J].河南科
学,2012(08).

国、英国、日本等 30 多个经济合作组织国家平均水平的 1/10,平均接入费用却是发达国家平均水平的 3～4 倍。强调国有资本在适应社会公共需求变化中的主导作用,不仅在于国有企业在多少行业具有控制力,更重要的是在于行业发展的成果能够在多大程度上惠及广大社会成员。

另外,这些年,随着国有资本收益的提高,国有资本收租分红的比例并未有多大改变。2010 年,全国国有企业实现利润 19870.6 亿元,同比增长 37.9%,其中化工、电力、有色、交通等行业利润增长超过 1 倍。目前,国务院国资委管理的国有企业根据行业不同,其上缴红利占其利润的比例分为四类,分别是 15%、10%、5% 和不上缴。按照国际惯例,上市公司股东分红比例为税后可分配利润的 30%～40%,实际上其他国家国有资本向国家上缴盈利普遍高于这个水平,英国盈利较高的企业上缴盈利相当于其税后利润的 70%～80%。相比而言,2007 年恢复"红利"征缴以来,央企中上缴比例最高的资源性行业及垄断行业,上缴红利仅占税后利润的 15%,明显偏低。

9.1.3 突出国有资本的公益属性

(1)对国有资本按公益性和营利性进行分类管理。国有企业区分公益性和竞争性的方向已经明确。国务院国资委明确表示[①],国有经济布局结构调整的路径日渐清晰,国有企业正在向两个方向集中,并逐渐形成了两种功能定位类型不同的国有企业。

第一类是具有公益性质的国有企业,功能定位于为国民经济发展和人民生活提供基本保障。在中央层面包括石油石化、电网、通信服务等领域的企业;在地方层面包括供水、供气、污水处理、公共交通等领域的企业。

第二类是竞争性领域的国有企业,功能定位为在大企业层面提升国家产业竞争力。这种类型的国有企业在体制上政企分开得更为彻底,除

---

① 白天亮."十二五"国有企业改革方向初定 国企将分公益性竞争性[N],人民日报,2011-12-14.

出资人职能外,政府不能再干预企业的内部决策和事务,也没有扶持、帮助的责任;企业在机制上更加市场化,干部管理体制、劳动分配制度等都在向市场化方向改革;同时,作为独立的市场竞争主体,和其他所有制企业一样,这种类型的国有企业要独立承担经济法律责任和市场竞争优胜劣汰,乃至破产退出的风险。

对两类国有资本实施分类管理:对公益性国有企业,重点是调整配置结构,需要把公益性国有企业更多地配置到社会领域,逐步减少其在经济性公共服务领域的配置,对于配置在经济性公共服务领域的国有资本,重点是加强监督,强化其公益性①;对经营性国有企业,重点是建立完善的收租分红制度,使经营性国有企业的租金和利润分红成为社会福利建设的重要资金来源。

(2)调整投资结构,使新增国有资本投资主要配置在公益性领域。

——将更多的新增国有资本投资到随着市场范围扩展而出现的公益性领域,这将有利于降低交易成本,有利于提高以普遍福利为目标的投资效率。

——将更多的新增国有资本投资到与人的基本生存权、发展权相对应的公共产品和准公共产品领域,提高劳动力素质,促进产业发展由以物质资本投入为主转向以人力资本投入,比如教育、医疗等基本公共服务为主。

——将更多的新增国有资本投资到环境保护等具有正外部性的领域,促进产业结构的优化调整和发展方式转型。

——将更多的新增国有资本投资到事关国计民生和国家安全的战略性领域,强化国有资本对非国有资本的引导和支持作用。

(3)国有资本逐步从一般竞争性领域退出,重点转移到公共产品领域。

——着力解决长期困扰我国居民的看病难、看病贵等问题,需要加大新增国有资本在医院建设、医疗设备购买、医护人员培训等多方面的投入。

---

① 中国(海南)发展改革研究院.中国公共服务监管改革[R].国家发改委委托课题报告,2009.

——着力解决住房难的问题,需要国有资本发挥更大的作用。全国各省市"十二五"保障房开工总规模只有 3000 万套左右,比住建部公布的 3600 万套大约低 17%,建议国有资本加大保障房领域的投资力度,确保保障房建设计划的顺利实施。

(4)把竞争性领域的国有资本,集中配置在事关中长期国民经济持续快速增长的新兴战略产业上。在国际竞争日益激烈的背景下,民营经济不可能马上取得国有经济的国际竞争优势,国有资本在这些领域的优势不仅不能轻言放弃,相反还应当继续加强。充分发挥国有资本优势,将其集中配置在事关中长期国民经济持续快速增长的新兴战略产业,参与更高层次的国际竞争,以提升国家竞争力。

资源、能源等领域的重要国有企业,是国家经济安全的重要保障,是我国参与国际竞争最重要的基础。建议进一步做强做优这些领域的国有企业,使其成为具有国际竞争力的世界一流企业。在载人航天、绕月探测、特高压电网等领域的重大工程项目中,一些国有企业取得了一批具有自主知识产权和达到国际先进水平的创新成果。建议在高科技领域增加国有资本比重,使国有资本在引领国家科技进步中发挥更大作用。

9.2 明确国有资本经营收益上缴的约束比例

9.2.1 国有企业上缴经营收益的"锚"

从现实情况看,各方都主张国有企业经营收益要用于社会建设。国有资产在产权上属于全民所有,这具体体现在国有资产收益要纳入公共财政内,用于提供全民所需的基本公共服务。匡贤明和梅东海(2011)[①]

---

① 匡贤明,梅东海.公共产品短缺时代国有企业合理分红比例研究[J].中南财经政法大学学报,2011(04):46—52.

等对近几年来我国初步实现基本公共服务均等化的财力做了详细测算（见表9.1、表9.2）。

表9.1　2006—2009年基本公共服务财政支出　（单位：亿元）

年份	基本社会保障与公共就业服务	公共教育	基本住房保障	公共医疗卫生	合计	人口（万人）	人均财政支出（元）
2006	3031.58	5169.05	—	1320.23	9520.86	131448	724.31
2007	5447.16	7122.32	—	1989.96	14559.44	132129	1101.91
2008	6804.29	9010.21	—	2757.04	18571.54	132802	1398.44
2009	7561.00	10370.40	550.56	3902.40	22384.36	133474	1677.06

注：教育财政性支出资金中包括了高等教育和幼儿园教育等非基本公共服务的教育财政性资金支出，基本教育"十一五"期间所需财政性支出应小于这一测算数据。

资料来源：历年《中国统计年鉴》；基本住房保障的数据来源于《关于2009年中央和地方预算执行情况与2010年中央和地方预算草案的报告》。

表9.2　2009—2015年期间基本公共服务财政支出总需求

年份	人口规模测算（万人）	基本公共服务人均财政支出（元）	基本公共服务财政支出总需求（亿元）
2009	133474	1677.06	22384.36
2010	134380	1928.62	25916.70
2011	135291	2217.91	30006.36
2012	136209	2550.60	34741.46
2013	137133	2933.18	40223.59
2014	138063	3373.16	46570.98
2015	139000	3879.14	53920.05

注：以2009年人均1677.06元基本公共服务财政支出、133474万人作为"十二五"基本公共服务人均财政支出测算的起点。基本公共服务人均财政支出年均增长率不低于15%，人口年均增长率保持在6‰～7‰。

9.2.2　倒算国有企业分红的目标

基本公共服务均等化增量资金主要有三个来源：财政自然增收带来的新增基本公共服务投入；财政支出结构调整带来的基本公共服务投入

增长；国有企业分红收益。可以先测算前两个途径带来的基本公共服务财政投入增量，在此基础上倒算国有企业分红需要承担的资金规模。

（1）支出结构不变、财政自然增收带来的基本公共服务新增投入。以2010年财政收入8.3万亿元为起点，在8%～10%的增长速度下，5年内财政增收可达3.9万亿～5.1万亿元（见表9.3）。如果将财政收入增量的70%用于投入基本公共服务，可解决基本公共服务均等化资金2.7万亿～3.5万亿元，占9.3万亿元增量需求的30%～40%。

（2）总量不变、财政支出结构调整带来的基本公共服务新增投入。2009年基本公共服务的财政支出占比为32.67%，如果5年内提高到40%左右，可以增加5～7个百分点的财政资金用于基本公共服务体系建设。即便财政总量不变，也可以增加2万亿～2.9万亿元（8.3万亿×5×5%～8.3万亿×5×7%）基本公共服务支出，占增量资金需求的22%～31%。

（3）缺口部分通过国有企业分红弥补。综合考虑财政总量与财政结构调整后，基本公共服务均等化的财政缺口为30%～40%，即约为2.79万亿～3.72万亿元，这部分资金需要通过国有企业分红来获得。这就是国有企业分红的"锚"（见表9.3）。

表9.3 支出结构不变情况下可增加的基本公共服务财政资金

（单位：亿元）

年份	预期增长 10%		预期增长 8%	
	财政收入测算	财政增收测算	财政收入测算	财政增收测算
2010	83080.00	—	83080.00	—
2011	91388.00	8308.00	89726.40	6646.40
2012	100526.80	9138.80	96904.51	7178.11
2013	110579.48	10052.68	104656.87	7752.36
2014	121637.43	11057.95	113029.42	8372.55
2015	133801.17	12163.74	122071.78	9042.35
合计	641012.88	50721.17	609468.98	38991.77

9.2.3　国有企业预期利润增长估算

"十一五"期间国有企业利润总额为 7.24 万亿元,年均 1.45 万亿元,年均增长 12.7%(见表 9.4)。以此为起点,设置"十二五"国有企业利润年均增长 10%(低于"十一五"水平)、13%(基本等于"十一五"水平)、15%(高于"十一五"水平)的三种情景,测算国有企业"十二五"的利润水平(见表 9.5)。

表 9.4　2006—2010 年国有企业主要财务指标

	2006 年	2007 年	2008 年	2009 年	2010 年
营业总收入(万亿元)	13.70	18.00	21.05	22.51	30.36
应交税金(万亿元)	1.20	1.57	1.71	1.92	2.54
成本费用(万亿元)	—	—	19.36	21.26	28.53
实现利润(万亿元)	1.11	1.62	1.18	1.34	1.99
成本费用利润率(%)	—	10.0	6.9	6.3	7.0
存货周转率(次/年)	—	—	—	4.6	4.7

注:统计口径为全国国有及国有控股企业,包括中央企业和 36 个省(区、市、计划单列市)国有及国有控股企业。
资料来源:根据财政部历年公开数据整理。

表 9.5　"十二五"期间国有企业利润测算　　　　(单位:万亿元)

	15%	13%	10%
2011 年	1.665	1.636	1.593
2012 年	1.915	1.849	1.752
2013 年	2.202	2.089	1.927
2014 年	2.533	2.361	2.120
2015 年	2.912	2.668	2.332
"十二五"期间利润累计	11.227	10.603	9.724

9.2.4　国有企业合理分红比例估算

根据国有企业分红的"锚",未来需要通过国有企业分红提供2.79万亿~3.72万亿元的增量资金。根据表9.6测算的分红比例,考虑不同增长情况,25%~35%的分红比例比较适合,分红规模在2.81万亿~3.71万亿元。这大致覆盖了基本公共服务均等化资金需求预期值(2.79万亿~3.72万亿元)的范围。也就是说,如果国有企业利润年均增长为10%~13%,最优分红比例为30%~35%;如果国有企业利润年均增长达到15%,最优分红比例为25%~30%(见表9.6)。

表 9.6　国有企业"十二五"累计分红的不同方案　(单位:万亿元)

"十二五"利润增长速度		10%	13%	15%
"十二五"利润累计		9.724	10.603	11.227
分红比例	20%	1.945	2.121	2.245
	25%	2.431	2.651	2.807
	30%	2.917	3.181	3.368
	35%	3.403	3.711	3.930
	40%	3.890	4.241	4.491
	45%	4.376	4.771	5.052
	50%	4.862	5.302	5.614

中共十八届三中全会明确提出"完善国有资本预算制度,提高国有资本收益上缴公共财政比例,2020年提高到30%"的要求。本章测算表明,这个比例的确定是合乎实际的。这就需要严格落实这一决定,尽快明确各个领域国有资本收租分红的约束性指标,形成约束性的制度安排。

9.3　保障国有资本经营收益主要用于促进公共福祉

9.3.1　加快国有资本战略性调整

(1)国有资本尽快从一般性竞争领域退出。尽快设立国有资本运营公司,作为推动国有资本战略布局调整的重要平台;国有资本不仅要从房地产、酒店等一般竞争性领域退出,也要逐步从自然垄断行业和城市公用事业的可竞争环节退出。

(2)重点加大公益性投资。明确界定涉及国家安全的行业,制定投资目录,加大国家安全类国企投资;明确界定政府必须重点支持的技术创新领域,加大基础创新类国企投资;与到 2020 年实现基本公共服务均等化的目标相适应,加大公共服务类国企投资。

(3)部分国有资本划归社保基金。这是国有资本实现公益性回归,在公共服务领域做出更大贡献的重大举措。为此,需要尽快出台国有资本划转社保基金的具体实施方案。国有资本划转社保基金对资本市场要求比较高,可以从国有上市企业入手,兼顾国有资本平稳划转社保基金与促进资本市场繁荣发展的需求:一是提高国有股划拨社保基金的比例,将首次发行股票时划拨给社保基金的比例提高到 30% 左右;二是部分竞争性领域的国有资本可考虑直接划归社保基金。

9.3.2　加大国有资本划拨社保基金的规模

(1)划转部分国有资本充实社会保障基金的潜力巨大。2009 年,财政部、国务院国资委、中国证监会、全国社保基金会联合发布了《境内证券市场转持部分国有股充实全国社会保障基金实施办法》,规定"凡在境内证券市场首次公开发行股票并上市的含国有股的股份有限公司,除国务院另有规定的,均须按首次公开发行时实际发行股份数量的 10%,将股份有限公司部分国有股转由社保基金会持有,国有股东持股数量少于应转持股份数量的,按实际持股数量转持"。截至 2014 年年末,财政性拨入全国社保基金资金和股份累计达 6572.98 亿元,其中,国有股减转持资金和股份为 2384.11 亿元,占比为 36.27%。2014 年,财政性拨入全国社保基金资金和股份为 552.64 亿元,而国有股减转持资金和股份为 82.83 亿元,占比仅为 14.99%。[①] 与国有企业的收益相比,国有股补充社会保障基金的潜力远未发挥出来

(2)到 2020 年,争取实现国有股划转 3 万亿元到社保基金。根据中金公司测算,如果将国有企业股权每 5 年划拨 10% 给社保基金,至 2030 年划拨至 40% 后保持不变,那么分红收益折现后相当于 2014 年 GDP 的 25.2%(约 16 万亿元),基本可以弥补转型成本。为此,建议从国家层面加强国有资本划转充实社保基金的顶层设计,争取在"十三五"期间划转 3 万亿元国有股到社保基金。

(3)形成国有资本直接划拨社会保障基金的具体办法,提高国有股划拨社保基金的比例。国有资产在首次公开募股(IPO)时,考虑将划拨给社保基金的比例由目前的 10% 提高到 30% 左右;部分竞争性领域的国有资本直接划归社保基金。将国家控股比例过高的央企(包括金融企业)的一部分股份(超过 51% 的部分)划归社保基金,国有资本经营收益适当划归社保基金。借鉴发达国家的经验,将国有资本上缴公共财政的利润按不低于 50% 的比例划归社保基金。

9.3.3 保障国有资本经营收益用于公共福利

国有资本依靠竞争盈利,但其营利性应当建立在公益性的基础上,盈利的最终目的是增强公益性。建立常态化的国有企业收租分红机制迫在眉睫,它既是切实维护出资人权益的必然要求,也有助于降低居民和非公

---

① 全国社会保障基金理事会. 全国社会保障基金理事会基金年度报告(2014 年度)[EB/OL].全国社会保障基金理事会官网,2015-05-29.

经济税负,促进消费主导的经济转型。

(1)尽快出台国有企业支付资源使用租金和利润分红的相关法律法规。许多国家如丹麦、芬兰、法国、德国等,都是将国企的红利直接上缴财政部门。改革开放之初,我国在国企改革中提出"税养国家、利活企业",之后国企采用税收的形式向国家缴税,告别了财政拨款的年代。1994年利改税后财政部等相关部门就颁发了《国有资产收益收缴管理办法》,但是由于当时国有企业出现大面积亏损,收租分红并不具备操作条件。[①]进入公共产品短缺时代的改革发展新阶段,尤其是随着国有企业利润的不断增长,其不分红的历史时期已经过去。既然国企投资是全民投资,分红是投资收益,那么就应该为全民所用,通过公共财政真正实现取之于民、用之于民

为此,需要尽快出台国有企业支付资源使用租金和利润分红的相关法律法规。可以根据《关于试行国有资本经营预算的意见》和《中央企业国有资本收益收取管理办法》等相关规定,制定详细的、可操作的利润分配方案。把国有企业的资源使用租金和利润分红纳入全口径财政预算收入体系,重点用于弥补社会保障等公共事业领域。

(2)把国有企业的资源使用租金和利润分红纳入全口径财政收入预算。对通过国有资本收租分红所获得财政收入的使用范围做出调整,由以往对国有企业的再投资改为重点用于弥补社会保障等公共事业领域的资金缺口,以进一步增强基本公共服务均等化的财政支出能力。

---

① 徐文秀.近年来国有企业利润分配研究进展综述[J].当代社科视野,2010(3).

10 消费结构升级与市场环境优化

进入消费新时代以来,消费需求释放对市场环境建设提出了新的要求:消费新时代也是消费者主权时代,消费需求释放更有赖于尊重消费者权益的市场环境;随着消费安全事件频发等问题的逐步凸显,以消费者权益保护为目标改善消费市场环境,在扩大内需、拉动消费中的重要性全面凸显;我国迫切需要出台国家层面改善消费市场环境的战略规划,把维护消费者权益作为新阶段市场体系建设的重点。

10.1 消费新时代对市场环境的需求全面提升

我国进入消费新时代的一个重要特征是由生产者主权时代,迈向消费者主权时代。在生产者主权时代,由于产品短缺是常态,厂家生产出来的东西是"皇帝的女儿不愁嫁"。而在消费者主权时代,如果没有好的消费市场环境,居民的消费行为就会受到严重抑制。

10.1.1 生产者主权时代的终结

(1)短缺经济与生产者主权时代。改革开放之初的 1978 年,我国人均 GDP 只有 381 元,是一个典型的短缺经济,无论是农业消费品还是工业消费品都严重短缺。短缺经济的市场结构是卖方市场,相对应的是生产者主权时代：生产什么、生产多少、如何生产主要由生产者决定，消费者很少有选择的余地，是社会产品的被动接受者。城乡居民在吃、穿、用、行、住等基本消费品上，对花色品种几乎没有什么挑选的余地，厂家生产什么居民就只能消费什么。在农产品消费上，多数社会成员以粗粮为主，白面、猪肉、鸡蛋等主副食品都是票证供应；在工业消费品上，"手表、自行车、缝纫机"是城乡居民消费的"老三件"，生产厂家比较少，要想买到还需要托关系。

（2）过剩经济与生产者主权时代的历史终结。改革开放走到今天，随着生产力的快速释放，我国逐步走向过剩经济。无论是传统的衣食住行，还是太阳能光伏等战略性新兴产业，都面临着巨大的产能过剩压力。在这个特定背景下，市场结构开始转向买方市场，生产者说了算的时代一去不复返。在激烈竞争的市场环境中，生产者如果不能取悦于消费者，就很容易在市场中被淘汰。

10.1.2　消费者主权时代的到来

（1）消费者取代生产者在市场中处于支配地位。买方市场成为常态，意味着消费者主权时代的到来：消费者在市场中开始占据主导和支配地位，生产者生产什么、生产多少，最终取决于消费者的意愿和偏好，生产者只有尊重消费者主权才能够生存下来。

（2）消费者成为企业心目中的"上帝"。从国际经验看，伴随着消费者主权时代的到来，顾客成为"上帝"会逐步变成许多企业的理念。主要的特征是：

——顾客对产品的使用情况、反映和要求成为企业创新的直接来源和推动力；

——企业不但向顾客提供产品，而且要把"超值服务"提供给顾客，这会逐步成为成功企业的重要经营原则；

——顾客满意战略逐步成为企业普遍推行的新的经营理念，由此才能确保生产充分按照消费者的意愿和偏好进行下去。

10.1.3　消费需求释放对市场环境的依赖性全面增强

（1）有赖于消费安全。在消费者主权时代，消费者首先关心消费安全，如果产品和服务的质量安全没有保证，就会导致居民消费的严重抑制。

（2）有赖于市场信用。消费需求释放还取决于市场的诚信、产品的物美价廉、消费信用的发育程度等。如果假冒伪劣产品充斥市场，消费者的消费意愿就会大大降低，储蓄的意愿就会提升。

（3）有赖于完善的基础设施环境。如果没有良好的基础设施环境，即使居民的收入增加了，相当多的产品和服务的消费也无法增加。例如，农村家用电器的消费，首先需要电网在农村的普及；农村汽车的消费高度依赖于公路等基础设施的改善；农村电脑消费则依赖于互联网在农村的普及程度。

（4）有赖于政策环境。国家的政策导向会对消费者产生重要影响。比如，国家政策对消费者的补贴，与对生产者的补贴相比，对消费需求释放的影响有很大的不同。

10.2　以消费者权益保护为目标改善消费市场环境

近年来，我国消费外流的情况比较严重。以消费者追逐"洋奶粉"最为典型，不是因为国内厂商无法生产奶粉，纯粹是由于消费市场环境出了问题，国内消费者权益得不到有效保护。以维护消费者权益为目标加强市场环境建设，才能真正在扩大内需、拉动消费中有大的作为。

10.2.1　正视消费市场环境建设滞后的突出矛盾

（1）消费安全问题比较突出。近年来，重大消费安全事件频发，严重挫伤了国内居民对本国产品的消费热情。以奶粉消费为例，国内"三聚氰胺事件"后,"洋奶粉"取代了国产奶粉的地位,成为国内消费者的首选。中国食品土畜进出口商会 2012 年发布的数据显示,进口奶粉的市场占有率已从 2008 年前的 30% 左右,跃升到 50% 以上,而在高端奶粉市场,这一数据更是超过 70%。[①]

(2)过高的物流成本。以农产品的"市贵田贱"为例,城镇居民消费很贵的农产品,但许多农产品烂在田间地头无人收购的状况时有发生。这种现象出现的重要原因是国内物流成本过高。中国物流与采购联合会发布的数据显示,2010 年我国物流总费用占国内生产总值的比重约为 18%,比发达国家高出一倍左右。[②]

(3)消费升级所需要的基础设施建设滞后。电子商务是降低消费品交易成本、释放消费需求的重要途径,但受制于宽带网建设落后,电子商务发展的空间严重受限。以宽带普及为例,2013 年我国农村的宽带人口普及率仅为 6.3%,城市仅为 18.9%。[③]

我国太阳能光伏等产品在国内销售较少,重要的原因在于国内家庭光伏产品消费的基础设施不健全,家庭用户光伏发电难以与现有并网销售,家庭用户昂贵的投资成本难以收回,由此抑制了太阳能光伏消费潜力的释放。

(4)消费信贷比例偏低。从国际经验看,消费的升级和消费潜力的释放有赖于消费型金融的发展。但在国内,目前银行业仍呈现为投资型金融的格局。中国社科院金融研究所与野村综合研究所联合课题组《中国消费金融市场的发展——中日韩消费金融市场比较研究》显示,截至 2012 年年末,中国人民银行所统计的全国消费信贷余额达到 10.27 万亿元,占金融机构信贷余额比例仅为 16.42%,也就是说,投资型信贷的比例高达 83.58%。而在消费信贷结构上,商业银行住房按揭贷款余额约

---

① 张泉薇.中国乳业发展困局:洋品牌占领国内市场半壁江山[N].新京报,2013-06-21.
② 高国辉,熊汉玲,常仙鹤.物流费用占 GDP 比重达 18%[N].南方日报,2011-05-12.
③ 胡建辉.至 2015 年我国固定宽带家庭普及率达到 50%[N].法制日报,2013-08-19.

为 7.8 万亿元,约占全部消费信贷余额的 76.3%,如果扣除掉住房按揭贷款和汽车贷款,我国的消费信贷所占比例只有不到 20%。①

10.2.2 把消费者权益保护作为市场环境建设的基本目标

(1)消费市场环境恶化的主要问题在于国内消费者权益没有受到充分重视。除了消费安全缺乏保障之外,我国消费环境恶化还表现为同一消费品的国内价格远高于国际市场价格。在欧美国家商场里,同样品牌的衣服、鞋帽、笔记本电脑等,都要比我国便宜得多。令人难以理解的是,这些商品都挂着"Made in China"(中国制造)的标签。比如,同一款 Coach 的拎包,在北京西单可能要价 2000 元人民币,但在美国的 Outlet(类似品牌连锁店),可能只要不到 100 美元,按照汇率计算,国外价格不到国内的一半;同一款 Hugo Boss 的西服,在国内精品店的标价动辄上万元人民币,而在美国的百货商场,售价一般也就在 300~400 美元。电子产品也不乏其例。比如,同一款苹果的 iPhone 手机,在国内销售的产品也是"中国制造",在美国售价不到 200 美元;但在我国,至少要 3000~4000 元人民币。

外国生产的产品在我国卖,价格同样要高出许多。比如在美国,一辆宝马汽车加税金加运费也只要 30 多万元人民币,总价格大约是北京的 1/3。在西雅图,宝马 X6 的售价是 59461 美元,约合人民币 36 万元,而在北京,宝马 X6 的售价为 106 万元。目前我国进口汽车关税为 25%,增值税为 17%,消费税分为 7 档,最高档为 40%。按照中国汽车流通协会专家的估计,以排量 4.0 升以上、税额最高的车型为例进行测算,综合算下来,一辆进口车应缴税额总计为车价的 1.4 倍左右,而国内目前销售的很多进口车,其价格都是国外同款产品的 3 倍甚至 4 倍。②

(2)改变企业对国内消费者权益的轻视现象。近年来,一个很常见的

---

① 中国社科院.去年全国消费信贷余额已超过 10 万亿元[N].经济参考报,2013-07-25.
② 郁骁.北京西雅图香港车价对比:美国宝马仅为北京 1/3[N].北京青年报,2013-08-26.

现象是企业对国外和国内消费者采取双重标准,即对国外消费者提供质量最好的产品,对国内消费者提供质量比较差的产品。对国际国内消费者厚此薄彼的现象引发了社会的广泛关注,但这些企业并没有采取实质性的改变举措。

(3)改变补贴发达国家消费者的政策体系。出口退税以补贴国外消费者为主,国内消费补贴的财政政策远不到位。我国于1998年亚洲金融危机以来实施了出口退税政策,但是长期没有废止。2008年国际金融危机以来,出口退税政策又不断加码。2008年下半年到2009年上半年,连续7次提高出口退税率,很多商品基本达到或者接近17%的全额退税。以纺织服装业为例,其出口退税率经4次上调,退税率已由11%提高到16%,基本到了退税率的极限。① 2012年我国出口退(免)税达到10429亿元,首次超过1万亿元,同比增长13.3%,占全年税收收入的1/10左右。②

而在国内居民的消费补贴上,国家政策既缺乏力度,也缺乏持续性。按照财政部、商务部、工业和信息化部发布的《关于家电下乡政策到期后停止执行等有关问题的通知》,家电下乡政策于2013年1月31日结束,持续五年多的家电下乡政策已经被废除。从2009年启动的家电以旧换新、汽车以旧换新和汽车下乡政策,均已经在2010年年底、2011年年底陆续到期。国家用于家电下乡政策的财政补贴支出,与用于出口退税的财政支出远不是一个等量级的。比如,2009年是应对国际金融危机、推动家电下乡力度比较大的一年,财政预算支出仅为200亿元,2012年中央财政加大了节能补贴,但用于推广节能的资金仅为350亿元,与上万亿级的出口退税相比,显得有些微不足道。

10.2.3 出台国家层面改善消费市场环境的战略规划

(1)把改善消费市场环境作为政府的重要公共产品。改善消费市场

---

① 邱林.提高出口退税不如补贴国内消费者[N].中华工商时报,2009-09-23.
② 王心.2012年我国出口退(免)税首次超过1万亿元[N].中国税务报,2013-01-30.

环境不仅仅是消费者的事,也不仅仅是企业的事,更是全社会的事。在消费者主权时代,改善消费市场环境是政府不可推卸的重大责任。从政府的角度看,消费市场环境的改善涉及商务部门、工商行政部门、市场监管部门等多个部门的衔接,还涉及地方保护主义与市场分割、行业企业自律等。为此,"十三五"时期应出台国家层面改善消费市场环境的战略规划,提出综合性的改革思路和战略目标。

(2)到2016年,国内消费市场软硬件环境得到重要改善。重视生产、轻视消费者权益的政策与体制得到大大改观,有效遏制了消费安全事件蔓延的势头,消费市场信用体系初步确立,消费基础设施明显改善,流通成本明显降低。

(3)到2020年,基本形成普遍尊重消费者权益的市场环境新格局。消费者权益保护法治化、规范化,消费市场信用体系比较完善,城乡消费基础设施比较完备,国内消费品质量监管标准与发达国家接轨,消费者权益在国家政策体制中得到充分的尊重。

10.3 以消费者权益保护为主线完善消费市场体系

改革开放以来,我国建立了商品(服务)市场体系,但这个市场体系还相当不完善,尤其是没有能够很好地体现对消费者权益的保护,成为国内居民消费被抑制和消费外流的重要原因。建立健全消费市场体系,需要始终围绕消费者权益保护来推进。

10.3.1 改革市场监管体系,营造消费安全的大环境

(1)建立强有力的消费市场监管体系。强化国家消费品监管职能,建立全国统一的消费市场监管体系,提升市场监管机构的权威性、独立性、专业性。

(2)提高国内消费品的质检标准。参照美欧消费品安全标准,重新制

定我国消费品质量安全标准,尤其是食品药品质量安全标准。给出国内消费品质检标准与国际市场接轨的时间表。

(3)建立国内消费品溯源体系。充分利用物联网技术,给每件消费品附加一个加密的信息条码(如二维码),条码中涵盖产品规划、设计、制造、检测、计量、运输、储存、销售、售后服务等必要信息。一旦发现产品出现质量问题,可立即彻查各个环节。

(4)加强消费品质量安全立法。从国际经验看,为了保护消费者的消费安全,发达国家一般都制定了消费品安全法规,如美国、加拿大、英国等。其中,美国的《消费品安全法》和《消费品安全改进法案》对保护美国消费者的消费安全起到了至关重要的作用。目前,我国消费品质量安全立法工作滞后。为此,建议尽快出台《消费品安全法》,将消费品质量标准和监管上升到法律法规层面。

(5)建立有效的消费者权益仲裁机制。建立灵活的行政裁决制度,专门受理并解决消费者因缺陷产品造成损害、争议标的额较小的纠纷案件,降低消费者的维权成本。完善现行消费纠纷的诉讼程序,采取对消费者更有利的、更简便快捷的方式解决消费纠纷,如简化起诉方式、宽延缴纳诉讼费用、先予执行、财产保全和适用督促程序等切实可行的方法,为广大消费者提起诉讼、解决消费者权益争议创造便利条件,让消费者敢打官司、打得起官司。

(6)加强消费品质量安全的新闻监督和社会监督。借助广播、电视、报刊、网络等新闻媒介,定期对产品质量抽检结果进行曝光,充分发挥新闻媒介的监督作用,形成强大的舆论威慑力量。广泛宣传消费者主权意识,形成"讲诚信、反欺诈",切实方便消费者、抵制假冒伪劣商品、自我保护合法权益的良好社会风气。对举报制假、售假的行为给予奖励,充分调动社会组织和广大消费者参与市场监督检查的积极性,使假冒伪劣商品无立足之地。

10.3.2　以改造物流体系为重点切实降低消费成本

（1）出台国家改造物流体系的综合性方案。过高的交易成本提高了终端消费的价格，抑制了国内中低收入者消费潜力的释放，也损害了国民福利。从扩大内需、拉动消费的现实需求出发，建议尽快出台行动方案，争取在 3～5 年内，采取减少交通道路"过路费"、减少对小微企业征收的税费、扶持物流企业、鼓励电子商务发展等综合性措施，切实把物流成本降下来。

（2）加强物流基础设施建设。2012 年，我国物流业固定资产投资完成额达到 4 万亿元，同比增长 23.9%，增幅比 2011 年同期提高 16.1 个百分点。其中，交通运输业投资回升明显，完成投资额 2.6 万亿元，同比增长 20.2%，增速同比提高 18 个百分点。① 总体上看，我国物流基础设施投资保持持续增长，但与日益增加的物流需求相比仍显不足。应在现有物流设施的基础上，科学规划，加快航空、铁路、公路、水路、物流配送中心和物流园区等物流基础设施建设。

（3）以发展电子商务为重点降低交易成本。据《2013 年中国电子商务市场研究》显示，2012 年，我国消费者的网购支出已达到 1.3 万亿元。充分发挥电子商务的作用，可以有效地释放消费需求。同时，可以使电子商务辐射到广大的三、四线城市甚至乡村，让城乡居民都能分享到电子商务带来的实惠。鼓励连锁经营向多行业、多业态延伸，推进特许加盟等连锁方式发展，提高流通的规模化、组织化程度，优化供应链管理，发展第三方物流。推进"农超对接""农社对接""农餐对接"等模式。大力推进"工商对接"，引导零售商和供货方建立战略联盟，提高直供直销比重。

（4）加强对电子商务的监管。加强对电子商务的监管有助于保护消费者权益，提升居民消费预期。《2011 年度中国电子商务用户体验与投诉监测报告》监测数据显示，2011 年全年我国电子商务投诉与维权公共

---

① 续飞.我国物流成本现状分析及对策建议[N].光明日报,2013-06-10.

服务平台共接到全国网购用户的投诉近 10 万起,其中网络购物投诉占比最大,达到 52%。为此,需要加强对电子商务的市场监管,进一步完善支持电子商务发展的法律环境。

10.3.3 强化消费基础设施建设

(1)加强农村消费基础设施建设。在家电下乡、电脑下乡、汽车下乡的新形势下,建议"十三五"时期以城乡消费基础设施一体化为重点,大大强化农村电网、互联网、道路交通基础设施改造和建设,为启动农村消费大市场提供物质和技术支撑。

(2)以"宽带中国"建设为重点释放信息消费。关注信息基础设施建设,以信息产业改造传统产业成为全球各国的发展趋势。比如,欧盟计划用 2 年左右时间取消欧盟范围内所有的手机漫游费,被视为 20 余年来欧洲电信市场最大的改革。未来 3~5 年,要加快建设覆盖城乡的互联网体系,打破信息领域垄断,大幅降低信息资费,充分利用 4G 信息技术,释放巨大的信息消费需求。

(3)加快太阳能光伏消费基础设施建设。当前,以太阳能光伏和互联网技术相结合来改造能源体系为代表的第三次工业革命方兴未艾。我国太阳能光伏产业已在全球范围内的竞争中赢得一些先机,但不断遭遇欧盟的反倾销政策打压。从趋势看,我国太阳能光伏产业的国内消费占比不到 10%,未来发展的大市场在国内。在一个拥有 13 亿多人口的大国启动家庭太阳能光伏消费,完全有可能在推动第三次工业革命上取得领先地位。为此,应采取重要措施推动国内家庭分布式光伏基础设施的推广,尽快实施家庭用户光伏发电并网改造工程。

(4)加快新能源汽车消费基础设施建设。推广新能源汽车需要国家层面出台相关政策和标准体系,加快充电基础设施建设。要尽快放开市场准入限制,鼓励内外资本加大技术创新,建设规模化的充电站。鼓励以太阳能作为能量来源的"离网充电桩"系统建设,通过辅助固定电池组,实现全天不间断充电。

10.3.4 建立财政对国内消费者补贴的政策和机制

(1)实现财政补贴由补贴生产者为主向补贴消费者为主的转变。与补贴生产者相比,补贴消费者更有利于消费者行使自由选择权,激励企业的公平竞争和提高技术创新能力,同时有利于提高居民的消费能力。而且,补贴消费者更能体现公共财政的本质。建议以减少出口退税为重点,清理各项针对生产者的财政补贴,通过3～5年的努力,实现政府财政补贴政策由补贴生产者为主向补贴消费者为主转变。

(2)建立公共服务领域消费者补贴机制。从当前的情况看,供水、供电、供气、电视、邮政、电信、公共交通运输、互联网等公共服务行业都带有一定的垄断性质,导致服务水平不高、竞争效率低下、服务产品价格过高。而国家对这些公共服务行业的补贴却在逐年增加,这不但不利于扩大居民消费,而且会进一步强化这些行业的垄断地位。为此,建议国家通过财政和税收手段,采取对消费者减免个税、现金补贴、发放消费券等形式,鼓励消费。这样一来,一方面有利于扩大居民公共服务业领域的消费规模;另一方面,有利于促进公共服务行业加快改革创新。

(3)建立绿色消费实行政府采购制度机制。当前,我国对光伏产业、节能汽车、节能家电等的补贴是以补贴企业为主,不仅不利于扩大国内消费,光伏产业还频频遭到国外反倾销调查。为了适应绿色增长与绿色转型的需要,可以通过建立绿色消费的财政补贴机制,有效拉动绿色消费,促进节能减排。这就需要设置约束性指标,由政府带头采购、使用绿色产品,如推广新能源公交、使用节能办公设备等。与此同时,对绿色产品的财政补贴应由生产者向消费者延伸,对居民绿色节能产品消费给予相应补贴,切实增加居民绿色消费。

11   消费结构升级与政府转型

我国加快消费主导的经济转型,最大的挑战是政府转型。如果政府仍然把主导投资、扩大经济总量,而不是把公共服务作为主要职能,启动13亿多人的消费大市场,走向消费型社会就会缺乏应有的基础制度支撑。尽快实现经济增长方式从政府主导向市场主导的转变,推进以公共服务为目标的政府转型,是实现经济发展方式由投资驱动向消费驱动转变的根本性举措和体制性保障。

11.1   政府主导与消费抑制

11.1.1   政府主导与投资偏好

(1)"三位一体"的增长模式

——政府主导型的经济增长方式更偏好于投资主导。改革开放后不断攀升的投资率,重要的原因在于政府做大经济总量的冲动,尤其是地方政府扩大投资的积极性。尽管这种增长方式在我国经济起飞阶段发挥了重大作用,但随着市场经济体制的逐步完善,政府主导的增长方式不可避免地带来了一系列结构性失衡和结构性矛盾。更重要的是,由政府主导形成的政府自身利益,加大了经济发展方式转变的难度。

——建设型财税和土地财政刺激了地方政府投资。在间接税为主体的税收体系下,各级地方政府财税收入与投资规模成正比,地方政府具有极其强烈的扩大投资的动机;此外,地方政府通过土地批租形成了土地财政模式,土地出让金收入成为地方政府的第二财政,这又助长了地方政府的投资扩张倾向。1995—2010 年,地方投资在固定资产投资中所占的比重从77.35%迅速提高到 91.87%,清楚地反映了这一趋势(见表11.1)。

表 11.1　1995—2010 年固定资产投资结构　　　　(单位:亿元)

	1995 年	2000 年	2009 年	2010 年
地方	15485.6	26483.9	203901.4	255534.8
中央	4533.7	6433.8	20697.4	22605.0
地方项目投资占比(%)	77.35	80.45	90.78	91.87

资料来源:国家统计局.中国统计年鉴 2011[M].北京:中国统计出版社,2012.

——资源要素价格的压低,降低了资源配置效率。由于要素价格改革相对滞后,生产要素市场还很不完善,市场机制还不能充分发挥作用,资源要素价格被压低,使得投资成本被压低,客观上刺激了包括政府投资和社会投资在内的投资冲动。从资源配置看,突出表现在土地、能源、资本等要素市场发育滞后,本应由市场供求关系决定的价格,过多受到行政干预。例如,作为最重要的生产要素之一,土地大部分掌握在政府手中。地方政府通过压低土地价格以招商引资,鼓励了企业扩张规模,同时使得我国十分稀缺的土地资源利用率严重偏低。有研究表明,我国城镇土地至少还有 40%以上的利用潜力。薛明(2006)①指出,我国城市人均用地为 133 平方米,高出人均 100 平方米标准 30%;村镇居民人均用地达到190 平方米,超过 150 平方米的人均用地最高限度。

(2)体制性投资冲动与体制性产能过剩。由于投资能在短期内迅速扩大经济总量,政府倾向于扩大投资,甚至把投资扩张作为重要目标。这

---

① 薛明.我国城市人均用地量已超标 1/3[N].上海证券报,2006-06-14.

种增长方式使得全社会的总供给与总需求的自动均衡机制难以发挥作用,成为产能全面、绝对过剩的体制根源。罗兰(2013)[①]发现,尽管产能明显过剩,但仍然有16个省(区、市)把钢铁、23个省(区、市)把汽车作为"十二五"期间的支柱产业,30个省(区、市)把新能源产业作为战略性新兴产业的重点。只有改变投资主导型增长方式,取消政府的生产性补贴,让产品价格真实反映要素的使用成本,才能化解产能过剩的危机,缓解环境资源的压力。

11.1.2 价格扭曲与投资成本偏低

(1)政府主导的资源配置。在土地、金融等重要资源的获得方面,不同所有制企业的地位并不平等,国有企业和有政府背景的企业往往比民营企业和中小企业更容易获得各类资源。比如,银行贷款大约有80%给了国有企业,民营中小企业融资难的问题越来越突出。尽管投资率不断走高,但全要素生产率却不断下降。白重恩(2013)[②]的研究表明,中国全要素生产率增长速度从2007年之前的3.98%降低到近几年的0.79%,下降幅度惊人。其重要原因在于,国有企业比非国有企业、中小企业更容易获得资金,但前者预算软约束比后者更明显,更加倾向于把资金用于做大规模而非技术创新,由此带来巨大的福利损失。盛洪(2013)[③]估计,仅银行、石油、电信、铁路和食盐等五个垄断行业,由于行政性垄断带来的社会福利损失在2010年就高达19104亿元,占当年GDP的4.8%。

(2)政府主导的产业政策。尽管我国产业政策也强调市场机制,但更多地体现了政府的意图,政府直接干预市场的特征比较明显。产业政策覆盖所有领域,单个行业的产业政策数量不断增加,政策内容不断细化,措施更加具体。在产业政策中,市场准入、项目审批、供地、贷款等行政性

---

① 罗兰.化解产能过剩为全球提供机遇[N].人民日报,2013-10-26.
② 白重恩.2012年中国投资回报率仅2.7%[N].第一财经日报,2013-07-30.
③ 盛洪.垄断国企与经济滞胀[N].企业家日报,2013-08-24.

直接干预措施屡见不鲜。这种直接干预市场,甚至以政府替代市场的机制,在很大程度上限制了市场竞争的作用,成为各地产业结构雷同、重复建设不断的重要根源。

11.1.3 理顺政府与市场关系,转变政府主导的增长方式

推进政府转型是实现我国经济发展方式转变的重心和主线。具体到释放消费需求、实现投资消费动态平衡方面,关键是要理顺政府与市场关系,真正把投资的权力还给市场主体,真正把政府的公共服务职能做到实处。

(1)推动经济增长方式由政府主导向市场主导转变。推进消费主导的经济转型,最具有实质性意义的举措在于,使各类市场主体根据消费市场的动态变化进行投资决策,在更大程度上、更广范围内发挥市场在资源配置中的决定性作用。改革开放以来,我国的社会需求、市场条件都发生了深刻变化:从社会需求变化看,公共产品需求取代私人产品需求成为日益重要的社会需求,满足全面快速增长的公共需求成为资源优化配置的重要前提;从市场条件看,随着私人产品由短缺走向过剩,我国已从生产者主权时代进入消费者主权时代,政府的职能安排只有充分尊重国内消费者主权,才能有效克服消费抑制和消费外流,进而使国内消费升级成为拉动经济结构转型的驱动力。

在这个特定背景下,政府的主要职能不在于人为地扩大投资,做大经济总量,而在于提供完善的公共服务、创造良好的消费环境。

——进入消费者主权时代,市场呈现出无限细分的突出特点。企业比政府更能够反映消费市场变化,政府要把投资权切实下放给市场主体,把经济职能的重点放在搞好消费市场监管等经济性公共服务上,以创造良好的消费环境。

——进入公共产品短缺时代,消费主体的成长更有赖于社会性公共服务供给。政府要成为教育、医疗、社会保障等社会性公共服务主体,建立基本公共服务均等化的体制机制,扭转"逆向再分配"的社会政策,在培

育发展型消费主体上扮演重要角色。

——在政府主导的经济增长方式下,我国的基础制度主要是生产激励型的,导致消费抑制面临着突出矛盾。政府要成为制度性公共服务主体,从"游戏参与者"转变为"游戏规则的制定者",才能够从根本上扭转消费抑制的基本格局。

(2)把改变竞争性地方政府模式作为实现投资消费动态平衡的重大任务。当前,服务业营业税向增值税的转型正在全国展开。从总体上看,由于服务业营业税是地方税种,服务业增值税改革必然导致地方财权的削弱。因此,在推动服务业增值税改革的同时,应当抓紧部署重构中央地方财税关系。建议争取通过3~8年的努力,分三步走,实现中央地方财税关系由经济总量导向向公共服务导向转变。

第一步:未来3年左右,规范、限制地方政府投融资平台的高杠杆负债投资,明显提高地方可支配财力。结合服务业增值税改革,统筹考虑国税、地税合并,大幅度降低征税成本,并适度增加地方政府在增值税中的分成比例。

第二步:未来5年左右,初步形成以直接转移支出为主的中央对地方转移支付机制。明确中央、地方公共服务分工,明确界定中央、地方公共服务支出的责任范围。

第三步:未来8年左右,基本形成中央、地方公共服务事权与财力相匹配的新格局。通过缩减地方财政经济建设支出、降低行政成本,以减少物业税、消费税为重点,开辟新的地方税源等多种手段,确保地方拥有履行公共服务职能的财力。

11.2　促进公共消费的主体

我国进入新消费时代的一个重要标志是公共需求的全面快速增长,伴随着政府在公共服务领域投入的快速增加,公共消费将在拉动经济增长、推动经济结构由工业主导向服务业主导转变中扮演重要角色。在这个特定背景下,政府由主导投资的主体转变为促进公共消费的主体,才能在扩大内需、拉动消费上有大的作为。

11.2.1　公共消费可以有效带动私人消费需求的释放

(1)健康消费。2013年,我国卫生总费用占GDP的比重已达到5.1%,但仍低于低收入国家的平均比重(6.2%)。2016年,这个比重有望提高到6.5%左右;2020年,有望提高到8%左右。

(2)教育消费。2012年,我国财政性教育经费支出占比达4.28%,实现了《国家中长期教育改革和发展规划纲要(2010—2020年)》中财政性教育经费支出占GDP总量4%的目标。2016年,财政性教育经费支出有望达到4.5%;2020年,财政性教育经费支出有望达到5%。

(3)养老消费。养老基金占GDP比例最高的是挪威,为83%左右,日本是25%,美国是15%,我国目前养老基金只占到GDP的2%。[①] 随着人口老龄化的加快,2016年,养老基金占GDP的比例至少应当达到3%左右;2020年,这一比例至少应当达到5%以上。

(4)文化消费。最近几年,中国的文化产业在GDP中的比例不到4%,美国是25%,日本和英国都超过了15%。[②] 2016年,文化产业增加值将由2013年占GDP的3.77%上升至5%,使文化产业成为国民经济的支柱产业;2020年,文化产业增加值占GDP的比例将不低于8%,使文化产业成为拉动经济持续增长的重要引擎。

11.2.2　形成政府购买公共服务的制度安排

(1)扩大政府购买公共服务的比例。从国际经验看,发展政府购买公共服务是提高公共服务供给效率的重要途径。我国自2003年开始推行

---

① 张茉楠.养老金"资金池"亟待做大[N].中国证券报,2013-08-21.
② 马鸿斌.浅析进一步深化文化体制改革的战略意义[J].文化产业导刊,2014(1).

政府购买公共服务,10 余年来虽然取得了重要进展,但并未形成规范的制度安排。2012 年我国政府采购规模占全国财政支出的比重为 11.1%,其中服务类仅占 12%。① 而欧美发达国家政府采购规模占财政收入的比重为 30%~40%,服务类采购占采购规模的 50%以上。建议把公共资源配置的社会化、市场化改革作为政府购买公共服务体制机制建设的重点,加快公共服务体制创新,形成公共服务领域开放竞争的新格局,争取到 2020 年使政府采购规模占 GDP 比重达到 15%~20%,服务类采购占政府采购的比重达到 30%~40%。

(2)全面放开公共资源市场。未来 3~5 年,把培育公共资源市场作为发展政府购买公共服务的重大任务,在公共资源领域放开市场、引入竞争。

——放开民生类公共资源市场。适应改善民生、满足多元化的公共需求,全面放开教育、医疗、养老、文化等领域的公共资源市场。

——放开城镇化发展的公共资源市场。与城镇化进程相适应,全面放开市政工程类,尤其是中小城镇的公共资源市场。

——放开政府后勤类公共资源市场。与政府简政放权和建设低成本政府相适应,全面放开公车等行政机关类的公共资源市场。

(3)将政府购买公共服务纳入政府采购的范围。当前,公共服务仍然没有被正式纳入《政府采购法》及其实施条例的采购范围,这使政府购买公共服务难以规范化。为适应全社会公共需求的大趋势,应当尽快明确将养老服务、残疾人服务、教育服务、公共卫生服务、城市规划与环境评估等服务纳入政府采购范围。

(4)加快形成政府向社会组织购买服务的制度安排。实践证明,发挥社会组织作用更有利于确保公共服务供给的公益性和专业性。当前,我国公益性社会组织参与的比例并不高。

——发展公益性社会组织。公共资源配置向社会组织开放,把社会

---

① 全国政府采购规模达 13977.7 亿元[N].中国财经报,2013-07-24.

组织作为政府购买公共服务的重要承接主体。

——实现公平竞争机制。凡属事务性管理服务,原则上都要引入竞争机制,通过合同、委托等方式向社会组织购买。

——出台政府购买公共服务清单。抓紧形成向社会组织开放的公共资源领域的清单目录,为社会组织在承接政府公共服务职能上提供制度依据。

(5)建立法治化的公共服务监管体制。政府购买公共服务不是不要政府监管,而是需要有效、有力的政府监管。

——制定公共服务标准、购买方式及实施细则。将政府购买公共服务纳入《政府采购法》,使之规范化、制度化。

——明确界定公共资源社会化、市场化配置的范围和监管程序。形成政府购买公共服务的委托主体和委托对象之外的独立性、专业性的外部监督机制,加强社会公众监督和媒体监督,提高监管的有效性。

——建立公开透明的公共服务购买流程。规范招投标、寻价、委托等不同方式的操作流程,以保证各类承接主体的公平竞争。

11.2.3 以公益性为目标加快事业机构与社会组织改革

(1)统筹政府购买公共服务、事业机构与社会组织改革。我国进入公共产品短缺时代,政府购买公共服务不仅是一个扩大公共服务范围的问题,更重要的是可以从整体上优化公共资源配置,提升公共服务供给的公平、效率和质量。事业机构与社会组织是我国公共服务供给的主体。加快推进事业机构与社会组织改革,是发展政府购买服务的关键所在。

(2)尽快打破事业机构在公共服务领域的行政垄断。从改革实践看,政府自己办事业机构,自己又作为监管主体,是公共服务既难以实现公平,又难以提高效率的体制性根源。为此,要把形成公共服务多元供给主体、多元竞争主体作为新阶段发展和完善政府购买公共服务的重大任务。

(3)以公益性为目标加快事业机构去行政化的改革进程。事业单位分类改革只有着眼于形成政事分开、管办分离的新机制,建立完善的事业法人治理结构,才能使政府改变公共服务直接供给者的角色,成为有效的监管者。

——明确事业机构独立法人地位。明确事业单位出资人,以独立承担民事法律责任为目标,加快建立独立的事业法人财产制度,使事业单位真正转变为独立的事业法人和公共服务主体。

——尽快取消事业单位行政级别。真正把事业单位改造成为法定机构。

——加快公共服务立法。以明确法定事业机构角色定位为重点,完善公共服务机构的资格、设立、变更等法律程序,为事业机构改革提供法律依据。

(4)加快以公共服务为中心的政府转型与改革。

——创新公共服务体制,关键在于政府应当成为公共服务"游戏规则"制定的主体和市场监管的主体。要在强化政府公共服务最终责任的前提下,充分发挥市场在公共资源配置中的决定性作用。

——加快形成公共资源配置社会化、市场化的政策体制安排。形成由事业机构、社会组织、企业单位公平竞争提供公共服务的新格局。

11.3　有效市场监管和消费环境创造的主体

消费环境在本质上是一种公共产品,良好的消费环境的创造离不开政府的有效作用。走向消费主导的经济转型,需要政府在创造消费环境中扮演重要角色。

11.3.1　推进市场监管由行政监管为主向法治监管为主的转型

(1)行政监管为主的市场监管体制难以为继。我国消费市场监管保持着行政审批与市场监管合为一体的突出特征。以食品药品等消费品监管为例,"九龙治水"与"监管失灵"并存。也就是说,以行政监管为主的体制不改变,实现监管的有效性是相当困难的。

（2）有效的市场监管以法治监管为主。现代市场经济条件下,行政审批与市场监管是两个不同性质的事物,事前的行政审批是政府的权力,需要依法界定权力清单;市场监管主要是事后监管,以法治监管为主。

（3）把建立法治监管作为新阶段市场监管体制改革的基本目标。应以维护消费者权益为中心,出台市场监管法治化的改革行动方案,对现有的消费市场监管体制进行重构和改革。

11.3.2　建立以事后监管为主的新体制

（1）政府的市场监管不能以前置性的审批为主。多年来,以行政审批取代监管的问题比较突出,有关部门既管审批又管监管,前置性审批过多不仅压抑市场活力,也无法保证事后监管的有效性。

（2）现代市场经济条件下,有效的监管主要是事后监管。从现实看,绝大多数企业的消费品安全问题都发生在行政审批之后。为此,建议统筹考虑行政审批制度改革与市场监管体制改革,在大幅度削减前置性审批的同时,大大强化事中、事后监管,使政府的监管既能够充分激发市场活力,又能够科学、高效。

（3）把行政审批与市场监管严格分开。行政审批与市场监管属于不同的政府职能,如果放在同一个机构,就会出现职能混淆与责任不清,从而弱化市场监管职能。为此,建议在机构安排上,采取行政审批与市场监管机构分设,建立以事后监管为主的市场监管体制框架。

（4）调整市场监管权力结构。近年来,一些地方试验中开始整合市场监管机构,成立了综合性的市场监管局,取得了比较好的效果。为此,建议与大部门体制改革统筹考虑,借鉴其他国家消费品安全监管的体制制度安排,整合国家质量监督检验检疫总局和国家工商总局的消费品安全监管职能,组建国务院消费品安全委员会,使其成为权威性、独立性、专业化的消费品安全监管机构,对消费品进行统一、全程监管。

11.3.3　形成政府监管与行业自律、社会监管的合力

(1)形成市场监管中的社会合力。在现代市场经济条件下,政府监管要面对无数个市场主体,如果仅仅靠政府唱"独角戏",市场监管的有效性将很难得到保证。这就需要充分发挥行业协会等社会组织在行业监管、企业自律中的重要作用。

(2)由行业协会承接政府下放的行业管理职能,重点强化行业自律和社会监督。行帮曾经在我国市场经济的萌芽和发展历史中扮演过重要角色。所谓"行有行规、帮有帮规",主要是指各类行业组织在行业自律、社会监督中扮演的重要角色。与政府简政放权的改革相配套,应以行业自律和社会监督为重点,将更多的行业中观管理职能下放到行业协会。

(3)加快行业协会去行政化改革。从改革实践看,行业协会官办色彩浓厚,成为政府的附属物,很难把主要精力放在为企业提供服务上,并实现行业自律。为此建议加快推动现有行业协会的"政会分开"、去行政化;支持各个行业的民营企业在自愿的基础上联合建立各类行业协会。

11.3.4　建立消费市场监管的法律框架

(1)尽快出台《消费品安全法》。对消费品安全监管机构的权威性、独立性、专业性进行明确和规范,提高国家消费品安全标准,明确在规定企业产品标准制定上不得歧视国内消费者。

(2)修改《食品安全法》和《药品管理法》。实行最严格的食品药品安全监管制度,完善食品药品监管体制,重新界定责任主体,加大违法行为惩处力度,对网购食品药品等监管空白地带进行规范治理。

(3)修改《反不正当竞争法》。《反不正当竞争法》已经出台 20 余年,随着时代变化,需要在多方面进一步完善。

——扩大不正当竞争行为的范围,把互联网和网络购物等新经济形态纳入《反不正当竞争法》的范畴。

——明确执法主体。明确国务院工商行政管理部门和地方各级工商

行政管理部门作为执法的责任主体。

——进一步加大违法罚款力度。

11.4 转型成为创造良好营商环境的主体

我国进入新消费时代,增加消费供给能力更需要充分发挥社会资本的有效作用。这就需要政府成为创造良好营商环境的主体,以打造法治化营商环境为重点,尽快在建立法治市场经济上取得重要突破。

11.4.1 创造法治化营商环境

(1)尽快形成国家层面改善法治化营商环境的行动方案。着眼于解决外资、国有企业、私营企业公平竞争的问题,推行负面清单管理,解决人力资源自由流动、知识产权保护、市场公开透明等方面的突出矛盾和问题,在总结地方探索经验的基础上,尽快形成国家层面改善营商环境的立法、司法改革计划。力争通过5~8年的努力,基本形成法治化、国际化营商环境的制度框架。

(2)把营商环境国际化作为构建开放型经济新体制的重要目标。借鉴欧盟、北美自由贸易区的营商环境便利化指标和通行做法,结合我国基本国情,形成营商环境国际化的具体目标、指标体系,分步骤在全国范围内推行。将保障市场主体的运营纳入制度化、规范化和法治化轨道。在企业开办、施工许可、财产登记、信贷获取、投资者保护、税收征管、跨国贸易、合同执行、企业破产等方面加快形成与国际接轨的法律法规体系。

(3)鼓励地方以经济立法的形式探索营商环境国际化。2012年10月,广东省出台了《广东省建设法治化国际化营商环境五年行动计划》,目前已取得比较好的效果。为此,建议大力支持地方运用地方立法权,在经济立法与国际接轨方面开展先行先试。

(4)在国内推广经商便利指数。建议由商务部组织落实,参照国际惯例,编制各省(区、市)经商便利指数,逐年公布,倒逼地方政府改善营商环境。

11.4.2 严格保护私人财产权

(1)公有财产与私有财产同等受法律保护。建议修改相关法律法规,严格落实中共十八届三中全会关于"公有制经济财产权不可侵犯,非公有制经济财产权同样不可侵犯"的原则,严格禁止行政机关不经法律程序就剥夺私人财产。

(2)用列举法明确界定"公共利益"。建议修改《物权法》,明确界定"公共利益",说明政府在什么条件下可以征收或征用公民私有财产。

(3)强化《国家赔偿法》的落实。建议尽快出台《国家征收或征用公民私有财产补偿标准》,实现《国家赔偿法》第31条规定的"赔偿义务机关赔偿受害人后,应当向相关责任人员追偿部分或者全部赔偿费用"。并在《国家赔偿法》中增设新的条款,追究有重大过失、严重不负责任的办案人员导致国家赔偿的责任。

11.4.3 全面实施负面清单管理

(1)尽快推动负面清单管理对内外资同步实施。2013年,负面清单首次出现在《中国(上海)自由贸易试验区总体方案》所列的9项主要任务和措施中,其中一项重大任务是"探索建立负面清单管理模式"。应当看到,负面清单管理是现代市场经济的重要特征,采取"法不禁止企业皆可进入"的措施,对改善营商环境意义重大。现代市场经济条件下,在绝大多数领域中,内外资的待遇应当是平等的。既然对外资可以实施负面清单管理,就没有理由厚此薄彼,反而对内资加以更多的投资限制。建议尽快出台负面清单管理在全国范围内实施的改革路线图、时间表。

(2)从中央到地方明确各级政府权力清单。2014年年初以来,国务院各部委公布了权力清单,向负面清单管理方向迈出了十分关键的一步。在2014年中央各部委对外公开权力清单的基础上,通过1~2年的实践,使这项改革普及到各级政府,在全国范围内普及实施权力清单制度,在转变政府权力理念、建设服务型政府上取得新突破。

(3)推动负面清单管理在更多地区进行实验。建议在上海自由贸易试验区的基础上,结合内陆沿边开放进程,设立更多的自由贸易试验区,加速负面清单管理在地方层面的实施。

11.4.4 完善反垄断法律制度

(1)反垄断的主要障碍是反行政垄断。中国是个大国,放开市场、引入竞争的领域,常常有无数个竞争者,加上发展市场经济只有30多年的时间,如果没有行政力量在背后支持,任何一个企业都很难形成真正意义上的经济垄断。现实情况是,行政垄断遏制竞争的矛盾突出。尽管过去几年出台了促进非公经济发展的"新、旧36条",也三令五申地强调民营经济可以进入法律未禁止的领域,但民营经济进入铁路、电力、电信、石油、民航、邮政等行业仍面临重重困难。

(2)将反行政垄断纳入《反垄断法》。在《反垄断法》总则中突出反行政垄断,在《反垄断法》中增设反行政垄断一章:

——对铁路、电力、电信、石油、民航、邮政等垄断行业的行政垄断行为进行界定。

——对城市公用事业领域的行政垄断行为进行界定。

——对教育、医疗、文化等公共服务领域的行政垄断行为进行界定。

(3)建立针对行政部门立法的反垄断审查制度。不少行政垄断行为都有行政文件,比如条例、规章或意见等依据,这就需要行政部门将出台的相关行业政策、指导性文件向反垄断委员会备案,并建立反垄断审查机构对其进行审查。

11.4.5 建设法治政府

(1)将政府不适当干预市场的权力关进法治的笼子里。这些年来,营商环境的恶化,一个重要的根源在于政府经济行为相关立法、司法的不健全,政府干预市场的权力得不到有效约束。建议尽快启动相关立法、司法改革行动计划。

（2）将负面清单和权力清单制度纳入《行政许可法》。随着行政审批制度改革的深入推进,政府需要清理《行政许可法》过时的许可项目。应将负面清单管理作为设置行政许可的基本原则,严格限制行政许可的适用范围。

（3）加快公共资源配置立法。公共资源配置市场化有利于改变政府主导的经济增长方式,有利于扩大社会资本投资空间。建议尽快出台《公共资源监管法》,明确界定公共资源市场化配置的范围和监管程序。

——适应资源性产品价格改革的客观要求,明确界定自然性资源产权,完善土地、矿产资源、河流、森林、山岭等自然资源的交易方式。

——适应破除行政垄断的客观要求,明确界定社会性公共资源产权范围,推进各类公共工程承包经营权配置的市场化,在城镇公用事业领域特许经营权的出让上全面引入竞争机制。

——适应公共服务体制创新的客观要求,明确界定行政性公共资源产权范围,在完善政府采购制度的同时,加快推进行政系统中服务资源配置的市场化。

12 结 语

12.1 研究结论

(1)消费是拉动经济增长的重要动力。现有文献对消费能否拉动经济增长有比较大的分歧。一部分文献认为消费是增长的结果而不是原因;一部分文献尽管认为消费是增长的原因,但并没有把消费纳入增长分析模型中。在回顾经济思想史中的消费—增长关系后,本书通过构建 CD-CG 模型、结构模型,把消费纳入增长模型中进行分析。本书提出消费拉动经济增长的三条传导途径,并且对消费释放—人力资本—经济增长的路径进行了分析。结论表明,消费是经济增长的重要动力。

(2)不同的经济发展阶段需要不同的增长动力,我国已到了通过消费释放拉动经济增长的发展阶段。发展经济学注重从产业角度分析发展阶段,本书从需求角度,即从消费角度分析我国的发展阶段,对我国消费结构变化进行历史回顾与实证分析。结果表明,消费结构升级对我国经济增长与结构调整有重要影响。

(3)消费主导并不是不要投资。本书通过对消费投资关系的进一步分析,认为消费释放和结构升级对投资总量和投资结构都有重要的带动作用。为此,本书提出了走向投资消费动态平衡的基本目标以及具体建议。

（4）服务业发展是推进消费主导经济转型的重要载体。消费的本质是享受服务的过程,是满足需求的过程。本书从消费结构升级的角度出发,提出我国需要明确从以工业为主的产业结构调整升级为以服务业为主的产业结构。为此,需要大力发展服务业,推进服务业的市场开放以及相关的体制机制变革。

（5）消费结构升级对政府转型提出了迫切需求。市场是满足消费需求最有效的方式,有效满足消费需求要求深化市场化改革,发挥市场在资源配置中的决定性作用。如果政府仍然把主导投资、扩大经济总量,而不是把公共服务作为主要职能,启动13亿多人的消费大市场,走向消费型社会就会缺乏应有的基础制度支撑。尽快实现经济增长方式从政府主导向市场主导的转变,推进以公共服务为目标的政府转型,是实现经济发展方式由投资驱动向消费驱动转变的根本性举措和体制性保障。

12.2　政策建议

（1）明确消费主导的转型目标。随着消费结构的升级,消费需求能否得到有效释放,决定了我国未来经济增长的前景。为此,需要尽快明确消费主导的总体目标和阶段目标。这不应当作为稳增长的短期权宜之计,而要作为转变经济发展方式的长期战略安排。尤其是在国内外环境变化、经济下行压力增大的特定背景下,需要尽快出台国家层面消费主导经济转型的总体战略,把释放城乡居民消费潜力作为约束性指标,系统地打破制约消费需求释放的体制性障碍,形成消费主导的长效机制。

（2）伴随着人口城镇化的推进、人口结构的变化、服务业的快速发展,消费结构正在快速升级,13亿多人的消费潜力释放的有利条件正在形成。抓住这个历史机遇,需要加快推进相关领域的改革进程。尤其是要加快经济发展以消费为导向,加快投资转型和服务业大发展。

（3）适应消费结构升级的趋势，关键是推进政府自身改革，理顺政府与市场关系，发挥市场在促进投资消费动态平衡中的决定性作用。这就需要尽快改变政府主导型的经济增长方式，推动政府由经济建设主体向公共服务主体的角色回归，强化其在公共服务供给、消费环境建设等方面的职能。

12.3　研究展望

消费与增长、消费潜力释放与经济增长方式转变等，涉及相当多的重大问题需要研究。尽管本书在这些方面做了一些探索，但仍有相当多的不足。

（1）消费—增长的理论还需要进一步细化。本书探索构建消费—人力资本—增长模型，但能否建立一个消费—增长的直接模型，还需要进一步探索。这也是下一步需要深入研究的方向。

（2）关于消费拉动经济增长的传导机制，本书提出了三个基本路径，但仅分析了其中的两个途径（即消费—人力资本—增长和消费—结构—增长），消费—社会公平—增长的路径还需要得到更深入的研究。这将成为本书后续研究的主题之一。

（3）投资消费失衡是我国经济生活中亟须解决的重大问题。本书对投资消费关系进行了初步分析，但在研究深度上还有待进一步提高。比如，我国投资消费失衡的程度到底有多严重？在什么量度内达到了动态平衡？这些问题都需要进行更深入的专题研究。

（4）对服务业与消费需求释放，本书提出了基本分析。但如何使服务业发展与增长相挂钩，形成更有逻辑的分析体系，本书并没有展开具体讨论，而需要在后续的研究中展开。

参考文献

[1]周梅华.可持续消费理论研究[M].北京:中国矿业大学出版社,
 2003:36.

[2]马克思恩格斯全集(第42卷)[M].北京:人民出版社,1979:121.

[3]迟福林.第二次改革——中国未来30年的强国之路[M].北京:中国
 经济出版社,2009:5—7.

[4]迟福林.消费主导:中国转型大战略[M].北京:中国经济出版社,
 2012:1—2.

[5]刘尚希.改革成效要以国民的消费状态来衡量[J].中国发展观察,
 2007(9).

[6]刘尚希.扩大消费从转变认识和体制改革入手[N].经济参考报,2012
 -03-01.

[7]汪海波.再评"迷思论"[N].中国经济时报,2013-02-26.

[8]夏斌.如何实现消费为纲[J].中国产业经济动态,2009(15):23—26.

[9]刘世锦.中国经济由高速增长转入中速增长[N].中国经济时报,2011
 -12-26.

[10]刘东皇,沈坤荣.收入分配、居民消费与经济发展方式转变[J].华东
 经济管理,2010(11):31—35.

[11]王延军.政府支出与居民消费:替代或互补——基于非线性有效消费
 函数的实证[J].经济经纬,2007(01):31—34.

[12]辛鸣."两驾马车"如何拉动中国经济健康成长——投资与消费应实现良性互动[J].财会研究,2010(06):29－31.

[13]袁建文,蒙明忠.消费需求与经济增长的关系研究[J].统计与决策,2011(16):101－103.

[14]刘金花,高艳.消费需求与经济增长关系——基于河北省数据的分析[J].企业研究,2011(06):8－10.

[15]赵振全,袁锐.消费与投资变动对我国经济增长的动态影响[J].吉林大学学报(社会科学版),2009(06):48－54.

[16]曾令华.理论最优消费率之我见[J].求索,1997(3):30－31.

[17]许月丽,战明华,史晋川.消费决定与投资结构调整:中国的经验及其含义[J].世界经济,2010(05):118－139.

[18]沈恒林.中国居民的消费行为与长期经济增长[J].长安大学学报(社会科学版),2001(02):25－28.

[19]郭斐.我国消费需求与经济发展方式转变的实证分析[D].昆明:云南财经大学,2010.

[20]郭其友,卢丽静.经济持续增长动力的转变——消费主导型增长的国际经验与借鉴[J].中山大学学报(社会科学版),2009(02):190－197.

[21][美]保罗·克鲁格曼.中国撞上了一面墙[EB/OL].网易财经,2013-07-22.

[22][美]约瑟夫·斯蒂格利茨.后危机时代的危机[J].全球化,2013(1):119.

[23][英]马丁·沃尔夫.中国改革攻坚之战[J].财经界,2012(5):98－99.

[24][美]史蒂芬·罗奇.失衡[M].易聪,等译.北京:中信出版社,2014.

[25]华生.消费不足未必导致增长减速[EB/OL].财新网,2011-04-21.

[26]朱天,张军.破解中国消费不足论的迷思[N].中国经济时报,2012-09-06.

[27]徐诺金.充分认识投资对于稳增长的重要性[N].金融时报,2012-08-06.

[28]徐滇庆,李昕.中国居民消费真在"萎缩"吗？[EB/OL].FT中文网,2011-07-21.

[29]林毅夫.投资、消费和当前经济形势[N].21世纪经济报道,2013-07-22.

[30]林毅夫.单靠消费拉动增长是自掘坟墓[EB/OL].共识网,2013-06-08.

[31]黄育川.中国经济增长不能靠消费[EB/OL].FT中文网,2013-07-25.

[32]吴敬琏.深化改革是改变增长模式出路——在博源基金会成立五周年学术论坛上的演讲[EB/OL].搜狐财经,2013-06-30.

[33]林毅夫.中国有能力维持20年每年8%左右的增长20年潜力[J].北方经济,2013(2):51.

[34]林毅夫.超越凯恩斯主义[J].新远见,2013(1):4—7.

[35]蔡昉.中国经济增长如何转向全要素生产率驱动型[J].中国社会科学,2013(1):56—71.

[36]迟福林.处在十字路口的中国经济转型[J].人民论坛,2013(8)(下):64—71.

[37]赵萍.从全球视角看我国消费率走势[J].中国经贸导刊,2010(17):19—20.

[38]连平.如何理性看待我国的消费率[N].经济观察报,2007-06-24.

[39]李迅雷.中国经济结构存在误判[J].中国经济报告,2013(4):44—49.

[40]徐诺金.当前稳增长就必须稳投资[J].中国中小企业,2012(10):54—59.

[41]白重恩.改善恶化的投资效率[J].资本市场,2013(1):68—69.

[42]曾铮.理性认识扩大消费战略[N].第一财经日报,2010-07-22.

[43]杜两省.投资与经济增长[M].北京:中国财政经济出版社,1996:130—132.

[44]吴忠群.最优消费率的存在性及其相关问题[J].中国软科学增刊(上),2009(9):280—289.

[45]蔡跃洲,王玉霞.投资消费结构影响因素及合意投资消费区间——基于跨国数据的国际比较和实证分析[J].经济理论与经济管理,2010(1):24—30.

[46]乔为国,潘必胜.我国经济增长中合理投资率的确定[J].中国软科学,2005(7):76—82.

[47]彭志远.我国合理宏观储蓄率的测算[J].经济经纬,2007(5):22—25.

[48]Lu Lan, McDonald Ian. Does China Save Too Much[D]. Melbourne: University of Melbourne,2005.

[49]张志勇.论我国的资本形成、投资率和积累源泉[J].广东社会科学, 2007(6):17—23.

[50]方戈.最优投资率及其实现途径——基于收入分配差距的研究[D]. 北京:华北电力大学,2010.

[51]魏勇强.中美储蓄率比较研究——兼评我国总储蓄率偏高之说[J]. 经济体制改革,2012(5):123—127.

[52]张军.为什么消费不足可能是个伪命题[N].中国经济观察报,2010- 02-04.

[53]屈宏斌.资本回报率迷思[R].汇丰上海银行有限公司研究报告, 2013-04-03.

[54]CCER"中国经济观察"研究组.我国资本回报率估测(1978— 2006)——新一轮投资增长和经济景气微观基础[J].经济学(季刊), 2007,6(3):723—757.

[55]梁红.中国投资的高速增长是可持续的[R].高盛全球经济研究报告 系列,2006(146).

[56]孙文凯,肖耿,杨秀科.资本回报率对投资率的影响:中美日对比研究 [J].世界经济,2010(6):3—24.

[57]罗云毅.关于最优消费投资比例存在性的思考[J].宏观经济研究, 2006(12):3—7.

[58]杨春学,朱立.关于积累与消费比例问题的主要理论框架[J].经济学 动态,2004(8):25—29.

[59]马晓河.我国消费率偏低并持续下降的成因解析[J].前线,2010(1): 31—33.

[60]罗云毅.低消费、高投资是现阶段我国经济运行的常态[J].宏观经济 研究,2004(05):6—16.

[61]徐诺金.充分认识投资对于稳增长的重要性[N].金融时报,2012-08-06.

[62]于刃刚.配第—克拉克定理评述[J].经济学动态,1996(08):63-65.

[63][美]库兹涅茨.各国的经济增长[M].常勋,等译.北京:商务印书馆,1999.

[64]Rostow W. W. The Stages of Economic Growth[M]. Cambridge, Mass.：Cambridge University Press,1960.

[65][美]钱纳里,等.工业化和经济增长的比较研究[M].吴奇,等译.上海:上海三联书店,1989.

[66][美]迈克尔·波特.国家竞争优势[M].李明轩,邱如美译.北京:华夏出版社,2002.

[67]洪银兴.发展阶段改变和经济发展理论的创新[J].行政管理改革,2013(09):13-21.

[68]余斌.经济结构调整实现增长动力转换[J].中国投资,2012(05):60-61.

[69]王少国.中国需求拉动型增长的动力变迁与方式转变[J].学习与探索,2012(02):85-89.

[70]刘喜和.美国经济增长的动力结构与美元均衡汇率[J].南开经济研究,2008(04):142-253.

[71]胡卫,高桂芳.日本、韩国发展战略转变的经验与启示[J].亚太经济,2009(03):55-58.

[72]迟福林.走向公平可持续增长的转型改革[J].经济体制改革,2013(06):5-7.

[73]宋跃征,严先溥.对消费需求增长态势和可持续性的分析与判断[R].中国发展报告,2009:301-308.

[74]彭文生,林暾,边泉水,赵扬,朱维佳,杜彬.经济转型的消费轨道(上篇)——消费长周期的逻辑[J].金融发展评论,2012(07):34-52.

[75]祁京梅.未来五年消费增长预测分析[J].财经界,2011(04):60-63.

[76]任兴洲,廖英敏.中国消费市场的潜力和前景[J].重庆工学院学报(社会科学版),2008(10):9-15.

[77]卢中原.加快转变经济发展方式　赢得更大发展机遇[J].前线,2010 (12):7－9.

[78]赵爱玲.富裕阶层成长将支撑中国消费市场[J].中国对外贸易,2012 (12):84－86.

[79]麦肯锡.2012年度中国消费者调查报告[R].研究报告,2012.

[80]程国强.扩大农村消费:难点与建议[J].中国发展评论(中文版), 2009,11(2):18－21.

[81]张秀生,陈慧女.我国经济增长过程中扩大农村消费需求分析[J].湖 北社会科学,2009(06):96－98.

[82]方福前.中国居民消费需求不足原因研究——基于中国城乡分省数 据[J].中国社会科学,2009(02):68－82.

[83]邹卫星,房林.财政政策、收入分配与经济增长——基于财富效用的 视角[J].经济经纬,2011(2):14－19.

[84]桁林.关于投资率和消费率高低之争——改革开放30年理论回顾与 展望[J].社会科学研究,2008(4):24－28.

[85]邓春宁,蔡秀玲.中国城乡居民区域消费力的实证分析[J].综合竞争 力,2010(4):71－75.

[86]王健宇,徐会奇.收入不确定性对农民消费的影响研究[J].当代经济 科学,2010(02):54－60.

[87]杭斌,郭香俊.基于习惯形成的预防性储蓄——中国城镇居民消费行 为的实证分析[J].统计研究,2009(03):38－43.

[88]雷钦礼.财富积累、习惯、偏好改变、不确定性与家庭消费决策[J].经 济学(季刊),2009(03):1029－1046.

[89]贺京同,霍焰,程立超.消费平滑性及其对中国当前消费政策的启示 [J].经济评论,2007(3):29－34.

[90]张继海,臧旭恒.寿命不确定与流动性约束下的居民消费和储蓄行为 研究[J].经济学动态,2008(02):41－46.

[91]刘兆博,马树才.基于微观面板数据的中国农民预防性储蓄研究[J].

世界经济,2007(02):40—49.

[92]李通屏,王金营.中国农村居民人力资本投资对消费行为的影响[J].经济评论,2007(01):44—50.

[93]陈守东,杨东亮.我国财政支出不确定性对居民消费影响的实证研究[J].数量经济技术经济研究,2009(09):119—133.

[94]迟福林.何去何从——政府转型面临考验[N].学习时报,2012-07-30(004).

[95]申琳,马丹.政府支出与居民消费:消费倾斜渠道与资源撤出渠道[J].世界经济,2007(11):73—79.

[96]张治觉,吴定玉.我国政府支出对居民消费产生引致还是挤出效应——基于可变参数模型的分析[J].数量经济技术经济研究,2007(4):53—61.

[97]蔡伟贤,蔚建国,郭连珠.政府公共支出对居民消费需求的影响研究[J].财政研究,2011(06):26—29.

[98]洪源,等.政府民生消费性支出对居民消费的影响——基于中国居民消费行为的视角[J].财贸研究,2009(04):69—76.

[99]苑德宇,张静静,韩俊霞.居民消费、财政支出与区域效应差异——基于动态面板数据模型的经验分析[J].统计研究,2010(02):44—51.

[100]官永彬.转轨时期政府支出与居民消费关系的实证研究[J].数量经济技术经济研究,2008(12):15—25.

[101]郝春虹.消费税调节居民收入差距效果测度——基于ELES模型方法[J].财贸研究,2012(01):102—109.

[102]杨伟民.中国下一步发展的十大问题[J].科技与经济画报,2009(8):28—29.

[103]郑新立.纵论加快经济发展方式转变七题[N].经济日报,2010-06-28.

[104]张婧.调结构:未来十年中国主基调——部分专家学者展望未来宏观经济政策取向[N].中国经济导报,2010-10-26.

[105]余斌,陈昌盛.理性审视发展方式的实质性转变[J].江汉论坛,2010

(08):5—12.

[106]史晋川,黄良浩.总需求结构调整与经济发展方式转变[J].经济理论与经济管理,2011(01):33—49.

[107]尹世杰.发挥消费需求的导向作用 加速转变经济发展方式[J].湖南商学院学报,2011(03):5—10.

[108]马伯钧.加快转变经济发展方式首先要加快转变消费发展方式[J].消费经济,2012(01):8—11.

[109]姜作培.扩大消费:经济发展方式转变的理性选择[J].福建论坛(人文社会科学版),2008(6):22—25.

[110]甄明霞.消费需求衡量指标及发展态势的初步分析[J].统计科学与实践,2010(01):25—28.

[111]杜琦,吴伟.测量社会消费需求的指标体系构建[J].统计与决策,2011(10):14—15.

[112][英]威廉·配第.赋税论[M].马妍译.北京:中国社会科学出版社,2010.

[113][英]亚当·斯密.国富论(下卷)[M].郭大力,王亚南译.上海:上海三联书店,2009:227.

[114][英]萨伊.政治经济学概论[M].陈福生,陈振骅译.北京:商务印书馆,1997:304.

[115][英]马尔萨斯.人口原理[M].丁伟译.兰州:敦煌文艺出版社,2007:36.

[116][瑞士]西斯蒙第.政治经济学新原理,或论财富同人口的关系[M].何钦译.北京:商务印书馆,1997:26.

[117][英]大卫·李嘉图.政治经济学及赋税原理[M].丰俊功译.北京:光明日报出版社,2009.

[118]Barro, Robert J. Are Government Bonds Net Wealth? [J]. Journal of Political Economy, 1974,82(6):1095—1117.

[119]马克思恩格斯全集(第12卷)[M].北京:人民出版社,1962:740.

[120]马克思恩格斯全集(第19卷)[M].北京:人民出版社,1962:13—14.

[121][英]马歇尔.经济学原理[M].陈良璧译.北京:商务印书馆,1997:23.

[122][英]凯恩斯.就业、利息和货币通论[M].徐毓枬译.北京:商务印书馆,1999:90.

[123][美]卢卡斯.为何资本不从富国流向穷国[M].罗汉,应洪基译.南京:江苏人民出版社,2005.

[124]Luigil, Pasinetti. Structural Change and Economic Growth[M]. Cambridge:Cambridge University Press,1983.

[125]Baumol. Macroeconomic of Unbalanced Growth:the Anatomy of Urban Crisis[J]. American Economic Review,1967(57):415—426.

[126]刘尚希.消费公平决定社会公平[N].中国社会科学报,2011-03-29.

[127]陈志武.21世纪的资本为何不同[J].财经,2014(23).

[128]周文兴,陈雅男.将消费看成是人力资本积累的一个来源及其意义——一个动态经济增长模型和基于中国数据的实证检验[J].财经科学,2006(7):48—56.

[129]Dixit A K,Stiglitz J E. Monopolistic Competition and Optimum Product Diversity[J]. American Economic Review,1977:297—308.

[130]Krugman P. Increasing Returns and Economic Geography[J]. Journal of Political Economy,1991(3):483—499.

[131]Forsild R,Ottavaino G I P. An Analytically Solvable Core-periphery Model[J]. Journal of Economic Geography,2003(3):229—240.

[132]Demidova Svetlana. Productivity Improvements and Falling Trade Costs:Boon or Bane? [J]. International Economic Review,2008(49):1437—1462.

[133]黄泰岩.中国经济的第三次动力转型[J].经济学动态,2014(2):4—14.

[134]林毅夫.新结构经济学——反思经济发展与政策的理论框架[M].北京:北京大学出版社,2012.

[135]世界银行.增长报告:可持续增长和包容性发展的战略[M].北京:中国金融出版社,2008:2－6.

[136]工信部运行监测协调局.2014年5月份通信业经济运行情况分析[J].通信企业管理,2014(07).

[137]张钦.中国已有1.37亿亩绿色食品基地[N].中国食品安全报,2013-09-28.

[138]王智.对当前我国居民消费和消费品市场走势的基本判断[J].调研世界,2011(11):7－11.

[139]张泉薇.中国乳业发展困局:洋品牌占领国内市场半壁江山[N].新京报,2013-06-21.

[140]迟福林.扩大消费需求是转变发展方式的重点[J].传承,2011(3):48－49.

[141]秦晖.中国居民消费率为什么奇低?[J].凤凰周刊,2009-07-15.

[142]彭文生,等.经济转型的消费轨道(上篇)——消费长周期的逻辑[J].金融发展评论,2012(07):34－52.

[143]刘海影.产能泡沫与金融风险隐忧[EB/OL].搜狐网,2010-09-16.

[144]夏斌.勇于捅破经济泡沫[J].资本市场,2013(9):8－9.

[145]刘海影.中国经济未来不确定性的主要来源[J].中国对外贸易,2013(12):14－16.

[146]杜会永.我国居民食品消费升级与食品产业结构优化研究[D].哈尔滨:哈尔滨商业大学,2011.

[147]中国社会科学院.去年全国消费信贷余额已超过10万亿元[N].经济参考报,2013-07-25.

[148][美]迈克尔·塞勒.移动浪潮[M].邹韬译.北京:中信出版社,2013.

[149]屈宏斌.中国何来过度投资?[EB/OL].财经网,2012-03-01.

[150]匡贤明,田光明.消费新时代:技术进步与服务业发展[N].上海证券报,2014-05-09.

[151][美]科特勒,等.营销管理[M].王永贵,等译.北京:中国人民大学出版社,2001.

[152]江小涓.服务业增长:真实含义、多重影响和发展趋势[J].经济研究,2011(04):4-14.

[153]张斌.中国经济趋势下行的逻辑[N].21世纪经济报道,2013-10-14.

[154]薛明.我国城市人均用地量已超标1/3[N].上海证券报,2006-06-14.

[155]罗兰.化解产能过剩为全球提供机遇[N].人民日报,2013-10-26.

[156]白重恩.2012年中国投资回报率仅2.7%[N].第一财经日报,2013-07-30.

[157]盛洪.垄断国企与经济滞胀[N].企业家日报,2013-08-24.

[158]匡贤明,梅东海.公共产品短缺时代国有企业合理分红比例研究[J].中南财经政法大学学报,2011(04):46-52.

[159]匡贤明.公共服务促进经济增长的传导机制研究——基于分工成本的视角[J].中南财经政法大学学报,2009(3):55-61.

[160][英]安格斯·迪顿,约翰·米尔鲍尔.经济学与消费者行为[M].龚志民,等译.北京:中国人民大学出版社,2005:12.

[161][英]安格尔·迪顿.理解消费[M].胡景北,鲁昌译.上海:上海财经大学出版社,2003:43.

[162][德]李斯特.政治经济学的国民体系[M].陈万煦译.北京:商务印书馆,1997:54.

[163][埃]阿明.不平等的发展——论外围资本主义的社会形态[M].高铦译.北京:商务印书馆,1990:12-14.

[164][美]克里斯托弗·贝里.奢侈的概念[M].江红译.上海:上海世纪出版集团,2005:2-4.

[165]汤向俊,任保平.投资消费结构转变与经济增长方式转型[J].经济科学,2010(06):30-41.

[166]洪银兴.制度创新与技术创新是经济增长的源泉——《体制转型期的中国经济增长》评介[J].管理世界,2001(03):217.

[167]桁林.经济增长的源泉:劳动积累与资本积累[J].中共中央党校学报,2003(01):63-67.

[168]王津港,何锋.中国农村居民边际消费倾向变化分析[J].消费经济,2009(02):23-26.

[169]储德银,闫伟.初次分配对居民消费的影响机理及实证研究[J].财政研究,2011(03):57-61.

[170]沈坤荣,刘东皇.是何因素制约着中国居民消费[J].经济学家,2012(01):5-14.

[171]赵坚毅,徐丽艳,戴李元.中国的消费率持续下降的原因与影响分析[J].经济学家,2011(09):13-19.

[172]陈璋,徐宪鹏,陈淑霞.中国转型期收入分配结构调整与扩大消费的实证研究——基于投入产出两部门分析框架[J].经济理论与经济管理,2011(05):5-16.

[173]李林杰,申波,李杨.借助人口城市化促进国内消费需求的思路与对策[J].中国软科学,2007(07):30-40.

[174]王威.我国政府主导型城镇化对扩大消费需求的影响[J].北京工业大学学报(社会科学版),2011(06):19-26.

[175]邹卫星,房林.为什么中国会发生投资消费失衡?[J].管理世界,2008(12):32-42.

[176]桁林.关于投资率和消费率高低之争——改革开放30年理论回顾与展望[J].社会科学研究,2008(04):24-28.

[177]金三林.变动趋势、结构差异与消费需求不足扭转[J].改革,2009(06):67-72.

[178]娄峰,李雪松.中国城镇居民消费需求的动态实证分析[J].中国社会科学,2009(03):109-115.

[179]李文星,徐长生,艾春荣.中国人口年龄结构和居民消费:1989—2004[J].经济研究,2008(07):118-129.

[180]王宇鹏.人口老龄化对中国城镇居民消费行为的影响研究[J].中国

人口科学,2011(01):64—73.

[181]李光,梁嘉骅.三大收入差距对消费影响的实证分析[J].中国软科学,2011(03):160—168.

[182]尹世杰.再论以提高消费率拉动经济增长[J].社会科学,2006(12):20—26.

[183]赵萍.从全球视角看我国消费率走势[J].中国经贸导刊,2010(17):17—18.

[184]吴晓明,吴栋.我国城镇居民平均消费倾向与收入分配状况关系的实证研究[J].数量经济技术经济研究,2007(05):22—32.

[185]张全红.中国低消费率问题探究——1992—2005年中国资金流量表的分析[J].财贸经济,2009(10):99—105.

[186]陈斌开.收入分配与中国居民消费——理论和基于中国的实证研究[J].南开经济研究,2012(01):33—49.

[187]陈忠斌,蔡东汉.居民消费增长的路径选择——基于省际面板数据的分析[J].中国人口科学,2011(06):84—92.

[188]段先盛.收入分配对总消费影响的结构分析——兼对中国城镇家庭的实证检验[J].数量经济技术经济研究,2009(02):151—161.

[189]陈娟,林龙,叶阿忠.基于分位数回归的中国居民消费研究[J].数量经济技术经济研究,2008(02):16—27.

[190]Robert M. Solow. A Contribution to the Theory of Economic Growth [J]. Quarterly Journal of Economics,1956,70(1):65—94.

[191]Frank Plumpton Ramsey. A Contribution to the Theory of Taxation[J]. Economic Journal, 1927:47—61.

[192]Ando,Albert,Franco Modigliani. The "Life-Cycle" Hypothesis of Saving: Aggregateimplications Implications and Tests [J]. American Economic Review, 1963,53(1):55—84.

[193]Milton Friedman. Containing Spending[J]. Society, 1977,14(3):89—92.

[194]Hall Robert E. Stochastic Implications of the Life Cycle-permanent Income Hypothesis: Theory and Evidence[J]. Journal of Political Economy, 1978(86):971—987.

[195]Fuhrer Jeffrey C. Habit Formation in Consumption and Its Implications for Monetary-Policy Models[J]. American Economic Review, 2000,90(3):367—390.

[196]Rob Alessie, Federica Teppa. Saving and Habit Formation: Evidence from Dutch Panel Data[J]. Empirical Economics, 2010, 38(2):385—407.

[197]Louis Kuijs. Investment and Saving in China[R]. The World Bank Policy Research Working Paper, NO. 3633, 2005.

[198]Louis Kuijs. How Will China's Saving-investment Balance Evolve? [R]. The World Bank China Research Paper, NO. 5, 2006.

[199]Aziz, Jahangir, Li Cui. Explaining China's Low Consumption: The Neglected Role of Household Income[R]. IMF Working Paper , 2007(07):181.

[200]Bai Chong-En, Zhenjie Qian. Factor Income Share in China: The Story behind the Statistics[J]. China Economic Journal, 2009(2).

[201]Barnett, Steve, Ray Brooks. China: Does Government Health and Education Spending Boost Consumption? [R]. IMF Working Paper, 2009.

[202]Barro, Robert. Output Effects of Government Purchases[J]. Journal of Political Economy, 1981,89(6):1086—121.

[203]Blanchard, Olivier, Francesco Giavazzi. Rebalancing Growth in China: A Three-Handed Approach[R]. MIT Working Paper, 2005:5—32.

[204]Chamon, Marcos, Eswar Prasad. Why Are Saving Rates of Urban Households in China Rising? [R]. IMF Working Paper,

2008(08):145.

[205]Dunaway，Steven，Vivek Arora. Pension Reform in China：The Need for a New Approach［R］. IMF Working Paper，2007 (07):109.

[206]Kuijs，Louis. Investment and Saving in China［Z］. The World Bank Policy Research Working Paper No. 3633，2005.

[207]Masson，Paul，Tamim Bayoumi，Hossein Samiei. International Evidence on the Determinants of Private Saving［J］. World Bank Economic Review，1998,12(3):483—501.

[208]Modigliani，Franco. The Life Cycle Hypothesis of Saving，the Demand for Wealth and the Supply of Capital［J］. Social Research，1966(33):160—217.

[209]Modigliani，Franco，Shi Larry Cao. The Chinese Saving Puzzle and the Life-Cycle Hypothesis［J］. Journal of Economic Literature，2004,42(1):145—170.

[210]Porter，Nathaniel. Interest Rate Liberalization in China［R］. IMF Working Paper，2009(09):171.

[211]Wei Shang-Jin，Xiaobo Zhang. The Competitive Saving Motive：Evidence from Rising Sex Ratios and Savings Rates in China［R］. NBER Working Papers，2009(15):93.

[212]McKinsey，Company. Healthcare in China［R］. Entering Uncharted Waters，2012.

索　引

图书在版编目(CIP)数据

消费主导经济转型初探 / 匡贤明著. —杭州：
浙江大学出版社，2016.9
ISBN 978-7-308-16072-8

Ⅰ.①消… Ⅱ.①匡… Ⅲ.①中国经济－转型经济－研究
Ⅳ.①F12

中国版本图书馆 CIP 数据核字(2016)第 173406 号

消费主导经济转型初探

匡贤明 著

责任编辑	姜井勇
责任校对	杨利军 董凌芳
封面设计	续设计
出版发行	浙江大学出版社
	(杭州市天目山路 148 号 邮政编码 310007)
	(网址:http://www.zjupress.com)
排 版	杭州隆盛图文制作有限公司
印 刷	杭州日报报业集团盛元印务有限公司
开 本	710mm×1000mm 1/16
印 张	16.5
字 数	229 千
版 印 次	2016 年 9 月第 1 版 2016 年 9 月第 1 次印刷
书 号	ISBN 978-7-308-16072-8
定 价	42.00 元